Zu diesem Buch

Die Wissenschaftler wissen es schon längst: Wir formen unsere Wirklichkeit nach Mustern in unserem Bewußtsein. Doch für den normalen Menschen bleibt das Wissenschaftler-Kauderwelsch. Und hier setzt Andreas Giger ein: Er erklärt, was es mit dieser Bewußtseinsrevolution auf sich hat und was Bewußtseinserweiterung eigentlich ist. In einem amüsanten Spaziergang durch die Menschheitsgeschichte schildert er, wie sich das menschliche Bewußtsein entwickelt hat, und er untersucht anschließend, welche Möglichkeiten im menschlichen Bewußtsein liegen.

Und da gibt es erstaunliche Dinge zu entdecken. Doch was nützen uns die schönsten Möglichkeiten, wenn wir nicht wissen, wie wir sie realisieren können. Mit Anekdoten, Geschichten und Beispielen demonstriert Giger, wie wir ein spannenderes, intensiveres und sinnvolleres Leben führen, wenn wir endlich ausnutzen, was im menschlichen Gehirn angelegt ist und nur auf seine Entdeckung wartet.

ANDREAS GIGER war Herausgeber der Zeitschrift *Sphinx*, arbeitet als Journalist und veröffentlichte bereits «Was bleibt vom New Age?».

Andreas Giger

Vom Chaos
zur Ekstase

oder
Bewußtseinserweiterung
macht Spaß

transformation

rororo transformation
Herausgegeben von Bernd Jost
und Jutta Schwarz

Umschlaggestaltung Peter Keller
Umschlagillustration Stefan Kiefer

Originalausgabe
Veröffentlicht im Rowohlt Taschenbuch Verlag GmbH,
Reinbek bei Hamburg, Februar 1990
Copyright © 1990 by Rowohlt Taschenbuch Verlag GmbH,
Reinbek bei Hamburg
Alle Rechte vorbehalten
Satz Trump Mediaeval (Word 4.0, PM 3.5, Linotronic 300)
Gesamtherstellung Clausen & Bosse, Leck
Printed in Germany
1280-ISBN 3 499 18730 2

Für

Angela, die alle meine Zweifel
weggeblasen hat

und

H. H., von dem ich so manche
Inspiration bezog

*Paradigmenwechsel sind eine
seltsame Sache.
Man muß mit ihnen spielen,
indem man einen Fuß
auf dem alten Paradigma läßt,
den anderen auf das neue setzt
und eine Strategie entwickelt,
wie man die Zuhörer
sanft und fast unmerklich
auf die andere Seite zieht.*

Francisco Varela

Die Hauptpersonen des Schauspiels von A bis Z

Anfang: Ihm wird so lange nachgespürt, bis er sich in Luft auflöst.

Beobachter: Wechselt die Rolle und wird zum Hauptdarsteller.

Bewußtseinserweiterung: Sie läuft und läuft und läuft ...

Chaos: Entpuppt sich als Spiel voller Ekstase.

Dung: Läßt sich als Heizmaterial verwenden.

Ego: Erkennt seine Grenzen und mausert sich zum Ich.

Ekstase: Verflüssigt sich vom Zustand zum Prozeß.

Entropie: Die Zwillingsschwester von Eros.

Eros: Wird vom Liebesgöttchen zur Urkraft befördert.

Evolution: Ihre Spiele lassen nur den Schluß zu, daß sie weiterspielt.

Fractal: Ein Fluß, auf dem man Wellenreiten lernen kann.

Ich: Der bequemste Ort zwischen Stuhl und Bank.

Irrenhaus: Seine Mauern werden durchlässig.

Neugier: Der Treibstoff der Lustrakete.

Selbstbewußtsein: Beginnt ein gar ergötzlich Blühen.

Sinn: Geht verloren und wird wiedergefunden.

Urknall: Der Kosmos führt sich mit einem Orgasmus ein.

Wellen: Mit ihnen tanzt das ganze Spiel.

Zusammenhänge: Wachsen in die Breite und in die Tiefe.

Inhalt

Einleitung:

Die Ahnung erwacht

*In der durch den Evolutionsgedanken
geschaffenen neuen spirituellen
Atmosphäre liegen jetzt überall auf Erden
Liebe zu Gott und Glaube an die Welt
in der Luft, beide aneinander höchst
entzündbar ...
und früher oder später wird es zur
Kettenreaktion kommen.*

Teilhard de Chardin

Versetzen Sie sich bitte in folgende Situation, die Sie höchstwahrscheinlich kennen: Es ist eine jener begnadeten sternenhellen Nächte außerhalb des störenden Streulichts der Städte. Sie liegen im weichen Gras einer Wiese. Um Sie herum Stille, nur ab und an unterbrochen vom Rascheln des Windes in den Blättern. Ganz allmählich wird Ihr Geist ruhiger, löst sich von den Alltagsgedanken und -sorgen.

Sie schauen hinauf zu den unzähligen Sternen, ahnen etwas von der Unermeßlichkeit des Alls. Und unweigerlich taucht die Frage in Ihnen auf: Was ist mein Platz in dieser Unendlichkeit? Ist ein einzelner Mensch nicht winzig und unbedeutend in der Unermeßlichkeit des Alls?

Sie treten ein in einen Raum mit einer großen Projektionsleinwand. Dort erscheint dasselbe Bild wie draußen: die Schwärze des Weltraums, gesprenkelt mit einer Unzahl heller Pünktchen – den Sternen.

Doch mitten hinein in das Dunkle wächst ein Bild: eine blau schimmernde Kugel, durchzogen von weißen Wolkenfeldern, gesprenkelt mit dem zarten Grün von Vegetation auf den Kontinenten. Die Kugel, die da einsam und verletzlich im Dunkel des Alls schwebt, ist viermal so groß und fünfmal so hell wie der Vollmond. Es ist unser Planet, die Erde, gesehen vom Mond.

Und obwohl Sie dieses Bild schon unzählige Male gesehen haben, auf dem Fernsehschirm, in Illustrierten, ja in ganz gewöhnlichen Werbekampagnen, ergreift es Sie von neuem. In Ihnen taucht die Ahnung auf, wie dieses Bild wohl auf die Menschen gewirkt hat, die es als *Wirklichkeit* erlebt haben:

... ein wunderschöner, harmonisch und friedlich wirkender Himmelskörper, blau mit weißen Wolken, und er verlieh einem ein starkes Heimatgefühl ... ein Gefühl des Seins und Einsseins.

Dir wird klar, auf jenem kleinen, blau-weißen Ding befindet sich all das, was dir etwas bedeutet: alles, was es gibt an Geschichte und Musik, Dichtung und Kunst, Tod, Geburt und Liebe, Tränen, Freuden, Spielen – alles auf der winzigen Kugel dort in der Ferne ... Du erkennst, daß du ein Stück von diesem Gesamtleben bist, daß du dazugehörst ... Und bist du wieder zurück, siehst du die Welt ganz anders. Ein solches Erlebnis ändert dein Verhältnis zur Erde und zu all den Formen von Leben auf ihr.

Alle Astronauten, denen dieser Anblick vergönnt war, äußerten sich so oder ähnlich:

Jeder kommt mit dem Gefühl zurück, nicht mehr amerikanischer Bürger zu sein – sondern Erdenbürger.

Vielleicht war genau dies das ungeplante, wichtigste Ergebnis der Mondlandungen: eine neue Sicht der Erde und ihrer Bewohner, eine Sicht von außen, die neue Perspektiven, neue Visionen wachsen läßt. Der Astronom *Fred Hoyle* hatte recht, als er schon 1948 meinte: *Liegt von der Erde erst mal ein aus dem Weltraum aufgenommenes Foto vor, wird das einen der größten Umdenkprozesse der Geschichte auslösen.*

Sie selber brauchen gar keine besonders üppige Phantasie, um wenigstens in Umrissen zu erahnen, was eine Menschheit bedeuten könnte, die im Bewußtsein, auf dem gleichen verletzlichen Planeten zu leben, eins geworden ist: Keine Kriege mehr gegeneinander, weder auf persönlicher noch auf Staaten-Ebene, statt dessen gemeinsames Tun zum Wohle der ganzen Menschheit ... Und es gibt keinen Zweifel: Sie fühlen sich wohl bei der Vorstellung einer solcherart durch einen Prozeß von Bewußtseins-Erweiterung geeinten Menschheit.

Nun wechselt das Bild auf der Leinwand. Sie sehen Bilder einer musikalischen Großveranstaltung, aufgenommen am 13. Juli 1985, anläßlich des Konzerts *live aid.* Vielleicht erinnern Sie sich: Ein britischer Rockmusiker, *Bob Geldorf*, hatte die Idee, seine Kollegen zu einem über Satellit auf die Bildschirme der ganzen Welt ausgestrahlten Konzert zugunsten der Hilfe für die hungernden Menschen Afrikas zu vereinen. Und es gelang ihm: 16 Stunden lang schauten überall auf der Welt mehr als eine Milliarde Menschen dem Konzert zu.

Es war die gute Idee eines einzelnen, die nur realisiert werden konnte, indem ein riesiges Team von Spezialisten aller Art überall auf der Welt zusammenarbeitete. Und die weltweite Resonanz war nur möglich, weil die Menschheit zum erstenmal in ihrer Geschichte die technischen Möglichkeiten hat, Bild und Ton gleichzeitig über die ganze Erde zu übertragen.

Auch bei diesem Ereignis bestand das Hauptergebnis weniger in den gesammelten Millionen für die Hungerhilfe, sondern im Gefühl, für einen kurzen Moment eins zu sein mit einem großen Teil der Menschheit – möglich geworden durch den gemeinsamen, sinnvollen Gebrauch der Produkte des menschlichen Geistes. Könnte es sein, daß wir mitten drin sind in einem Prozess des Zusammenwachsens der Menschheit? *Werden wir wirklich eins?*

Der nächste Szenenwechsel auf der Leinwand ist brutal. Die schaurig-schönen Bilder eines Atompilzes wachsen in die Schwärze der Nacht. Abgelöst werden sie vom traurigen Anblick sterbender Wälder. Dann der brennende Reaktor von Tschernobyl. Die toten Fische im Rhein ...

Sie haben genug gesehen, um zu realisieren: Wir sind schon eins – in der Bedrohung nämlich. Und auch das ist neu. Sicher – schon die alten Römer haben ein massenhaftes Waldsterben verursacht, seitdem gibt es in Italien kaum noch Wälder. Doch die Indianer Amerikas waren davon nicht betroffen. Wenn heute der tropische Regenwald stirbt, weit weg von uns, und damit 40 Prozent der Sauerstofflieferanten dieses Planeten, dann ersticken wir alle. Und natürlich: Kriege gab es immer. Aber noch nie lag für jede Familie auf dieser Erde ein Vernichtungspotential in der Größe einer ganzen Bombe des Zweiten Weltkriegs bereit. (Alle im Zweiten Weltkrieg abgeworfenen Bomben haben heute in einer einzigen Atombombe Platz.)

In der Bedrohung sind wir eins. Es gibt auf diesem Planeten keinen Platz mehr, an dem wir ihr entkommen könnten. Und außerhalb des Planeten schon gar nicht. Wenn jetzt wieder das Bild der verletzlichen blauen Erde im All auftaucht, spüren Sie die Richtigkeit des Bilds: Wir sitzen alle im gleichen Raum-Schiff, dem einzigen, das wir haben, um uns durch die Unermeßlichkeit des Alls tragen zu lassen.

Sie haben jetzt beide Seiten des Eins-Werdens gesehen: Die Bedrohung und die Vision dessen, wie es auch sein könnte. Zwei entgegengesetzte Kräfte sind am Werk – und Sie fragen sich vielleicht verwirrt und etwas bange, welche sich als stärker erweisen wird.

Kein Zweifel, die Menschheit steckt mitten drin in der vielleicht bedrohlichsten *Krise* ihrer Geschichte. Wir sind uns gewohnt, eine Krise automatisch mit Empfindungen wie *Gefahr* und Bedrohung in Beziehung zu setzen. Man kann eine Krise aber auch ganz anders sehen, und sicher haben Sie das auch schon erlebt: Eine Krise ist eine *Chance,* sie öffnet die Möglichkeit für Veränderungen, die sich letztlich als richtig und sinnvoll erweisen.

Was stimmt nun? Die Chinesen, ein weises Volk, haben dazu einen interessanten Vorschlag: *Beides* stimmt. Das chinesische Schriftzeichen für Krise besteht aus zwei Teilen: Einem Zeichen für Gefahr und einem Zeichen für Chance.

Zu welcher Seite hin das Pendel schließlich ausschlägt, steht nicht von vornherein fest. Klar ist nur, daß weder die Haltung: *Es ist ohnehin alles verloren* noch: *Es wird schon alles gut werden* eine gute Voraussetzung dafür sind, die Chancen einer Krise zu nutzen. Nur wenn wir beide Seiten klar sehen, haben wir diese Chance.

Die Hinweise auf die Gefahrenseite sind überdeutlich – es reicht, regelmäßig die Tagesschau zu sehen. Mit Weltuntergangs-Prophezeiungen sind wir überfüttert, so sehr, daß wir am liebsten gar nicht mehr hinschauen wollen. Und was soll es auch – alle wissen um die Bedrohung, doch ändern tut sich deswegen nichts.

Sie werfen einen letzten Blick auf den blauen Planeten und treten wieder hinaus in die Einsamkeit der Sternennacht. Und schon fangen Ihre Gedanken um die nächste Ratenzahlung für das neue Auto oder den Staat, der Sie mit seinen Steuern schröpft, zu kreisen. *Das sind doch die wahren Probleme, geben wir es ruhig zu! Der Mensch ist nun mal so, keine Sentimentalitäten bitte! Nach mir kommt eh die Sintflut, aber vorher will ich noch ein möglichst angenehmes und bequemes Leben leben.* Doch etwas in Ihnen wehrt sich dagegen, daß das alles sein soll. Etwas in Ihnen möchte, daß die Bilder von einer Menschheit, die eins wird, mehr sein sollen als unrealistische Träume.

Sie *sind* mehr. Der menschliche Geist hat mehr hervorgebracht als Waffen und Dreckschleudern. Er ist in der Lage, die Entwicklung vom Sternenstaub zum menschlichen Bewußtsein zu überblicken und darin einen *Sinn* zu sehen. Und dieses Wissen macht unmißverständlich klar, daß die Entwicklung nicht zu Ende ist, daß sie weitergeht in eine Richtung, an deren Horizont die Einswerdung der Menschheit aufleuchtet – nicht als Vision eines Ameisenstaates aus lauter gleichgeschalteten, gesichtslosen einzelnen, sondern als höchst lebendiges, vielfältiges, spannendes Miteinander. Wir können überblicken, was uns zu dem gemacht hat, was wir sind, und wir können ahnen, wohin uns dieser Prozeß noch tragen könnte. Der Prozeß hat einen Namen: *Bewußtseinserweiterung.*

Ich möchte Sie einladen, mit mir einen Streifzug durch Wesen und Sinn von Bewußtseinserweiterung zu unternehmen. Ich verspreche Ihnen, daß es eine anregende und spannende Reise werden wird. Die Erkenntnisse und Ideen, denen wir dabei begegnen werden, sind manchmal vielleicht etwas verwirrend, oft genug aber auch einfach schön und stimmig.

Wir werden weit zurückgehen bis zu den Anfängen unseres Universums. Wir werden sehen, wie sich das Leben auf unserem Planeten entwickelt hat, bis zu uns, unserer einzigartigen Fähigkeit, über uns und die Welt nachzudenken. Es geht dabei nicht um die langweilige Anhäufung von Fakten. Viel wichtiger wird es sein, Muster zu erkennen, Gemeinsamkeiten in den Zufällen. Wir werden am Ende dieses ersten Teils des Buches etwas klarer sehen, wenn wir uns fragen, woher wir kommen, welchen Sinn unsere Existenz auf diesem Planeten macht: Wir sind der allerdings nur vorläufige Höhepunkt einer Entwicklung vom Urknall

bis zum menschlichen Bewußtsein, der Ausdruck einer bewußtseinserweiternden Kraft, die in der Geschichte unserer Art seit
den Anfängen immer wieder sichtbar wird.

Wo stehen wir heute? Darauf gibt es keine eindeutigen Antworten. Alles ist eine Frage des Blickwinkels. Es gibt viele interessante Gesichtspunkte, in den Wissenschaften, in den Ideen und
Erfahrungen vielfältiger geistiger Strömungen. Wir werden im
zweiten Teil die Frage nach dem menschlichen Standort ins
Zentrum stellen und sie umkreisen. Und feststellen, daß es weit
mehr Möglichkeiten gibt, diese Frage zu beantworten, als wir uns
träumen lassen. Im allumfassenden Netz von Bewußtsein nehmen wir einen spannenden Ort ein, der uns aber auch Verantwortung auferlegt.

Der Stand unserer eigenen Bewußtseinserweiterung ist höchst
vorläufiger Natur. Aufgrund des Erreichten können wir aber
zurückschauen und dabei eine Ahnung davon entwickeln, wie
die nächsten Schritte dieses Prozesses aussehen könnten. Es geht
um ein Erwachen auf höherer Ebene, um die Kunst der Relativierung und eine Rehabilitierung der alten Tugend Neugier. Das
sind die Themen des dritten Teils.

Bewußtseinserweiterung ist eine höchst konkrete Angelegenheit. Sie geschieht laufend, in jedem einzelnen Menschen wie auf
der Ebene der ganzen Menschheit. Wir können sie nicht beschleunigen, wohl aber verhindern, daß wir sie behindern. Um
einige Aspekte, die dabei beachtet werden wollen, geht es im
vierten Teil dieses Buches. Wir sehen dabei, daß es vom Chaos
unserer Welt bis zur Ekstase einer intensiven Welt-Wahrneh-
mung oft nur ein kurzer Weg ist.

Bewußtseinserweiterung ist ein wunderbarer Mythos, geeig-
net, unserem persönlichen und gesellschaftlichen Leben einen
Sinn zu geben, der über den Moment hinausgeht. Der Mythos
kann unsere Entwicklung zu authentischen Individuen ebenso
beflügeln wie das freundschaftliche Zusammenleben der Men-
schen. Bewußtseinserweiterung ist ein kraftvoller Ausdruck von
Eros, der Energie in unserem Universum, die zusammenfügt.
Bewußtseinserweiterung, dies das Fazit des fünften und letzten
Teils, ist ein hervorragender Mythos für unsere Zeit extremen
Wandels, eine Vision, die nicht mehr einen starren Zustand zum
Inhalt hat, sondern einen fließenden Prozeß.

Und am Ende unserer geistigen Reise wird die Ahnung, die Sie beim Anblick der Bilder unserer Erde von außen und des Konzerts, das für Stunden die Menschheit verband, empfanden, etwas stärker zur Gewißheit geworden sein: Die Menschheit steht in einer entscheidenden Phase ihrer Entwicklung. Viele ernst zu nehmende Hinweise deuten darauf hin, daß sie sich ihrer Verbindungen untereinander, zu ihrem Planeten und zum ganzen Universum bewußter wird, in einem sich beschleunigenden Prozeß individueller und kollektiver Bewußtseinserweiterung. *Wir werden eins* – das wird am Ende Ihrer Lektüre mehr sein als ein flüchtiger Traum. Es wird zur ernst zu nehmenden Vision einer Menschheit, die zusammen einen einzigen großen Organismus bildet.

Wir sind uns nicht gewohnt, anderes als einzelne Pflanzen, Tiere oder Menschen als Organismus zu sehen. Aber versetzen Sie sich einmal in die Lage einer Zelle Ihrer Haut: Auch sie würde sich selbst wohl als lebenden Organismus sehen, der Materie, Energie und Information aufnimmt und verarbeitet. Aber vermutlich würde sie wenig darüber wissen, daß sie Teil eines viel größeren Organismus ist – nämlich von Ihnen. Warum sollten in ähnlicher Weise die einzelnen Menschen nicht Teile eines größeren Ganzen sein – eben des Großorganismus Menschheit? Am Ende der Lektüre wird Ihnen die Antwort auf diese Frage leichter fallen.

Doch nun meldet sich nochmals die Stimme Ihrer Skepsis: *Alles schön und gut, und es mag ja interessant sein, sich das alles mal aus einem anderen Blickwinkel anzuschauen. Nur – letztlich handelt es sich doch nur um Informationen, um Worte, um Ideen, um Bilder. Und wann hat das schon mal was geändert?*

Da bin ich mir gar nicht so sicher. Sie alle haben schon mal die Erfahrung gemacht, daß die Außenwelt ein Spiegel Ihrer Verfassung ist: Wenn Sie gut drauf sind, lächeln Ihre Mitmenschen, wenn Sie muffeln, muffeln die anderen auch. Das gilt auch im größeren Maßstab. Es ist *nicht* gleichgültig, wie wir die Welt sehen. Wenn wir überzeugt sind, es krache ohnehin alles zusammen, ist die Wahrscheinlichkeit, daß es tatsächlich so kommt, größer, als wenn wir auch die *Chancen* unserer Situation sehen.

Es gab eine Zeit, da glaubten die Menschen, ihre Seele funktioniere etwa so wie eine Dampfmaschine. Da kam es dann nur darauf an, welcher Trieb den größeren Druck entwickelt. In einem solchen Modell sind Werte wie Liebe oder Schönheit gar nicht vorgesehen. Also achtet auch keiner drauf – und entsprechend wenig ist davon zu sehen. Wir aber können, mit einem anderen Blickwinkel, wieder lernen zu sehen.

Ein moderneres Bild ist der Vergleich zwischen dem menschlichen Geist und dem Computer. Nun *ist* das Gehirn mit Bestimmtheit kein Computer, und es arbeitet auch keineswegs genauso. Aber mit diesen Einschränkungen versehen ist das Bild durchaus nützlich: Wie ein Computer funktioniert auch unser Gehirn nach eingepflanzten Programmen. Ein Programm, das nur nach Anzeichen von Gefahren sucht, wird ein Weltbild entwickeln, das düster aussieht und keinen Mut macht, etwas zu unternehmen. Ein anderes Programm, das gezielt auch nach Anzeichen für Chancen sucht, vermag dieses Mut-Machen viel eher.

Wir sind nicht auf unsere Programme festgelegt, wir können Sie selber ändern, aufgrund neuer Informationen, neuer Einsichten – aufgrund von Bewußtseinserweiterung. Und jede solche Änderung bringt nicht nur ein neues Bild der Welt, sondern auch ein anderes Verhältnis zu ihr, einen neuen Umgang mit ihr. Bewußtseinserweiterung verändert nicht nur etwas in unseren Köpfen, sondern dadurch auch in der Welt außerhalb.

Von den Mathematikern stammt ein ganz neues Bild der Wirklichkeit, das mich berührt und fasziniert. Ausgerechnet aus der Welt der Zahlen, von der wir annehmen, sie sei fest und wohlgeordnet, tauchen neue Bilder auf. Wenn einfache Rechnungen auf einen Bildschirm umgesetzt werden, ergeben sich plötzlich die Bilder von fließenden Strömen, die sogenannten *fractals.* Die unverhofften Richtungsänderungen, die gebildeten Strudel wirken auf den ersten Blick wie das nackte Chaos – sind damit ein perfektes Abbild unserer menschlichen Realität, in der wir uns oft genug fühlen wie in einem reißenden Strudel ohne Möglichkeit der Steuerung.

Doch wenn wir einen Schritt zurücktreten, enthüllen diese chaotischen Strudelbilder ihre Schönheit, ihren Sinn. Vielleicht befinden wir uns wirklich mitten drin in solchen Strudeln, vielleicht ist die Wirklichkeit des menschlichen Daseins so – aber vielleicht ist das gar nicht so schlimm, wenn wir einmal den Drang nach festem Halt losgelassen haben. Wellenreiten kann eine sehr spannende Sache sein ...

Und wenn der Strudel direkt auf den Abgrund zurast – wo

haben wir als einzelne da eine Möglichkeit, ihn umzulenken in erfreulichere Gefilde? Die Mathematiker geben uns dazu einen sehr tröstlichen Hinweis: Man kann auf einen solchen Strudel massiven, geballten Druck ausüben – und es tut sich gar nichts, er fließt weiter wie zuvor. Man kann aber auch, zur richtigen Zeit, am richtigen Ort, einen winzigen Schubs geben – und schon fließt der Strudel ganz anders. Wann welche Regel gilt – das wissen wir nicht.

Es könnte also sein, daß ein ausreichender Schubs darin besteht, daß einzelne ihre Sicht der Welt etwas verändern. Das braucht gar keine dramatische Veränderung zu sein, was vorher gestimmt hat, kann immer noch stimmen – aber es ist etwas dazugekommen, nämlich das Wissen um die Möglichkeiten von Bewußtseinserweiterung.

Es gibt keinerlei Garantie dafür, daß dieses Wissen um die Möglichkeiten ausreicht, sie wahr werden zu lassen. Aber es könnte so sein. Ich wünsche mir, daß Sie diese Möglichkeit zumindest in Erwägung ziehen. Es könnte unsere einzige Chance sein. Und wir haben wenig zu verlieren, aber viel zu gewinnen. Viel Vergnügen beim Kreisen um das erotische Potential von Bewußtseinserweiterung!

Teil I: Vom Urknall zum menschlichen Bewußtsein:

BLICK ZURÜCK IN DANKBARKEIT

*Das Gehirn ist nicht eine
Vorrichtung zur Aufnahme und
Verarbeitung von Informationen -
es ist darauf angelegt,
Regelmäßigkeiten herzustellen.*

Francisco Varela

Kehren wir zurück. Zunächst ganz einfach zum Anfang dieses Buches, in die Situation der klaren Sternennacht. Angesichts dieser glitzernden Pracht tauchen fast sicher Fragen in uns auf, Fragen, die in unserer Kindheit selbstverständlich und weltbewegend waren, Fragen wie *Wie kommt das alles?* oder *Wie hat das alles angefangen?*

Doch kaum sitzen wir wieder im warmen Wohnzimmer, schaltet sich unserer Erwachsenenbewußtsein ein und meint: *Solche Fragen sind ja ganz amüsant. Aber was sollen mir diese alten Geschichten bei der Bewältigung meiner Probleme in Gegenwart und Zukunft nützen?* Und wenn wir hören, daß sich ein ganzes Heer von Wissenschaftlern mit solchen Fragen wie *Wie alt ist das Universum?* befassen, dann betrachten wir das bestenfalls als einen ziemlich unnützen Luxus, den sich nur eine reiche Gesellschaft wie die unsere leisten kann.

Nützlicher wären sicher Orientierungshilfen, die uns im Chaos unserer persönlichen und planetarischen Probleme weiterhelfen könnten. Doch vielleicht kennen Sie auch das: Unterwegs auf Ihrem Lebenspfad verliert sich der Weg manchmal im undurchdringlich scheinenden Gestrüpp. Dann blicken Sie zurück und entdecken im oberflächlichen Chaos Ihres zurückgelegten Lebens plötzlich sinnvolle Muster, einen roten Faden, der Sie bis zum Jetzt geleitet hat. Und gestärkt durch diese Erkenntnis, finden Sie auch wieder weiter.

Warum sollte es der Menschheit als Ganzes anders gehen? Könnte es nicht ein Königspfad hin zum Bewußtsein von Einheit sein, wenn wir gemeinsam zurückblicken bis zu den Ursprüngen, wenn wir uns Geschichten darüber erzählen, woher wir kommen, und dabei herausfinden, daß wir alle vom selben Ort stammen?

Viele Geschichten ergeben gemeinsam Geschichte. Die Geschichte, die wir in der Schule gelernt haben, ging ungefähr so: *Am Anfang waren die Menschen ganz primitiv. Dann haben sie Fortschritte gemacht und sind klüger geworden. Die Geschichte gipfelt in uns Deutschen, Schweizern, Österreichern, Amerikanern, Russen, Chinesen und so wahlweise weiter, die wir die Klügsten sind.* Angriffe auf die Klügsten müssen natürlich abgewehrt werden, und so eignet sich diese Geschichte hervorragend als Rechtfertigung für allerhand kriegerische Ereignisse.

Umgekehrt hat das Teilen einer einheitlichen Geschichte innerhalb eines Volkes oder Stammes natürlich eine unglaublich einigende Wirkung: Soldaten kämpfen schon lange nicht mehr um Boden, sondern um Fahnen, das heißt eben um die gemeinsamen Geschichten, die sich in dieser Fahne verkörpern. Das wußten die Menschen schon immer, und es gibt gute Gründe dafür anzunehmen, daß sie sich schon bald, nachdem sie die Sprache entdeckt hatten, Geschichten erzählten, Geschichten darüber, woher sie kamen. Jeder Stamm hatte seine eigene *kosmische Geschichte*, in der Stamm und Menschheit meist gleichgesetzt wurden, was damals noch kein Problem war.

Die uns geläufigste derartige kosmische Geschichte stammt von einem vergleichsweise unbedeutenden Stamm, den Israeliten, und beginnt mit den uns aus der Bibel wohlbekannten Worten: *Am Anfang schuf Gott Himmel und Erde.* Es gibt unzählige Versionen dieser Geschichte, weitererzählt von Generation zu Generation, lange am Lagerfeuer, später auch durch schriftliche Überlieferung. Daß sich die Geschichte im ersten Buch Mose schließlich für lange Zeit durchgesetzt hat, sagt viel über ihre Durchsetzungskraft und wenig über ihren Wahrheitsgehalt aus:

Erfolgreich war jene Geschichte, die ihren Anhängern am besten das Gefühl vermittelte, *etwas Besonderes* zu sein.

Doch dann, mit dem Beginn der modernen Wissenschaften, veränderte sich die Perspektive. Geschichten wurden etwas, das man den Kindern erzählte, die Erwachsenen beschäftigten sich nun mit der *Wahrheit*. Und je mehr die Wissenschaft zur Konkurrentin der Kirche wurde und damit die Wahrheit in Konkurrenz zu Gott trat, desto mehr mußte die Wahrheit Züge von Gott annehmen: Wahrheit wurde als *ewig* und *unveränderlich* betrachtet, und ebenso mußten die einzelnen Teile der wissenschaftlichen Wahrheit, die Naturgesetze, ewig und unveränderlich sein. In diesem Rahmen haben Geschichten, die ja einen veränderlichen Ablauf in der Zeit beinhalten, keinen Platz mehr.

Noch den wahrhaft freien und großen Geist *Einsteins* schauderte es, als er realisierte, daß seine kühnen neuen Theorien die Möglichkeiten eines sich ausdehnenden und damit *veränderlichen* Universums in sich bargen. Wenn das Universum nicht ewig und unveränderlich war, dann waren es möglicherweise die Naturgesetze auch nicht. Wenige Jahre nach der Entdeckung der theoretischen Möglichkeit einer Ausdehnung des Universums wurde nachgewiesen, daß sich das Universum tatsächlich ausdehnt. Wenn man den Film dieser Ausdehnung rückwärts laufen ließ, dann kam man irgendwann einmal zu einem einzelnen flächenlosen Punkt, der das ganze Universum enthielt. Aus diesem Punkt heraus war das Universum geboren worden und hatte seitdem nicht aufgehört zu wachsen.

Die *Urknalltheorie* war geboren – es ist kaum vierzig Jahre her. Doch es handelt sich um mehr als eine Theorie – es ist eine Geschichte, die Geschichte davon, wie unser Universum entstand. Eine wahrhaft kosmische Geschichte. Die meisten damit befaßten Wissenschaftler glauben mittlerweile an diese Geschichte – zu überzeugend sind die Fakten, die dafür sprechen. Das heißt nicht, daß auch dieses Bild nicht wieder revidiert werden könnte, wir werden einem derartigen Vorschlag weiter hinten in diesem Buch begegnen. Für den Moment aber können wir davon ausgehen, daß das Modell vom Urknall derzeit eine allgemein akzeptierte Geschichte ist.

Zwei ganz entscheidende Dinge sind damit geschehen: Zum

ersten hat die Wissenschaft selbst, die sich ursprünglich sehr weit von der Welt der Geschichten zu entfernen schien, in diese Gegend zurückgefunden. Sie ist ihren Weg konsequent gegangen und hat in einer gewaltigen Schlaufe zum Ausgangspunkt zurückgefunden. Versehen mit gewichtiger Unterstützung aus der Welt der Fakten und des logischen Geistes, erzählt die Wissenschaft heute kosmische Geschichten, die phantastischer sind als die bizarrsten Produkte von Mythologie und Religion.

Zum zweiten hat die Wissenschaft erkannt, daß die Geschichten, die sie über die Ursprünge erzählt, Geschichten sind und nicht *die* Wahrheit. Wenn es denn so was wie *die* Wahrheit überhaupt gibt, dann ist sie so umfassend und komplex, daß ein menschlicher Geist immer nur Ausschnitte erfassen kann. Gerade die intensive Beschäftigung mit den Anfängen unseres Universums öffnet mehr Fragen, als sie beantworten kann. Und auch die Art der gestellten Fragen ist begrenzt durch die Grenzen unseres Geistes. Und so ist die wissenschaftliche Antwort auf die Frage, woher wir kommen, nicht mehr und nicht weniger als eine neue Version in der langen Reihe kosmischer Geschichten.

Der große Vorteil dieser speziellen Geschichte liegt darin, daß sie *universal* ist: Menschen aller Hautfarben, Religionszugehörigkeit und politischer Ideologie können sie verstehen, akzeptieren und damit *teilen*. Und dieses Teilen unserer gemeinsamen Geschichte könnte für die Menschheit ein wichtiges Vehikel in Richtung eines Bewußtseins von Einheit werden, denn sie ist ein Stück *kollektive Bewußtseinserweiterung*.

Urknall:

1. Der kosmische Orgasmus
oder
Am Anfang war das Wort

Wieviel Entscheidungsfreiheit
hatte Gott bei der
Erschaffung des Universums?

Albert Einstein

Bevor ich versuche, Ihnen die Geschichte unserer Herkunft zu erzählen, sind einige Vorbemerkungen fällig: Die Geschichte beschränkt sich auf den Bereich der *physikalischen Welt*, also auf jenen Teil der Wirklichkeit, der unserer sinnlichen Wahrnehmung und logischen Informationsverarbeitung zugänglich ist. Manche Menschen glauben, dies sei die *ganze* Wirklichkeit, andere sind überzeugt davon, es gebe jenseits dieser Wirklichkeit noch andere Ebenen, die ebenso real seien. Die kosmische Geschichte, die ich Ihnen erzählen möchte, läßt, wie wir sehen werden, diese Frage unbeantwortet. Sie ist damit offen für alle Arten von persönlicher oder kultureller Färbung oder Ergänzung. Sie ist also kein *Dogma*, das nichts neben sich gelten läßt, sondern der *kleinste gemeinschaftliche Nenner*, auf den sich die Menschheit einigen könnte.

Bevor dies geschehen kann, ist ein wichtiger Schritt erforderlich: So, wie die Wissenschaftler die Geschichte erzählen, ist sie für die meisten Menschen nicht zu verstehen, weil sie in einer völlig abstrakten Sprache, jener der mathematischen Formeln, abgefaßt ist. Einer derjenigen, der am meisten spannende Elemente zur Geschichte beigetragen hat, rühmt sich, er könne das ganze

26

Wissen darüber, wie das Universum entstanden ist und funktioniert, locker auf zwei Seiten, gefüllt mit mathematischen Formeln, zusammenfassen. Das ist schön für ihn, aber dumm für uns weniger hochfliegende Geister, die wir im allgemeinen um Formeln einen großen Bogen machen.

Zu Recht übrigens, wie ich meine. Wer nicht gerade über ein sehr spezielles Gehirn verfügt wie diese Wissenschaftler, sieht in den Formeln das, was sie zuallererst sind: Formeln, abstrakt, blutleer, weit weg von der gewohnten Wirklichkeit. Und selbst wenn wir es schaffen, mit viel Gehirnakrobatik den Inhalt einer solchen Formel zu verstehen, so ist immer noch nur der Kopf angesprochen. Das Herz fühlt dabei gar nichts – und wenn nicht das Herz berührt wird, kann auch kein Bewußtsein von Einheit entstehen.

Die in mathematischer Sprache geschriebene Geschichte bedarf also der Übersetzung in eine sinnlichere, vielleicht auch poetischere Sprache, die Kopf *und* Herz anspricht. Mit Sicherheit wird es viele Variationen dieser einen Geschichte geben, so, wie manches Märchenmotiv quer durch die Völker und Zeiten unterschiedliche Färbungen erhalten hat, aber doch offenkundig dieselbe Geschichte erzählt. In der kosmischen Geschichte über unseren gemeinsamen Ursprung aber kann sich vielleicht zum erstenmal in der Menschheitsgeschichte die *Magie des Wortes* voll entfalten. In der Bibel gibt es dazu eine zweite, wesentlich geheimnisvollere kosmische Geschichte:

Am Anfang war das Wort, und das Wort war bei Gott, und Gott war das Wort.

Dasselbe war im Anfang bei Gott.

Alle Dinge sind durch dasselbe gemacht, und ohne dasselbe ist nichts gemacht, was gemacht ist.

In ihm war das Leben, und das Leben war das Licht der Menschen.

Und das Licht scheint in die Finsternis, und die Finsternis hat's nicht begriffen.

(Johannes 1,1–5)

Das ist die kosmische Geschichte, deren vielleicht wichtigste Aussage die ist: *Wir brauchen nicht mehr eins zu werden, weil wir es schon immer waren.*

Wäre damals schon ein menschlicher Beobachter dabeigewesen, er hätte nichts gesehen als einen riesigen Feuerball, vergleichbar am ehesten mit der Explosion einer Atombombe – nur daß es damals nicht um Zerstörung, sondern um Schöpfung ging. Die ersten entscheidenden Lebensphasen unseres Universums spielten sich in unvorstellbar kleinen Zeiträumen ab: Während schon die Tausendstelsekunden, die bei einem Skirennen über Sieg oder Niederlage entscheiden, für ein menschliches Auge nicht mehr wahrnehmbar sind, geht es beim Urknall um Größenordnungen von 10^{-45} Sekunden. Das ist eine Zahl mit 45 Nullen *hinter* dem Komma, bevor die erste Eins folgt ...

In diesem ersten winzigen Augenblick der Geschichte unseres Universums war dieses ebenso winzig: Nicht mal so groß wie ein Atom, nicht mal so groß wie ein Proton (die Teilchen, die den Atomkern bilden), sondern so groß wie ein Milliardstel eines Protons. Woher dieses winzige Pünktchen kam, wissen wir nicht, werden wir mit den Mitteln menschlichen Verstandes vielleicht auch nie wissen können. Vielleicht handelte es sich um eine winzige Ungleichheit in einem viel umfassenderen Universum, dessen Abfallprodukt wir dann wären. Vielleicht war jenes Unfaßbare am Werk, das wir gemeinhin Gott nennen. Oder vielleicht stimmt die Geschichte, die östliche Religionen erzählen: Das Es, das Eine, Unfaßbare, das in sich alles enthält, alle Gegensätze aufhebt und deshalb nicht zu beschreiben ist, weil jede Beschreibung Trennungen schafft, wollte sich selber ansehen und konnte dies nur, indem es sich aufteilte.

Für die Physiker ist es übrigens gar nicht so abseitig, daß plötzlich etwas aus dem Nichts auftaucht: Manche Elementarteilchen verhalten sich genauso. Sie tauchen scheinbar aus dem Nichts auf, wo sie schon immer als Möglichkeit angelegt waren, und verschwinden ebenso plötzlich wieder im Nichts. Lassen wir also im Moment die Frage nach dem Woher und begraben wir gleichzeitig eine andere Frage: *Was war davor?* So schwer es unserem Verstand fällt, eine solche Vorstellung zu fassen: Ganz offensichtlich war die Geburt unseres Universums auch die Geburt der

Zeit, wie wir sie kennen. Der Urknall hat nicht nur die Materie und die Energieformen unseres Universums geboren, sondern auch jene Kategorien, die wir als unveränderlich ansehen und die es dennoch nicht sind: Raum und Zeit.

In jenem allerersten Augenblick unseres Universums war alles noch eins. Es gab weder unterscheidbaren Formen von Materie noch solche von Energie. Die vier physikalischen Grundkräfte, die unser Universum bestimmen (die elektromagnetische Kraft; die schwache und die starke Wechselwirkung, die für den Zusammenhalt der Atome verantwortlich sind; sowie die Gravitation, das heißt die Schwerkraft), traten noch nicht als getrennte Kräfte auf. Ja, ernst zu nehmende Wissenschaftler sprechen sogar davon, daß zusätzlich zu den uns heute bekannten Dimensionen (dreidimensionaler Raum und Zeit) in jenem Samenkorn unseres Universums noch sechs weitere Dimensionen zu finden waren, die auf geheimnisvolle Weise «zusammenbrachen», was nicht heißt, daß sie völlig verschwunden wären. Doch das ist eine andere Geschichte ...

Wir sind immer noch im ersten winzigen Augenblick der Geburt unseres Universums, das immer noch extrem klein ist. Jetzt geschieht etwas, was Sie vielleicht schon erlebt haben, wenn Sie einen gewöhnlichen Luftballon aufblasen: Sie pusten und pusten, und es geschieht wenig. Doch plötzlich und ganz unerwartet bläht sich der Ballon sehr schnell auf. Wenn Sie jetzt weiterpusten, geschieht die weitere Ausdehnung des Ballons wieder im normalen, erwarteten Tempo.

Etwas Ähnliches geschah auch mit dem Universum. Ganz plötzlich dehnte es sich bis zur Größe eines Tennisballes auf. Dabei erst wurde unser Universum eigentlich geboren: Als eine kleine leere Blase. Es ist keineswegs ausgeschlossen, daß sich bei diesem Prozeß auch andere Blasen gebildet haben, die sich ihrerseits zu ganzen Universen entwickelten. Vielleicht ist unser Universum also nur eines von vielen Kindern des Urknalls. Auch dies ist eine spannende Seitenlinie unserer Geschichte, die wir im Moment weder verfolgen können noch wollen.

Unser Universum muß sich in diesen Sekundenbruchteilen gefühlt haben wie bei einem Orgasmus: Alles ist in einem Moment eins, strahlendes weißes Licht, bis sich die ungeheure

Energie entlädt. Die Beschreibung des Urknalls als kosmischer Orgasmus ist nicht so weit hergeholt, wie es scheinen mag: Wir haben keine andere Ebene der Beschreibung. Alle physikalischen Gesetze, die wir heute kennen und die offenbar quer durch das Universum gelten, waren damals nicht gültig. Erst jetzt, nach der blitzartigen Aufblähung, stabilisiert sich der tennisballgroße Feuerball, der alle Materie und alle Energie enthält, die wir heute in unserem riesigen Universum finden, so weit, daß unsere bekannten Naturgesetze gelten. Die Energie ist so stark, daß alles in alle Richtungen auseinanderfliegt. Diese Bewegung hält bis heute an – und vielleicht tut sie es für alle Zeiten. Noch fehlen ausreichende Daten darüber, ob sich unser Universum eines Tages wieder zusammenziehen wird oder ob die auseinanderstrebende Bewegung der Galaxien, die das Echo vom Urknall bilden, weiter und weiter anhalten wird.

Die vom Urknall in alle Richtungen geschleuderte Materie begann dann bald abzukühlen. Und genauso wie sich der Rauch einer Zigarette auch in einem geschlossenen Raum nicht einfach gleichmäßig verteilt, sondern Schlieren und Fäden bildet, ballte sich auch die Materie bald in Klumpen zusammen – gebunden durch die Schwerkraft. Wenn diese Klumpen zu dicht wurden, gab es neue Explosionen. Solche müssen schon in den Anfangszeiten des Universums häufiger gewesen sein – denn das Universum ist nach neuesten Erkenntnissen aufgebaut wie der Schaum eines Spülmittels: Die Milchstraßen und die einzelnen Sterne sind so angeordnet, daß sie riesigen Seifenblasen gleichen. Erklärbar ist dies nur durch solch heftige Explosionen, die den Raum kugelförmig leerfegten und nur an den Kugeloberflächen Platz für die Ansammlung von Materie freiließen. Das heißt: Der Urknall war nur die erste einer Reihe von gewaltigen Explosionen.

Wenn wir in diesem Zusammenhang von Materie sprechen, dann ist immer nur von der einfachsten Form von Materie die Rede: von Wasserstoff. Vielleicht erinnern Sie sich aus dem Chemieunterricht daran, daß Wasserstoff nur aus einem Proton im Kern und einem Elektron in der Schale zusammengesetzt ist. Wir bestehen aber bekanntlich aus einer Reihe viel komplexerer Atome. Wenn es diese in den Baby-Zeiten unseres Universums noch nicht gab – woher kommen sie dann?

Jetzt schlägt in unserem kosmischen Drama die Stunde der *Sterne*. Wir alle tragen in uns die uralte Vorstellung, Sterne seien ewig und unveränderlich. Doch das ist nur eine Frage der Zeitperspektive: Einer Eintagsfliege muß die menschliche Lebensdauer auch ewig vorkommen. Vor rund vierhundert Jahren, nicht zufällig am Beginn der Neuzeit, entdeckte ein dänischer Astronom mit bloßem Auge einen strahlend hellen Stern dort, wo vorher nur ein schwach leuchtendes Pünktchen war. Die Vorstellung vom unwandelbaren Sternenhimmel hatte den ersten und entscheidenden Knacks bekommen.

Am 23. Februar 1987 wurde zum erstenmal seit damals wieder ein solches Phänomen entdeckt, zu dessen Beobachtung das bloße Auge ausreicht. In der unserer eigenen Milchstraße am nächsten gelegenen Galaxie *Magellansche Wolke* erstrahlte plötzlich ein Stern in unvorstellbarer Helligkeit. Das Ereignis fand nicht an jenem Tage statt, denn sein Licht hatte auf seiner Reise bis zur Erde 170 000 Jahre gebraucht. Doch jetzt wußten die Wissenschaftler, womit sie es zu tun hatten: Beobachtet wurde eine *Supernova*, ein Ereignis, das nichts anderes bedeutet als den Tod eines Sternes.

Unsere eigene Milchstraße umfaßt etwa 100 Milliarden Sterne, darunter unsere eigene Sonne – und es gibt Abermilliarden von Milchstraßen ... Diese Unzahl von Sternen unterliegt genau wie wir dem Zyklus von Geburt, Leben und Sterben. Sterne sind, etwas banal ausgedrückt, riesige Ansammlungen von Wasserstoffatomen. Durch die dichte Häufung, die sich den Gesetzen der Schwerkraft folgend allmählich in der Zeit nach dem Urknall bildete, entsteht ein unvorstellbares Maß an Druck und Hitze. Diese Energie reicht aus, die vorhandenen Atomkerne buchstäblich zusammenbacken zu lassen. (Optimisten auf der Erde hoffen, diesen Prozeß simulieren zu können und mit der *Kernfusion* eine neue unerschöpfliche Energiequelle zu erschließen.) Als Produkt dieser Kernverschmelzung entstehen zunächst Heliumatome aus zwei Protonen und zwei Elektronen sowie eine riesige Energiemenge – die Strahlung unserer Sonne, die alles Leben auf der Erde geschaffen hat und erhält.

Sterne von der Größe unserer Sonne brennen irgendwann einmal aus, wenn sich ihr Brennstoff erschöpft hat, und erkalten dann – kein Vorgang, der uns besonders beunruhigen müßte, denn er wird erst in ungefähr zehn Milliarden Jahren geschehen. Anders verlaufen die Lebenszyklen von Sternen, die um ein Vielfaches größer sind als unsere Sonne. Hier werden noch größere und komplexere Atome gebacken, zum Beispiel Kohlenstoff, das Grundelement allen irdischen Lebens, aber auch Eisen im Kern solcher Sterne. Irgendwann einmal wird die Schwerkraft innerhalb dieses Eisenkerns so gewaltig, daß er in kürzester Zeit auf einen Bruchteil seines Volumens zusammenschrumpft.

Jetzt geschieht etwas, was gelegentlich bei einer defekten Fernseherröhre vorkommt: Eine Implosion, ein plötzliches Zusammenfallen in sich selbst. Und wie beim Fernseher wird das umgebende Material explosionsartig in den Raum hinausgeschleudert. Das ist der Tod eines Riesensternes – der extrem helle Feuerball einer Supernova.

Mit den heutigen empfindlichen Teleskopen können die Astronomen solche Ereignisse fast täglich beobachten, meistens allerdings nur in Galaxien, die Millionen von Lichtjahren von uns entfernt liegen. Doch in unserem Universum ist der Tod eines Sternes in Form einer Supernova ein ganz normaler Vorgang.

Und der Tod ist hier wie überall eine andere Geburt. Die von der Supernova ins All geschleuderte Materie findet sich irgendwann wieder zusammen. Neue Sterne werden geboren, leben und sterben wieder – in einer Abfolge von Generationen. Der Urknall zeugte Sterne, die ihrerseits wieder neue Generationen von Sternen zeugten – und so fort.

Ich bin Ihnen noch eine Zeitangabe schuldig: Wann war der Urknall, wie alt ist unser Universum? Nun – das Universum verhält sich wie eine etwas kapriziöse Dame, die gerne einen Schleier des Geheimnisses um ihr wahres Alter webt. So schwanken auch die Schätzungen über den Zeitpunkt des Urknalls zwischen 12 und 18 Milliarden Jahren vor unserer Zeit.

Genaueres wissen wir dagegen über das Alter unseres Sonnensystems: 4,55 Milliarden Jahre. Unsere Sonne gehört also nicht zur ersten Generation der Sterne, sie hatte bereits Eltern. Immerhin: Das Universum als Ganzes ist nur drei bis vier mal älter als unser Sonnensystem.

Das Entscheidende für unsere Geschichte ist nun aber, daß

damals nicht nur unsere Sonne geboren wurde. Vielmehr sammelten sich auch die von einer früheren Supernova stammenden schwereren und komplexeren Atome, ursprünglich einfach ein kosmischer Staubschleier, zu Haufen. Diese wurden von der Schwerkraft der Sonne angezogen und in einer Bahn um die Sonne festgehalten. Die Rede ist von den Planeten unseres Sonnensystems, darunter die Erde.

Wir wissen heute, daß alle Atome, aus denen sich später auf der Erde das Leben entwickeln konnte, schon damals, als unser Sonnensystem entstand, auf unserer Erde vorhanden waren. Diese Bausteine des Lebens waren kein direktes Produkt des Urknalls. Sie sind das Ergebnis der Generationenfolge der Sterne, ihres Lebens und Sterbens.

Es hätte alles auch ganz anders kommen können. Wären bei den kaum vorstellbaren Prozessen des Urknalls auch nur einige Winzigkeiten anders gelaufen, dann gäbe es im Universum bis heute nur einfache Wasserstoffatome und damit sicher kein Leben. Erst das kosmische Drama von Geburt und Tod der Sterne hat das Grundmaterial geschaffen, aus dem sich Leben und damit menschliches Leben entwickeln konnte. Die Sterne sind die gemeinsamen Eltern allen irdischen Lebens – und damit die gemeinsamen Eltern aller Menschen.

Wir sind gemacht aus Sternenstaub – und vielleicht sind wir die Augen der Sterne, mit denen sich diese selbst anschauen. Wahrscheinlich gibt es überall im Universum solche Augen, aber wir haben nur unsere. Wenn wir diese jetzt in der Fortsetzung unserer Geschichte auf die Entwicklung des Lebens auf unserem eigenen Planeten konzentrieren, sollten wir dabei nie vergessen, daß der erste Akt unserer Entstehungsgeschichte sich in kosmischen Dimensionen abgespielt hat. Wir sind durch diese Geschichte unauslöschlich ein Teil des Kosmos.

Evolution des Lebens:

2. Der Drang nach Höherem
oder
Die (fast) perfekten Kopierer

*Tiger, Tiger, gelbe Pracht
in den Dickichten der Nacht,
wes unsterblich Aug und Hand
wohl dein furchtbar Gleichmaß
band?*

William Blake

Die kosmische Mitgift für die Erde bestand nicht nur aus schweren Atomen. Diese allein hätten für die Entwicklung des Lebens auf unserem Planeten nicht ausgereicht. Bekanntlich besteht lebende Materie nicht aus einfachen Atomen, sondern aus komplexen *Molekülen*. Moleküle sind aus einzelnen Atomen zusammengesetzte Gebilde, manche ganz einfach wie etwa das Wasser, das aus zwei Wasserstoff- und einem Sauerstoffatom besteht, andere hochkomplex aus Tausenden von einzelnen Atomen zusammengesetzt.

Welche Moleküle in den Anfangszeiten der Erde schon da waren, können die Wissenschaftler nicht direkt herausfinden, denn die Erde war damals, wie es in der Bibel ganz richtig heißt, *wüst und leer*. Ihr Mantel war noch nicht abgekühlt, sondern bestand aus kochender Lava. Erst einige hundert Millionen Jahre nach der Geburt der Erde war der Abkühlungsprozeß so weit fortgeschritten, daß die Lava zu Stein erkalten konnte. Das älteste Gestein, das wir auf der Erde finden, ist etwa 3,8 Milliarden Jahre alt, entstand also 750 Millionen Jahre nach der Geburt der Erde.

Es gibt in unserem Sonnensystem glücklicherweise Botschafter, die uns Informationen über den frühesten Zustand des Sonnensystems vermitteln können: Die kosmische Staubwolke, aus der sich die Sonne und die Planeten gebildet haben, wurde durch diese Entstehung größerer Himmelskörper nicht völlig aufgeräumt. Reste davon ziehen in lockerer Form – als *Kometen und Meteoriten* – nach wie vor frei vagabundierend in unserem Sonnensystem umher. Ab und zu wird ein solcher Brocken von der Schwerkraft der Erde eingefangen. Ist der Brocken so groß, daß er beim Eintritt in die Erdatmosphäre nicht völlig verglüht, dann fällt er als Stein auf die Erde.

Ein solcher Meteorit wurde vor einigen Jahren in Australien gefunden. Sein Alter entspricht ziemlich genau dem Alter unseres Sonnensystems. Da es sich um dieselbe Materie handelt, aus der auch unsere Erde gebildet ist, können wir aus der chemischen Analyse dieses Meteoriten schlußfolgern, welche kosmische Mitgift unsere Erde erhalten hat.

Der Meteorit enthielt sensationelles Material: Einfache *Aminosäuren*, also die Grundbestandteile von Eiweiß, die fünf wichtigen *genetischen Basen*, aus denen das Erbmaterial allen Lebens zusammengesetzt ist, sowie *Lipide*, fettähnliche Substanzen, die bei der Bildung der Zellhüllen eine wichtige Rolle spielen. Oder auf den Punkt gebracht: alle Grundbausteine des Lebens.

Daß diese Lebenselemente auf einem außerirdischen Himmelskörper gefunden wurden, hat natürlich die Spekulationen angeheizt, wonach das Leben aus dem All auf die Erde gekommen ist. Bitte schön: Wem diese Geschichte Spaß macht, der soll ruhig daran glauben. Geistig befriedigender ist die Annahme, daß alles Grundmaterial des Lebens schon zu einem sehr frühen Zeitpunkt auf der Erde vorhanden war und daß folglich das Leben auf der Erde selbst entstanden ist.

Wann genau dies geschah, wissen wir noch nicht. Mit Sicherheit lassen sich die Spuren einfachsten Lebens schon für einen Zeitpunkt von ungefähr drei Milliarden Jahren vor der Gegenwart nachweisen, und es gibt Hinweise darauf, daß das Leben auf der Erde sogar schon dreieinhalb Milliarden Jahre alt ist. Das würde bedeuten, daß sich innerhalb einer Milliarde Jahre das Leben auf der Erde entwickelt hat. Dieser Zeitraum mag uns riesig vorkommen – in kosmischen Maßstäben gemessen, ist die Zeit für die Entwicklung des Lebens überraschend kurz.

Das Wort *Überraschung* ist in diesem Zusammenhang übrigens mit Bedacht gewählt. Es gibt nämlich in unserem Universum ein ehernes Gesetz, das Gesetz der *Entropie*, auch *zweiter Hauptsatz der Thermodynamik* genannt. Demnach streben alle physikalischen Systeme nach einem Zustand niedriger Ordnung, also nach einem Zustand mit möglichst wenig Komplexität und Energie. Sollte sich unser Universum immer weiter ausdehnen, dann wird es diesem Gesetz folgend allmählich immer mehr erkalten. Zur Illustration dieses Gesetzes gibt es übrigens ein plastisches Beispiel, das alle Eltern kennen: Kaum hat man ein Kinderzimmer aufgeräumt, es also in einen Zustand höherer Ordnung gebracht, schlägt das Entropie-Gesetz erbarmungslos zu – und schon befindet sich das System Kinderzimmer wieder im Zustand schönster Unordnung …

Wie also kommen einzelne Atome dazu, sich zu einfachen und immer komplexeren Molekülen zusammenzuschließen? Wir wissen es nicht. Und doch haben sie es getan, und wie wir sehen werden, war damit der *Drang nach Höherem* noch keineswegs befriedigt. Höher meint in diesem Zusammenhang im wesentlichen *mehr Komplexität*. Das ist ein Wort, das unangenehm an *kompliziert* erinnert, doch es ist gar nicht unangenehm: Wenn wir irgendeine Einheit, ein *System* nehmen, eine Körperzelle, einen Menschen, ein Land, dann unterscheiden sich diese nach der Anzahl ihrer Einzelteile und nach der Anzahl der Verbindungen zwischen den Einzelteilen. In diesem Sinne ist eine Großstadt komplexer als ein kleines Dorf. Das Schöne daran ist, daß höhere Komplexität mehr *Freiheit* bedeutet: Die Zahl der möglichen *Verhaltensweisen* eines Systems und damit auch seiner Einzelteile oder Mitglieder wird größer.

Diesem merkwürdigen Drang nach Höherem, das sich in unserer Geschichte seit den Anfängen zeigt, werden wir noch öfters begegnen. Im Moment sind wir immer noch bei den Anfängen des Lebens. Die Szenerie für diese Geburt war nicht gerade gemütlich: Eine immer noch heiße Erdoberfläche, kein Sauerstoff in der Luft, statt dessen stinkige Gase wie Methan und Schwefel.

Doch eine Wiege für das Leben gab es: das Wasser. Hier schwebten die Grundmoleküle des Lebens frei herum, hier lieferten die Blitze heftiger Gewitter die nötige Energie für die Lebensexperimente, und hier konnten die Lipide schon mal Membranen bilden wie die Fettaugen auf der Suppe, in deren schützendem Schoß die Moleküle ungestörter ihre Spiele treiben konnten.

Soweit verstehen wir die Spiele des Lebens noch. Wir können diese Ursuppe im Labor simulieren, und dabei entstehen aus den einfachen Legosteinen schon mal erste Türmchen.

Bis zur Fertigstellung eines getreuen Legomodells des Kölner Doms allerdings ist es noch ein weiter Weg. Mindestens so komplex muß man sich das interessanteste Molekül des Lebens, die RNS als Träger der Erbsubstanz, vorstellen: Nimmt man die einzelnen Bausteine eines Gens und berechnet die Anzahl der Möglichkeiten, wie man diese Bausteine zu einem Ganzen zusammenbauen könnte, so kommt man auf Zahlen, die weit über die Zahl aller Sterne im Universum hinausgehen. Die Wahrscheinlichkeit dafür, daß exakt dieses offensichtlich erfolgreiche Molekül entsteht, ist so winzig, daß dagegen die Wahrscheinlichkeit, im Lotto sechs Richtige zu tippen, gewaltig groß erscheint.

Und damit noch nicht genug: Wie kamen diese Moleküle auf die Idee, sich selber zu kopieren? Was hat sie aus ihrer beschaulichen, freischwebenden Zufriedenheit so aufgeschreckt, daß sie etliche Mühe auf sich nahmen, um exakte Kopien von sich herzustellen? Denn genau das war der erste Schritt auf einem langen Weg, der so hochkomplexe Ansammlungen von Molekülen hervorgebracht hat wie unser Gehirn.

Die Antwort der Wissenschaften auf die Frage nach dem *Warum* dieses Prozesses lautet im Klartext schlicht: *Keine Ahnung!* Nach diesem unerklärlichen Anfang jedoch lassen sich Gesetzmäßigkeiten in der Entwicklung des Lebens feststellen. Dasselbe Spiel also wie bei der Entstehung des Universums: Einem unerklärlichen Anfang folgt ein Spiel, dessen Regeln wir einigermaßen durchschauen können.

Als nämlich die ersten Moleküle mit ihrem Kopierspiel anfingen, begannen auch schon die Gesetze der *Evolution* zu wirken. Mit diesen, die in ihren Grundzügen von *James Darwin* entwickelt wurden, ist viel Schindluder getrieben wurden. Darwin hatte sich überlegt, wie es zu der Vielfalt der Tier- und Pflanzenarten auf der Erde kommen konnte, und dabei herausgefunden, daß die heute lebenden Arten das Produkt einer langen und keineswegs abgeschlossenen Entwicklung seien. Im Verlaufe dieser Entwicklung sind ganz offensichtlich manche Arten ausgestorben, zum Beispiel die Saurier, während andere erfolgreicher waren und überlebt haben. *The survival of the fittest* – das Überleben des Tüchtigsten, nannte Darwin das *Auswahlprinzip*, das dabei wirkt. Das klingt nach harten Konkurrenzkämpfen unter den verschiedenen Arten und gibt daher ein schönes Bild ab für den täglichen Konkurrenzkampf zwischen den Menschen. Wie schön, wenn man sich da sagen kann: *Indem ich meine ganze Durchsetzungskraft anwende und dabei zu allen Tricks greife, folge ich nur dem uralten Gesetz der Evolution.*

Doch als Rechtfertigung für rücksichtsloses Verhalten einzelner taugt die Evolutionslehre nicht – ganz einfach, weil es beim Spiel der Evolution nicht um das Überleben einzelner geht. Wenn wir das *Ziel* dieses Spiels durchschauen wollen, werfen wir vielleicht am besten einen Blick auf die uns wohlbekannte Lebensform *Biene*. Das heißt speziell auf das traurige Schicksal der männlichen Bienen, der Drohnen. Diese werden bekanntlich aufgezogen, um fit zu sein für einen einzigen Versuch, die Bienenkönigin, die als einzige neues Leben gebären kann, zu befruchten. Egal wie dieser Versuch ausgeht: Danach werden die Drohnen gnadenlos getötet. *Der Mohr hat seine Schuldigkeit getan, der Mohr kann gehen ...*

Diese Geschichte wirkt nur in menschlichen Maßstäben brutal. Im Spiel der Evolution ist sie vernünftig. Die Drohne hat das abgeliefert, worum es ausschließlich ging: ihre Samenzellen. Und zudem hat die Geschichte eine tröstliche Pointe: Auch die weiblichen Bienen samt dem gezeugten Nachwuchs sterben irgendwann. Nur etwas überlebt: Das Gen, also der wichtigste Bestandteil der Samen- und Eizellen. Es wandert von Generation zu Generation, stellt immer wieder Kopien von sich her, über Zeiträume, von denen wir Einzellebewesen nur träumen können. Der einzelne ist unwichtig, selbst die Art ist nicht wichtig. Das Spiel dreht sich ausschließlich darum, welche Gene, also welche Moleküle, sich am erfolgreichsten selbst kopieren können.

Ganz präzise ist das noch nicht. Wenn wir eine Fotokopie herstellen, dann sind das Material und die benötigte Energie zwischen Original und Kopie unterschiedlich. Auf der Ebene von Materie und Energie findet also kein Kopiervorgang statt. Vollständig kopiert wird nur die Information, der Text, das Bild, die Schrifttypen und so weiter. All diese Informationen sind auf der Kopie dieselben wie auf dem Original. Weitergegeben haben wir also die Information, nicht den Informationsträger.

Damit heißt das Ziel des Spiels der Evolution: *Wer gibt am erfolgreichsten die Erbinformation weiter?* An Regeln gibt es im Grunde nur eine einzige: *Wer nicht genug bringt, fliegt raus!* Diejenigen, die im Spiel bleiben, sind in der Wahl ihrer Mittel völlig frei, sie können sich in einer Bakterie einnisten oder in einem Menschen, Hauptsache, sie bleiben im Kopierspiel. Wie es ein kluger Kopf formuliert hat: *Ein Huhn ist nur der gelungene Versuch eines Eis, ein neues Ei hervorzubringen.*

Schon die ersten sich selbst kopierenden Moleküle spielten dieses Spiel, das noch keineswegs zu Ende ist. Was wir heute sehen, ist eine *Momentaufnahme* und nicht der Endzustand des Spiels. Doch halt! Da muß noch ein Fehler drinstecken: Irgendwann, so wäre doch anzunehmen, müßte sich die beste Methode zur Herstellung perfekter Kopien herauskristallisiert haben, und alle anderen Versuche hätte man dann getrost dem Müllhaufen der Evolutionsgeschichte anvertrauen können. Und es spricht sogar einiges dafür, daß ziemlich einfache Lebensformen dieses Ziel besser erreicht hätten als hochkomplexe und damit auch störungsanfällige Lebewesen wie wir. Warum gibt es dann diese extreme Vielfalt an Lebensformen?

Das Ziel des evolutionären Spiels kann es somit nicht sein, *perfekte* Kopien herzustellen. Das wäre ein sehr eingeschränktes Spiel. Schach macht deshalb mehr Spaß als «Mensch ärgere dich nicht», weil es den Spielern mehr Wahlmöglichkeiten, mehr Freiheit offenläßt. Die beste Methode, das Evolutionsspiel spannender zu machen, ist es, etwas mehr Freiheit einzuräumen, also nicht mehr unbedingt *ganz* perfekte, sondern statt dessen *fast* perfekte Kopien herstellen zu lassen.

Damit kommt ein zusätzliches Element ins Spiel. Tatsächlich gehören zu den Evolutionsgesetzen *zwei* Hauptelemente: Der faktische Gang der Evolution ist nur zu erklären, wenn neben der Auswahl der erfolgreicheren Arten auch das Prinzip der *Mutationen* Gültigkeit hat.

Mutationen werden von den Biologen als Fehler bei der Weitergabe der Erbinformation interpretiert: Die Information wird nicht ganz perfekt weitergegeben, bei der Kopie sind einige Dinge anders als beim Original. Doch «Fehler» klingt zu negativ. Die so auftretenden Veränderungen müssen ja nicht negativ sein. Sie können auch die positive Folge haben, daß die so veränderte Kopie im Überlebensspiel mehr Punkte sammeln kann als das Original. Wie alle Freiheit kann auch diese negative wie positive Konsequenzen haben. Und nur diese Freiheit hat bewirkt, daß sich das Leben zu immer komplexeren Systemen entwickelte.

Die Anfänge waren noch sehr einfach. Die ersten sich selbst kopierenden Moleküle schwammen frei in der Ursuppe herum. Dann begannen sie, sich Hüllen zuzulegen. Innerhalb dieser Hülle waren Material und Energie manchmal etwas anders als außerhalb der Hülle. Dies führte zu Austauschprozessen zwischen innen und außen, zwischen Zelle und Umwelt: Die Zelle holte sich von draußen, was sie brauchte, und gab das ab, was nicht mehr benötigt wurde. Ein wesentliches Element allen Lebens, nämlich Stoffwechsel, war geboren.

Eine Milliarde Jahre lang waren diese einzelligen Lebewesen, die Bakterien, alleinige Vertreter des Lebens auf der Erde. So hatten sie Zeit, eine Menge neuer Varianten des Spiels zu entwickeln. Die ersten Bakterien ernährten sich von Schwefel, später wurden andere Nahrungsquellen entdeckt. Es dauerte auch nicht lange, bis manche Bakterien herausfanden, daß andere Bakterien hervorragend als Nahrung geeignet waren. Manche Bakterien entwickelten die Fähigkeit, sich zu bewegen, was sie unabhängiger machte von den Wellen des sie umgebenden Wassers.

Damit diese Variationsspiele nicht ausuferten, waltete unerbittlich der *Selektionsdruck*: Nur was an seine Umgebung angepaßt war, überlebte. Ein einfaches Beispiel: Wenn eine Lebensform nur in einem bestimmten Temperaturbereich überleben kann, stirbt sie aus, wenn sich die Temperatur der Umgebung ändert. Überleben werden dann zwei Arten von Lebensformen: Jene, die sich wiederum auf die neue Temperatur spezialisiert haben, und jene, denen es gelungen ist, die Bandbreite der Temperatur, in der sie überleben können, zu erweitern.

Tatsächlich treten diese beiden Typen in der Evolutionsgeschichte auf: Die *Spezialisten* und die *Generalisten*. Ein typischer Spezialist ist der große Pandabär, der sich nur von den Blättern einer bestimmten Bambusart ernähren kann. Dagegen ist unser Hausschwein ein typischer Generalist, einfach weil es praktisch alles fressen kann.

Doch so weit sind wir noch lange nicht. Wie kam es überhaupt zur Entwicklung von mehrzelligen Lebewesen (allein unser Gehirn besteht aus etwa zehn Milliarden einzelner Zellen!)? Nun, eine einzellige Bakterie muß den ganzen Überlebenskrempel selber besorgen: Nahrungsaufnahme, Atmung, Bewegung, Fortpflanzung und so fort. Das ist auf die Dauer ziemlich mühsam und fördert das Überleben nicht unbedingt. Wenn sich ein paar Zellen zusammenschließen und die eine künftig den Hausputz übernimmt und die andere den Ofen heizt, sind sie als Ganzes eventuell erfolgreicher. Genauso bildeten sich die ersten einfachen Mehrzeller.

Und auch hier ging das Spiel weiter. Immer mehr Zellen wuchsen zusammen und praktizierten interne Arbeitsteilung, von der am Schluß alle profitierten. Jetzt entstand ein neues Problem: Je komplexer ein solches System ist, desto mehr Entscheidungen muß es treffen, und desto dringender ist es auf Informationen angewiesen. Auch für diese Aufgaben bildeten sich Spezialisten heraus: Sinnesorgane, Nerven. Und je mehr es zu koordinieren und zu steuern gab, desto komplexer wurde das Nervensystem.

Schließlich erreichte das Nervensystem eine derart wichtige Bedeutung für den Gesamtorganismus, daß es eines besonderen Schutzes vor Verletzungen bedurfte. Dieses Schutzprinzip für das Nervensystem sehen wir erstmals bei den Fischen, wo die Nerven im Inneren von Knochenhöhlungen geschützt werden.

Damit war das Leben reif, sich auch andere Räume zu erobern, das Festland und die Lüfte. Manches Bewährte wurde dabei unbesehen übernommen – so haben die höheren Landtiere alle vier Beine, wie schon die Fische vier Flossen hatten. In anderen Bereichen wurde herumgespielt und ausprobiert. Die teilweise bizarren Ergebnisse dieses Prozesses können in jedem Naturkundemuseum oder Zoo besichtigt werden. So ganz spielerisch ging es beim Evolutionsprozeß allerdings nicht zu. Die Überlebensregel galt nach wie vor gnadenlos. Der ganze Prozeß beruht auf dem Prinzip von *Fressen und Gefressenwerden*. Die Umwelt änderte sich dauernd. Oft genug offensichtlich auch katastrophenartig.

Warum die Saurier ausgestorben sind, wissen wir noch immer nicht genau. Fest steht nur, daß diese Lebensform, die Millionen Jahre lang die Krone der Schöpfung auf der Erde dargestellt hatte, vor ungefähr 65 Millionen Jahren auf einen Schlag ausgestorben ist. Und mit den Sauriern über die Hälfte der damals lebenden Pflanzen- und Tierarten. Und diese Katastrophe war nicht die einzige. Vor etwa 250 Millionen Jahren starben sogar 90 Prozent aller damals lebenden Arten aus.

Es gibt mittlerweile eine überzeugende Theorie, wonach alle 26 Millionen Jahre eine derartige Katastrophe die Erde heimsucht. Vielleicht sind es die Einschläge großer Meteore, die riesige Staubwolken aufwirbeln und den Himmel verdunkeln – ähnlich wie es bei einem Atomkrieg geschähe. Ohne Licht keine Pflanzen, und damit keine Nahrung für die Tiere. Nur ein paar besonders robuste Arten überleben. Vielleicht ist es ein Zwillingsstern unserer Sonne, der uns in diesen langen Rhythmen die kosmischen Brocken schickt. Wie auch immer: Die nächste Katastrophe dieser Art ist erst in 13 Millionen Jahren fällig, wir haben also noch etwas Zeit ...

Dennoch: Die Evolution des Lebens auf der Erde ist keine süßliche Geschichte. Es wimmelt von Kampf und Katastrophen. Keines der betroffenen Lebewesen hat dies jemals in Frage gestellt, ehe der Mensch auftrat.

Und in der Tat: Würden wir die Geschichte der Evolution des Lebens auf der Erde an dieser Stelle abschließen, dann böte sie wenig Anlaß zu Optimismus und kaum Unterstützung für die These, durch die Evolution zöge sich wie ein roter Faden die Tendenz, die ursprüngliche Einheit auf höherer Ebene wiederherzustellen. Der Kampf aller gegen aller ist nicht gerade geeignet, Visionen von Einheit zu bekräftigen.

Die klassische Evolutionstheorie, zumal in ihrer Vulgärform, hat viel dazu beigetragen, daß wir unsere gesellschaftlichen Beziehungen, das Verhältnis zwischen einzelnen Menschen, Gruppen, Religionen, Hautfarben, Staaten und so fort weitgehend nach dem Prinzip von Kampf und Konkurrenz organisiert haben. Doch die Geschichte der Evolution enthält auch andere Botschaften, vor allem jene über den Sinn und Nutzen von Zusammenarbeit, von *Kooperation*.

Es ist nicht zufällig eine der seltenen Frauen unter den Naturwissen-schaftlern, die Biologin *Lynn Margulis*, die darauf besonders hingewiesen hat. Ihre Geschichte lautet so:

In den grauen Vorzeiten des Lebens kamen einmal zwei Bakterien zusammen. Statt sich wie üblich in solchen Fällen aufzufressen, entdeckten sie ein elementares Prinzip: *Das Ganze ist mehr als die Summe seiner Teile.* Die eine Bakterie konnte vielleicht einen Stoffwechselprozeß besser steuern, die andere hatte eine stabilere Hülle und bot so mehr Schutz. Und so blieben die beiden zusammen und profitierten beide davon, indem sie die Aufgabe des Überlebens besser bewältigten.

Dann gesellte sich ein dritter Partner hinzu, der sich besonders gut darauf verstand, Sauerstoff in Energie umzuwandeln. Und als die drei so ziellos durch die Meere trieben, begegneten sie einer stäbchenförmigen Bakterie, die die Kunst der gesteuerten Fortbewegung beherrschte. Sie begannen, diesen vierten Partner zu füttern und wurden im Gegenzug sicher durchs Wasser befördert.

Dies sind keine Märchen, denn solche Prozesse lassen sich auch heute noch beobachten. Und es gibt rätselhafte Spuren: In allen höherentwickelten Zellen gibt es spezielle Zellenbestandteile, die den Nahrungs- und Sauerstoffumschlag der Zelle regulieren, die stäbchenförmigen *Mitochondrien*. Merkwürdigerweise haben sie im Gegensatz zu anderen Teilen der Zelle ihre eigene DNS-Erbsubstanz, und sie enthalten Eiweiße, die man sonst in der Zelle nicht findet – wohl aber bei Bakterien.

Das bedeutet: Diese Zellbestandteile könnten sehr wohl einmal «freilebende» Bakterien gewesen sein. Oder anders: Ein hochkomplexes Lebewesen wie der Mensch ist das Ergebnis eines langen Prozesses, an dessen Anfang die Kooperation von Bakterien stand. Die Bakterien haben sich gewandelt, aber ihre Spuren in unserem Organismus beweisen, daß der Mensch das Ergebnis eines Zusammenschlusses einfachster Lebewesen ist. Der Mensch ist das erfolgreiche Produkt einer langen Reihe von Entscheidungen zur Kooperation, zum Miteinander, von dem alle Beteiligten profitieren.

Das einzigartige menschliche Bewußtsein:

3. Ein neues Spiel
oder
Ich weiß, daß ich weiß

Die Materie hat das Stadium
beginnender Selbsterkenntnis
erreicht ...
Mittel ihres Wissens
über Sterne ist
den Sternen der Mensch.

George Wald

Wir haben das Spiel der Evolution des Lebens zurückverfolgt bis zu den Anfängen, aus denen sich die ganze Vielfalt der heute lebenden Arten entwickelt hat. Damit kennen wir nun die Vorgeschichte des Menschen, aber noch nicht seine eigentliche Geschichte.

So zu denken jedenfalls hat es sich die Menschheit angewöhnt, seit sie sich Fragen über ihre Herkunft stellt. Daß mit dem Auftreten des Menschen ein völlig neues Kapitel aufgeschlagen worden ist, haben wir schon in der biblischen Schöpfungsgeschichte gelernt: Fünf Tage brauchte Gott, um alle Pflanzen und Tiere zu schaffen, und am sechsten Tag nahm er sich den Menschen vor. Das war schließlich ein besonderes Geschöpf, das Gott nicht im selben Aufwasch wie das Tierreich schaffen konnte.

Dann kam *Darwin*, der zwar nicht behauptete, der Mensch stamme vom Affen ab, aber immerhin, er habe sich organisch aus dem Tierreich entwickelt. Das war schlimm genug, und mehr als hundert Jahre nach Darwin kämpften in den USA strenggläubige Christen darum, daß an den Schulen die wörtlich genommene

Schöpfungsgeschichte gelehrt wurde und nicht die Abstammungslehre nach Darwin. Erst 1987 setzte der Oberste amerikanische Gerichtshof diesen Bemühungen ein endgültiges Ende.

Als Darwin 1859 die Früchte seiner Forschung veröffentlichte, soll die Frau des anglikanischen Bischofs von Worcester ausgerufen haben: *Abkömmlinge von Affen! Laßt uns hoffen, daß es nicht wahr ist, aber wenn es wahr ist, dann laßt uns beten, daß es sich nicht herumspricht.*

Nun, wahr ist es offenkundig, aber beim Verschweigen der vollen Wahrheit haben die Wissenschaftler selbst bis heute geholfen. Nach den noch immer gängigen Abstammungslehren haben sich die Menschen vor 20 Millionen Jahren von ihren nächsten Verwandten, den Menschenaffen, abgespalten. Mit dieser tröstlichen Lehre wird die Einzigartigkeit des Menschen ein ganzes Stück weit gerettet.

Wie sehr dieses Selbstbild der Einzigartigkeit des Menschen einem echten Bedürfnis auch aufgeklärter Zeitgenossen entspricht, zeigte eine kleine Umfrage im Bekanntenkreis: *Wieviel Prozent ihrer Erbmasse haben Schimpanse und Mensch wohl gemeinsam?* lautete die Frage, die Sie vielleicht erst einmal selber beantworten, bevor Sie weiterlesen. Die Schätzungen schwankten zwischen 10 und 30 Prozent, ein besonders Mutiger ließ sich sogar zu 50 Prozent hinreißen. Die richtige Antwort allerdings lautet: 99,5 Prozent!

Dasselbe aus einer anderen Perspektive: Die Unterschiede zwischen Mensch und Schimpanse beziehungsweise zwischen Mensch und Gorilla sind *nicht* größer als die Unterschiede zwischen Schimpanse und Gorilla. Und noch mal anders: Wir sind mit dem Schimpansen enger verwandt als das Pferd mit dem Zebra.

Die Beweise sind erdrückend: Genetisch, also vom Erbmaterial her gesehen, ist der Mensch nichts Besonderes, unterscheidet er sich nur geringfügig von seinen beiden nächsten Verwandten, den Schimpansen und Gorillas. Alle neuen Forschungsergebnisse deuten darauf hin, daß sich die drei erst vor fünf Millionen Jahren aus einem gemeinsamen Vorfahren auseinanderentwickelt haben. Vor acht Millionen Jahren hatten sich die Orang-Utans abgespalten, vor zehn die Gibbons.

46

In der gemeinsamen Ahnengalerie der Menschenaffen, zu denen der Mensch rein genetisch gesehen ganz offensichtlich gehört, begann vor vielleicht 40 Millionen Jahre ein kleineres Tier auf den Bäumen zu leben. Entscheidende Überlebensvorteile hatten da oben natürlich Tiere, die über zwei Fähigkeiten verfügten, die biologisch gesehen den Menschen zu einem wesentlichen Teil ausmachen: *perspektivisches Sehen* und *Greifhände.* Das blitzschnelle Schwingen von Ast zu Ast erforderte zudem die Verarbeitung großer Informationsmengen in kurzer Zeit, was jene Exemplare begünstigte, bei denen sich spontan ein größeres *Gehirn* entwickelt hatte.

Lange Zeit später dezimierte eine große Klimaveränderung die Regenwälder und ließ dafür die Wiesensteppe, die Savanne, wachsen. Unsere Vorfahren hatten sich also in dieser Umwelt zurechtzufinden. Da sie nur etwa 1,20 Meter groß waren, mußten sie sich, um im hohen Steppengras überhaupt etwas zu sehen, aufrichten. Dadurch wurden die Hände frei für allerlei nützliche Tätigkeiten.

So, nun wären wir aber doch beim spezifisch Menschlichen angelangt: *Eines Tages zeigte im heutigen Ostafrika eine Gruppe listiger Säugetiere eine Fülle gänzlich untierischer Talente und Verhaltensweisen: Sie gaben einander die Hände zur Begrüßung; sie kratzten sich am Kopf, wenn sie verlegen waren, sie lachten, wenn sie gekitzelt wurden, und aus Freude oder aus Übermut. Sie benutzten feuchte Blätter, um sich von Schlamm, Kot oder Urin zu reinigen; mit Blättern deckten sie blutende Wunden ab; eine Tochter wachte fünf Tage neben ihrer tödlich verwundeten Mutter, plapperte beruhigend auf sie ein und verscheuchte die Fliegen.*

Sie schrien aus Wollust oder aus Angst, sie stießen Seufzer des Erstaunens aus. Als ein Leopard ihre Jungen bedrohte, flohen sie zwar zunächst heulend auf die Bäume, veranstalteten dort aber bald ein Palaver, reichten sich die Hände wie zum Schwur, rissen Äste ab und entfernten Zweige und Blätter von ihnen. Und mit diesen Prügeln in den Händen griffen sie hochaufgerichtet den Leoparden an und schlugen ihn tot.

Auf Paviane und andere kleine Affen machten sie Jagd, ebenso auf Flußschweine und Zwergantilopen. Dazu wurde das Opfer eingekreist: Von rechts, von links, von vorn und von hinten und noch dazu aus den Baumwipfeln griffen die Jäger an und ließen dem Opfer keinen Fluchtweg offen. War die Beute gut, dann umarmten Jäger und Zuschauer einander, schlugen sich auf die Schultern, küßten sich und schrien vor Begeisterung, wie die Fußballspieler beim «Tor», und dann erst gingen sie ans Mahl.

Mit Steinen schlugen sie Nüsse auf; andere Steine spitzten sie zu, indem sie mit einem größeren Stein auf den kleineren schlugen; Schilfrohre steckten sie ineinander, um nach Früchten zu angeln – dies alles im Sitzen, den Oberkörper aufgerichtet, die Hände zur Arbeit frei.

Einer erfand eine Methode, die begehrten Termiten in Mengen aus dem Bau zu fischen: Einen dünnen Zweig schob er vorsichtig hinein, unter leichter Drehung, damit er nicht brach, dann versetzte er ihn in Schwingung, damit die Termiten anbissen, und dann zog er ihn schnell heraus und lutschte ihn ab.

Das war erstaunlich genug – aber nun kamen seine Stammesgenossen herbeigelaufen, und mit einer Mischung aus Hunger, Neugier und Geschicklichkeit lernten sie von ihm, und bald beherrschte die ganze Sippe den modernen Termitenfang.

So oder ähnlich könnte es gewesen sein. Damit hätten wir das meiste zusammen, was nach allgemeiner Auffassung den Menschen von den Tieren unterscheidet: Werkzeuggebrauch, Verständigung, Hilfsbereitschaft und Lernfähigkeit.

Das Dumme an der Geschichte ist nur, daß sie *nicht* das Leben der *frühen Menschen* beschreibt. *Jane Goodall*, eine englische Zoologin, hat insgesamt 26 Jahre unter *heutigen Schimpansen* gelebt und dabei die obenstehenden Szenen beobachtet.

Damit ist ein weiterer Festungsring zusammengebrochen, den wir um die Vorstellung der Einzigartigkeit des Menschen herum gebaut haben. Nicht nur in ihrem Erbmaterial, sondern auch in vielen grundsätzlichen Verhaltensweisen unterscheidet sich der Mensch kaum von seinem nächsten Verwandten. Natürlich haben die Menschen die erwähnten Fähigkeiten und Verhaltensweisen in gewaltigem Maßstab *weiterentwickelt*, aber sie haben sie *nicht erfunden*. Der Übergang vom Tier zum Menschen ist also auch auf dieser Ebene fließend, eine eindeutige Grenzziehung ist nicht möglich.

Immerhin gab es bei dieser Weiterentwicklung auch größere Sprünge. Der vielleicht wichtigste könnte so ausgesehen haben: *Eines Tages, nachdem ein Gewitter die Steppe in Brand gesetzt hat, überwindet ein Urmensch seine Angst vor dem Feuer. Er nähert sich der glimmenden Glut und findet darin ein verkohltes Tier. Als Aasfresser an solche Nahrung gewöhnt, prüft der Mensch den Geschmack und findet das gebratene Stück Fleisch ausgesprochen wohlschmeckend.*

Viele Generationen später hat einer seiner Nachkommen das Glück, daß ihm dasselbe Ereignis mehrfach in seinem Leben begegnet. Langsam dämmert es ihm, daß es vielleicht einen Zusammenhang zwischen dem Feuer und dem so wohltuend anders schmeckenden Stück Fleisch geben könnte. Unter riesiger Mühsal gelingt es ihm schließlich, das Feuer zu zähmen und seine Stammesgenossen von den Vorteilen gebratenen Fleisches zu überzeugen.

Das war ein gewaltiges Stück Hirnarbeit, und dennoch waren die Menschen damit noch keineswegs so weit, das Feuer wirklich verfügbar zu machen. Wir können uns heute kaum noch vorstellen, was es bedeutete, daß vielleicht Generationen der frühen Menschen wieder in die feuerlose Zeit zurücksanken, nur weil ein heftiger Regenguß das sorgsam gehütete Feuer ausgelöscht hatte.

Das Feuer bot im Kampf ums Überleben natürlich gewaltige Vorteile: Es schützte durch die Möglichkeit einer besseren Zubereitung der Speisen vor allerlei Krankheiten, wehrte nachts wilde Tiere ab, wärmte in kalten Zeiten. Mit dem Feuer fing das an, was den Menschen tatsächlich auszeichnet: Statt sich an die Umwelt anzupassen, hatte der Mensch begonnen, seine Umwelt so zurechtzubiegen, daß sie einen sichereren und komfortableren Ort abgab. Nicht kraft seiner Muskeln oder Sinnesorgane, sondern kraft seines Gehirns.

Einmal in Gang gesetzt, wurde diese Spielregel schnell wirksam: *Mehr Grips bedeutet bessere Überlebenschancen.* Und so wuchs das Gehirn von 400 Kubikzentimetern beim Schimpansen zu 800 Kubikzentimetern beim Vorläufer des heutigen Menschen, dem *Homo habilis* (vor zwei Millionen Jahren). Beim *Homo erectus* vor einer halben Million Jahren waren es dann schon 1200 Kubikzentimeter, beim heutigen Menschen sind es im Durchschnitt 1400.

Dieses starke Wachstum des Gehirns stellte die Natur vor ein kniffliges Problem: Eine normale, das heißt bisher im Tierreich übliche Geburt, wurde durch einen derart großen Kopf verunmöglicht. Durchgesetzt haben sich schließlich jene Veränderungen, die im Grunde auf eine *Frühgeburt* hinausliefen: Ein Kalb hat bei der Geburt fast 100 Prozent seines erwachsenen Gehirngewichts, ein Schimpanse 40 und ein Mensch nur 23 Prozent. Zu einem sehr frühen Zeitpunkt des Wachstums des Gehirns wird dieses vielfältigen Reizen ausgesetzt, was seine Fähigkeiten noch einmal enorm erhöht.

Ein solcher Winzling hätte bei keiner anderen Tierart überlebt, bedarf er doch jahrelanger aufopfernder Pflege, die vom Weibchen allein nicht geleistet werden konnte. Die Männchen hatten ihren Teil zur Nahrungsbeschaffung und zum Schutz gegen Wetter und wilde Tiere beizutragen. Nur mit Hilfe eines intensiven Familienlebens, mit einem hohen Maß an Fürsorglichkeit, aber auch an Arbeitsteilung ließ sich eine derart lange Brutpflege realisieren.

Von nichts kommt nichts – was also brachte die Menschen-Männchen dazu, diese zusätzlichen Verpflichtungen auf sich zu nehmen statt wie die Schimpansen-Männchen den lieben Gott einen guten Mann sein zu lassen? Die Antwort heißt, wie könnte es anders sein, *Sex*.

Bei allen Tierarten sind die Weibchen nur zu bestimmten Zeiten im Jahresverlauf brünstig, der entstehende Lustgewinn hält sich also in Grenzen. Als nun Menschenweibchen auftraten, die das ganze Jahr über diese Möglichkeit boten, sprangen die Männchen natürlich darauf an, die Mutation setzte sich durch. Die Kirchenväter müssen da etwas nicht ganz begriffen haben: Sex diente in einer viel umfassenderen Bedeutung der Fortpflanzung des Menschen ...

Eng verknüpft mit der Entwicklung des Gehirns ist die Entwicklung der *Sprache*. Auch hier hat der Mensch angeknüpft an Ansätze, die es schon im Tierreich gibt, diesem Potential aber einen gewaltigen Realisierungsschub versetzt. Wer quatschen konnte, war in der Lage, die Jagd besser zu organisieren und vor

Feinden zu warnen. Vor allem ermöglichte es die Sprache den Menschen, freier in der Zeit zu reisen: Sie konnten Erfahrungen aus der Vergangenheit weitergeben, weitaus schneller als jede Genveränderung, und sie konnten vorausschauende Planung betreiben.

Der *Homo erectus*, unser Vorfahre vor 1,6 Millionen bis 300000 Jahren, beherrschte offenbar das Feuer *und* die Sprache. Diese Entwicklungen vollzogen sich allmählich über für uns immer noch unvorstellbar lange Zeiträume. Die Geschichte des Menschen ähnelt noch immer einem sehr gedehnten Zeitlupenfilm, auch als der eigentliche Vorläufer des modernen Menschen, der *Homo sapiens*, auftritt, vor etwa 300 000 Jahren.

Dann, vor 125 000 Jahren, taucht ein Verwandter auf, von dem wir nicht gerne reden: der *Neandertaler*. Grobschlächtig und primitiv – das sind die Vorstellungen, die in unseren Köpfen über die Neandertaler herrschen. Gott sei Dank beendete er seinen Auftritt in der Familie vor 37 000 Jahren.

Immerhin: Zum erstenmal in der Menschheitsgeschichte finden wir beim Neandertaler eine ausgesprochen *seelische* Regung: die Bestattung der Toten. Hier liegen die Wurzeln für alle religiösen Systeme, die der Mensch seither erfunden hat.

Nach neuesten Erkenntnissen ist der Neandertaler übrigens gar nicht ausgestorben. Er ist einfach aufgesogen worden von ein paar Touristen aus Afrika. Diese sind nicht solche Kraftprotze wie die Neandertaler, sie haben leichtere Knochen, weniger Muskeln, schmalere Nasen und eine steilere Stirn. Und sie sind offenkundig cleverer als die Neandis, obwohl diese sogar das größere Gehirn besaßen. Offenbar kommt es nicht so sehr darauf an, wieviel Gehirn man hat, sondern was man damit macht.

In dieser Beziehung waren die Eroberer aus Afrika gut drauf. Immerhin haben sie es geschafft, alle übrigen Menschenarten zu verdrängen. Sie schwärmten aus ihren Stammlanden in Afrika in die ganze Welt und wurden so die Eltern aller heute lebenden menschlichen Rassen. Der *Homo sapiens* war geboren.

Und er bringt *Action* in die bis dahin träge Menschheitsgeschichte. Er beginnt, die ersten eigenen Behausungen zu bauen (die Neandertaler hatten sich in Höhlen eingenistet). Und vor etwa 15 000 Jahren erfindet er die furchtbarste Waffe, die die Welt bis dahin gesehen hatte: Pfeil und Bogen. Diese neue Waffe vergrößerte den Anwendungsbereich für einige unerfreuliche Züge des modernen Menschen: Er konnte nun menschliche Gegner aus dem Hinterhalt töten und mußte ihm dabei nicht mehr ins Auge blicken. Und er konnte Tieren gegenüber zum Massenschlächter werden.

Der moderne Mensch hat die Technik der Treibjagd kultiviert. Die Überreste einer solchen Jagd liegen unter einer steilen Felswand in Frankreich: die Knochen von mindestens zehntausend, vielleicht sogar hunderttausend Pferden. Zweifellos wurden bei dieser Jagd, anders als überall sonst in der Natur, nicht nur die schwachen und kranken Exemplare zu Opfern. Und ebenso zweifellos wurde hier weit über den Nahrungsbedarf hinaus getötet – aus purer Lust.

Schon vor 20 000 Jahren also (aus jener Zeit stammt stammt das Massengrab) entwickelte der Mensch einen hemmungslosen Umgang mit der Natur. Die edlen Wilden waren alles andere als edel, und wenn wir heute nach ökologischeren Umgangsformen mit der Natur suchen, bringt der nostalgische Blick zurück nicht viel. Doch aus einer benachbarten Gegend und aus derselben Zeit haben wir auch Zeugnisse einer anderen Fähigkeit des modernen Menschen: Die ersten Produkte einer künstlerischen Tätigkeit in Form von Höhlenmalereien.

Hell und dunkel zugleich sind auch die Auswirkungen der wahrscheinlich revolutionärsten Erfindung des modernen Menschen: des Ackerbaus. Dieser ist noch keine zehntausend Jahre alt und doch Grundlage der gesamten modernen Zivilisation. Ihre Wiege liegt im Nahen Osten, dort, wo durch einen Klimawechsel eine neue Form der Nahrungsmittelbeschaffung nötig geworden war. Der Ackerbau ermöglicht die Ernährung von 500mal mehr Menschen als die bis dahin übliche Mischung aus Jagen und Sammeln. Die ersten Städte entstanden, das Rad und die Schrift wurden erfunden. Der Rest ist die Geschichte, die wir kennen. Aber der Ackerbau ermöglichte auch vollends den Raubbau an der Natur, unter dessen Folgen wir immer mehr zu leiden beginnen. Und die fortschreitende Zivilisation der letzten 8000 Jahre hat uns die technischen Fähigkeiten gebracht, den ganzen Planeten fünfzigmal auszulöschen.

Wie in einem Vergrößerungsglas sehen wir heute die wunderschönen und die schrecklichen Seiten der *Produkte des menschlichen Gehirns*. Genau darum wird es im zweiten Teil dieses Buches gehen. Am vorläufigen Ende der Geschichte von den Anfängen im Urknall bis zur heutigen menschlichen Zivilisation lohnt es sich aber, nochmals einen Blick zurück über die ganze Wegstrecke zu werfen. Dabei tut es gut, sich einen Eindruck über die zeitlichen Größenordnungen zu verschaffen. Verglichen mit der Geschichte des Lebens oder gar des Universums ist schon die Zeit der Existenz des Menschen ein Klacks. Aber auch wenn wir die Zeit nehmen, die verstrichen ist, seit die ersten einwandfrei menschlichen Spuren verursacht wurden – vor 3,7 Millionen Jahren –, und diese als einen Tag nehmen, dann tauchen die ersten eindeutigen Werkzeuge um 7.47 Uhr auf, das Feuer gegen 19 Uhr, die Neandertaler um 23.21 Uhr. Das Rad wurde gar erst um 23.56 Uhr erfunden. Und die uns so wichtige Geschichte seit Christi Geburt spielt sich in den letzten 47 Sekunden dieses Tages ab, der die ganze Geschichte des Menschen umfaßt. In diesem, verglichen mit dem Alter des Lebens, der Erde oder gar des Universums lächerlichen Zeitraum aber hat der Mensch das Gesicht seines Planeten in geradezu atemberaubender Weise verändert.

Das Auftauchen des Menschen und seine Entwicklungssprünge in den letzten 6000 Jahren bedeuten für den Planeten Erde also einen entscheidenden Einschnitt, so einschneidend wie die Entstehung des Lebens. Insofern ist unser zweifelhaftes Selbstbewußtsein, etwas Besonderes zu sein, berechtigt. Wo aber liegt dieser evolutionäre Sprung, der offensichtlich nicht bei der Erbmasse und nicht beim grundsätzlichen Verhaltensrepertoire zu suchen ist?

Die Geschichte der Evolution beginnt mit der Entstehung von Materie und Energie sowie den Gesetzen, die deren Verhältnis untereinander regeln. Die ganzen Zyklen von Geburt und Tod der Sterne und Galaxien folgen diesen Gesetzen. Mit der Entstehung des Lebens wird eine *neue Ebene* erreicht. Das Leben ordnet die vorhandenen Grundbausteine, Materie und Energie, zu neuen, komplexeren Systemen und folgt dabei *eigenen Gesetzen*. Leben bedeutet vor allem das Prinzip der *Selbstorganisation*. Die Verarbeitung von *Information* wird dabei immer wichtiger, je komplexer die neuen Verbindungen werden. Natürlich muß das Leben bei diesen Prozessen die Gesetze befolgen, die beim Zusammenwirken von Materie und Energie gelten. Doch diese Gesetze erklären nicht das ganze Leben. Biologie ist mehr als Physik. Etwas grundlegend Neues ist dazu gekommen.

Bis zur Entstehung des Lebens wurden alle Veränderungen des Planeten Erde auf der Ebene der *Materie* verursacht – Vulkanausbrüche, Erosion und so fort. Dann verursachten mehr und mehr die *Gene* die beobachtbaren Veränderungen. Nun ist es der Mensch – doch was eigentlich am Menschen?

Ich möchte den *Faktor X*, der mit dem Menschen in die Evolutionsgeschichte gekommen ist, als *Bewußtsein* bezeichnen. Mit diesem Begriff werden wir im Laufe dieses Buches noch viel Spaß haben. Für den Moment möchte ich nur andeuten, was gemeint ist.

Alle materiell sichtbaren Produkte des menschlichen Gehirns sind letztlich nur zu verstehen als *materialisierte Ideen.* Zuerst kommt immer die Idee. Unsere ganze Zivilisation besteht letztlich aus Ideen darüber, wie man eine Wirtschaft organisiert, Technik entwickelt, das Zusammenleben regelt, was als schön zu bezeichnen und welches Verhalten ganz unpassend ist. Dazu haben wir die Wissenschaften erfunden, aber ebenso die Religionen und die Künste. Und immer finden wir, wenn wir die Spuren eines Phänomens zurückverfolgen, eine Idee, mag sie auch schon vor langer Zeit entwickelt worden sein, als noch kein Mensch daran dachte, was aus ihr eines Tages werden könnte. Selbst den Schädel schlagen wir uns ein, weil wir unsere Ideen für besser halten als die des «Feindes».

Das alles klingt im Rahmen unserer Evolutionsgeschichten seltsam vertraut. Ideen tauchen auf, verändern sich, stehen in Konkurrenz zueinander, kämpfen ums Überleben und einen angemessenen Raum zur weiteren Entwicklung, produzieren schöne und bizarre Gebilde. Genau wie die Gene.

Seit es die Menschen gibt, spielen Ideen dasselbe evolutionäre Spiel wie Gene. Diese gehören zur Ebene *Leben,* und so gehören die Ideen zur Ebene *Bewußtsein.* Im evolutionären Spiel ist eine neue Ebene dazu gekommen. Diese Ebene ist die Konsequenz des bisherigen Spiels. Ideen sind genauso natürliche Produkte der

Evolution wie Gene. Der Gegensatz zwischen Natur und Zivilisation ist genau besehen nichts als ein Denkfehler. Beide sind die Produkte der Evolution. Aber genausowenig wie wir Leben allein aus den Gesetzen der Materie erklären können, ist es möglich, Bewußtsein allein aus den Gesetzen des biologischen Lebens zu verstehen.

Ideen sind im übrigen nicht nur abstrakte Produkte des Denkens, sondern auch Wahrnehmungen oder Gefühle. Solche «Ideen» werden zweifellos auch vom tierischen und ziemlich sicher auch vom pflanzlichen Bewußtsein erzeugt. Was also ist das Besondere am menschlichen Bewußtsein?

Zum einen die Fähigkeit zur *Selbstreflexion*, also zum Nachdenken über sich selbst. Diese Fähigkeit ist eine Funktion der *Komplexität* des menschlichen Gehirns. Sie ist ein Stück Freiheit, so oder so nutzbar, und das Geschenk (oder den Fluch) dieser Freiheit verdanken wir der Komplexität unseres Gehirns.

Es gibt auf dieser Welt zwei Lebewesen, die vermutlich über ein noch komplexeres Gehirn verfügen als der Mensch – die Wale und die Delphine. Wir wissen so gut wie gar nichts über die Produkte dieses Bewußtseins, aber wir wissen, daß beide Arten intensive *Kommunikation* pflegen. Und genau dies ist das zweite Element, das das menschliche Bewußtsein auszeichnet.

Wir haben diese Fähigkeit bisher nicht besonders gut genutzt. Zum Beispiel haben wir Menschen uns bisher nicht ausreichend darüber verständigt, daß die Gesetze, die das Bewußtsein entwickelt hat, sich nicht ungestraft über die Gesetze der darunter liegenden Ebene hinwegsetzen können. Genausowenig wie das Leben die Gesetze der Materie ungestraft verletzen kann, darf das menschliche Bewußtsein ungestraft die Gesetze des Lebens verletzen. Und genau dies tun wir mit unserem ökologischen Raubbau.

Was die ersten einfachen einzelligen Lebensformen mit den Möglichkeiten des Lebens anfingen, war schon ganz beachtlich. Diesen Spielraum ganz auszuschöpfen aber wurde erst möglich, als sich die Einzeller zu komplexeren Systemen zusammenschlossen. Dasselbe gilt für das menschliche Bewußtsein: Was die einzelnen Menschen mit ihren beschränkten Möglichkeiten der Kommunikation und Kooperation zustande gebracht haben, läßt sich bei allen Schattenseiten sehen. Aber die vollen Möglichkeiten dieser neuen Ebene der Evolution, des Bewußtseins, werden wir erst ausschöpfen, wenn wir uns wirklich zu komplexeren Systemen zusammenschließen, wenn wir wirklich eins werden.

Das ist die Grundidee dieses Buches. Wir stehen an der Schwelle eines neuen Evolutionssprungs, vergleichbar mit dem revolutionären Zusammenschluß einzelliger Lebewesen zu komplexen Systemen. Und weil die Evolution ihr Tempo enorm beschleunigt hat, wird dies in sehr viel kürzeren Zeiträumen geschehen als bei der biologischen Evolution. Das menschliche Bewußtsein steht ebenso wie alle anderen Produkte der Evolution auf deren Prüfstand. Es könnte sich als Fehlschlag der Evolution entpuppen. Manches spricht dafür. Und so wird der nächste Schritt zu unserer einzigen Chance, tatsächlich eine neue Ebene in der langen Geschichte der Evolution zu erschließen.

Teil II:
Kreisen um die Möglichkeiten unseres Bewußtseins:

GUCKEN, WAS LÄUFT

Wenn du versuchst, dir den denkenden
Geist als immateriell vorzustellen,
oder die Materie als geistlos,
siehst du dich auf beiden Seiten
vor einer Art Scherbenhaufen.

Alan Watts

Nach all den vielen Geschichten aus der Vergangenheit hier zur Erholung eine aus der Gegenwart:

Ein Freund kehrt von längeren Ausflügen in andere Welten zurück und möchte nun wissen, *was ein Computer ist*. Ich zeige ihm meinen, und er sieht von außen nicht viel mehr als eine Mischung aus Schreibmaschine und Fernseher. Dann sehen wir uns Modelle von innen an, betrachten die *Chips* mit ihren an Fingerabdrücke erinnernden Linien aus feinem Silber und das Gewirr von Drähten. Ich erzähle, aus welchen Materialien der Computer gemacht ist und wie die einzelnen Teile heißen. Wir untersuchen die Entstehungsgeschichte moderner Computer von den einfachen Zählrahmen über die Rechenmaschinen bis zu den modernsten Geräten.

All das findet mein Freund beeindruckend und interessant – und doch scheint er etwas enttäuscht. *Was kann denn dieses Ding nun?* fragt er schließlich. *So, wie er dasteht, nur zwei Dinge: Null von eins unterscheiden, und eins plus eins zusammenzählen*, erkläre ich.

Nun wird sein Gesicht noch länger: *Darüber wird ein solches Aufheben gemacht. Das kann doch nicht wahr sein!*

Doch, das *ist* die Wahrheit – aber natürlich ist es nicht die *ganze* Wahrheit. Und ganz ähnlich erging es uns mit der Suche nach der Herkunft des menschlichen Bewußtseins. Wir haben gefragt, woher wir Menschen kommen, aus welchen Elementen wir bestehen, wie diese Elemente zusammengesetzt sind und welche Geschichte hinter dem liegt, was wir als heutige Menschen sehen können. Diese Geschichte ist, wir haben es gesehen, lang und spannend, doch wenn an ihrem Ende *nur* stünde, daß wir uns kaum von unseren nächsten Verwandten im Tierreich unterscheiden, wäre sie alles in allem ziemlich enttäuschend.

Wir haben, um den Vergleich mit dem Computer noch etwas weiterzutreiben, unsere Studien bisher vorwiegend auf die *hardware* beschränkt: das Produkt aus Material, Einzelteilen und Bauplänen, das, was wir sehen und anfassen können. Das ist ein wichtiger Teil der Wahrheit, denn die *hardware* legt sowohl die Möglichkeiten als auch die Grenzen fest, wenn wir nun anfangen, damit etwas zu tun. Doch es handelt sich eben nur um einen Teil der Wahrheit.

Um die andere Seite ebenfalls zu begreifen, müssen wir die Ebene des Sichtbaren verlassen. Jetzt haben wir uns zu fragen, was wir mit dieser hardware anfangen können. Dieser *immaterielle* Teil der Geschichte handelt von *Informationen* und ihrer Verarbeitung: Wie werden Informationen im Computer gesammelt, gespeichert und verarbeitet, welche Anweisungen, Befehle und Programme sind dazu erforderlich? Jetzt reden wir von der *software* und bekommen eine Ahnung von den erstaunlichen Fähigkeiten moderner Computer. Und mein Freund begreift die Faszination, die diese Geräte auf viele Menschen ausüben.

Dieser Schritt war nur möglich durch eine Ausweitung der Fragestellung: *Was ist ein Computer?* war zum Einstieg eine wichtige Frage. Doch sie mußte ergänzt werden durch: *Was läuft in einem Computer?*

An dieser wichtigen Schnittstelle befinden wir uns auch auf unserer Reise zum menschlichen Bewußtsein. Wir haben eine Menge von Informationen darüber gesammelt, worin die *hardware* menschlichen Bewußtseins besteht und welche Entwicklungsgeschichte dahintersteckt. Wir werden uns später mit dem modernsten Wissen über das Funktionieren des Gehirns beschäftigen. Doch wir wissen schon jetzt, daß wir damit menschliches Bewußtsein nicht annähernd begreifen können – und darum geht es schließlich, wenn wir den Prozeß des Zusammenschlusses von menschlichem Bewußtsein verstehen wollen.

Aus unserem Computer-Beispiel haben wir gelernt: Jetzt muß die Frage folgen: *Was läuft im Bewußtsein?* Der Einfachheit halber wird nun eine ganze Zeit lang einfach von *Bewußtsein* die Rede sein, obwohl wir immer über *menschliches* Bewußtsein sprechen. Dann allerdings wird mit Macht die Frage nach dem Verhältnis zwischen *menschlichem* Bewußtsein und *Bewußtsein allgemein* auftauchen, denn um ein besseres Verständnis von Bewußtseinserweiterung zu gewinnen, sind beide Sichtweisen erforderlich.

4. Die russischen Püppchen
oder
Alles fließt

*Wanderer, einen Weg
gibt es nicht,
nur Wirbel
im Wasser des Meeres*

Antonio Machado

Im ersten Teil dieses Buches haben wir schon einen wichtigen Teil dessen kennengelernt, was Bewußtsein kann: Informationen sammeln, speichern, zu neuen Mustern zusammensetzen, damit neue Informationen schaffen. Das ist die *klassisch-wissenschaftliche Art*, Bewußtsein zu nutzen. Auf dieser Ebene ist der Vergleich mit einem Computer zulässig: Es werden von außen Daten eingefüttert (*input*), die Daten werden im Computer verarbeitet und in neuer Form wieder ausgespuckt (*output*). Unabdingbare Voraussetzung für diesen Prozeß ist eine *klare Trennung von außen und innen*.

Wenn uns aber nur *input* und *output* zur Verfügung stehen, wissen wir noch kaum etwas über die Prozesse im Inneren des Computers. Wohl können wir gewisse Rückschlüsse ziehen, aber was innen wirklich läuft, erfahren wir nur, wenn wir die entsprechenden *Programme* kennen.

Und genau hier hören die Parallelen zwischen Computer und Bewußtsein auf. Wir können unsere *Bewußtseinssoftware* nicht irgendwo auf einem Magnetband abrufen und sie so weiterhin von außen untersuchen. Wenn Bewußtsein Bewußtsein erforscht, dann geht das nur *von innen*.

Dabei tauchen erst einmal zwei ganz gravierende Schwierigkeiten auf. Die erste ist *logischer* Natur und führt zu einem Schluß, der auf den ersten Blick deprimierend wirken könnte: *Wir werden unser eigenes Bewußtsein niemals vollständig verstehen.* Denn: Das, was erforscht, ist ein Teil dessen, was erforscht werden soll. Und ein Teil kann das Ganze, dessen Teil es ist, niemals vollständig verstehen.

Statt diese Aussage in einem komplizierten theoretischen Modell zu beweisen, wollen wir uns noch einmal der Analogie zum Computer bedienen: Angenommen, es gäbe so komplexe Computer, daß diese in der Lage wären, sich selber zu untersuchen, also ein *Selbstbewußtsein* zu entwickeln (soweit ist die Computer-Technik noch lange nicht), dann stünde dieser Computer vor einem unlösbaren Dilemma: Für ein vollständiges Verstehen würde er den gesamten Speicherplatz und alle Arbeitskapazität brauchen – doch dann gäbe es nichts mehr, was er untersuchen könnte. Wenn er aber nur einen Teil seiner Kapazität dafür verwendet, dann kann er sich nicht ganz verstehen. Vor demselben Dilemma stehen auch wir Menschen. Und wir haben uns damit abzufinden, daß wir vielleicht gute *Annäherungen* an die Wahrheit über unser Bewußtsein erzielen , niemals aber die Wahrheit als solche erfassen können.

Das zweite Problem beschäftigt die größten menschlichen Geister seit Jahrtausenden: Gibt es eine Möglichkeit, ein anderes Bewußtsein *außer dem eigenen* zu verstehen? Für die Antwort auf diese Frage können wir auf lange philosophische Erörterungen verzichten und uns mit dem Volksmund begnügen: *Niemand kann in jemand anderen hineinsehen!*

Tatsächlich: Wir können bei anderen Menschen immer nur *input* und *output* betrachten, niemals aber die eigentlichen Prozesse in ihrem Inneren. Im alltäglichen Umgang miteinander ist es völlig in Ordnung, wenn wir aufgrund von *input* und *output* Rückschlüsse auf die inneren Bewußtseinsprozesse ziehen: *Jemand legt die Hand auf die heiße Herdplatte und beginnt zu schreien. Also empfindet er Schmerz.*

Doch woher beziehen wir die Gewißheit, daß Schmerz für diesen Menschen dasselbe bedeutet wie für uns? Wir können seine Laute, seine Bewegungen, sein Reden darüber wahrnehmen, nicht aber seine Schmerzempfindung als solche. Vielleicht unterscheidet sich das, was Schmerz für ihn bedeutet, nur unwesentlich von unserer eigenen Empfindung in einem solchen Fall, vielleicht aber auch deutlich. Es gibt keine Gewißheit in dieser Frage.

Spinnt man diesen Faden weiter, so gerät man leicht ins Taumeln: Ich sehe einen Tisch, aber alles, was ich darüber mit Gewißheit weiß, ist, daß in meinem Bewußtsein etwas geschieht. Ob außerhalb meines Bewußtseins tatsächlich ein Tisch ist, den ich sehe – darüber kann ich, wenn ich ganz ehrlich bin, keine gesicherte Aussage machen. Gut, die Annahme, es sei tatsächlich ein Tisch vorhanden, funktioniert im täglichen Leben bestens, aber um einen Beweis im eigentlichen Sinne handelt es sich nicht: Vielleicht leiden wir alle einfach unter einer *kollektiven Halluzination.*

Lassen wir die Frage für den Moment offen, ob es außerhalb *meiner* Welt, meines Universums eine Wirklichkeit gibt – sie läßt sich kaum in einem Satz beantworten. Für den Moment aber bleibt nur eine ehrliche Schlußfolgerung: Wenn ich anfange, Bewußtsein von innen zu erforschen, dann kann ich nur Aussagen über *mein* Bewußtsein treffen. Sie können diese Aussagen zur Kenntnis nehmen und prüfen, ob sie in Ihnen eine *Resonanz* auslösen, ob Ihr Bewußtsein ähnlich schwingt. Wenn ja, dann läuft ein Kommunikationsprozeß, über Raum und Zeit hinweg, denn Sie lesen das Buch an einem anderen Ort, als ich es geschrieben habe, und zu einem Zeitpunkt, wo mein Bewußtsein aller Wahrscheinlichkeit nach längst schon wieder ganz woanders ist.

Die Tatsache aber, daß Sie gerade dieses Buch lesen, beweist, daß grundsätzlich Kommunikation zwischen Ihrem und meinem Bewußtsein möglich ist. Das beruht nicht nur auf gleichartiger *hardware*, sondern auch darauf, daß wir in derselben Kultur leben und deshalb bei den gespeicherten Daten und Programmen zwangsläufig größere gemeinsame Bereiche aufweisen. Ein Beispiel dafür ist die Form von *Ichbewußtsein*, von der eben die Rede war. Vielleicht haben Sie etwas irritiert darauf reagiert, daß jemand ganz offen äußert, er hätte manchmal Zweifel daran, ob es außerhalb seines Bewußtseins so etwas wie Wirklichkeit gäbe. Doch weitaus größere Geister als ich haben diesen Gedanken gedacht, und vermutlich kennen Sie ihn auch. Dagegen ist übrigens nicht das geringste einzuwenden, erst wenn jemand anfängt, die Wirklichkeit *ausschließlich* so zu sehen, rückt er in gefährliche Nähe des Irrenhauses ...

Selbstverständlich ist diese scharfe Abgrenzung von *Ich* und *Außenwelt* allerdings keineswegs. Im Gegenteil: Sie ist ein Kind (und gleichzeitig der Vater) der westlichen Kultur und dabei noch jüngeren Datums, ungefähr drei- bis viertausend Jahre alt. Sie zeigt sich in den ältesten Werken der westlichen, genauer griechischen Dichtkunst, auf die wir zu Recht stolz sind: in den Gesängen *Homers*, in der *Ilias* und der *Odyssee*. Nun entstanden solche geschriebenen Werke der Dichtkunst damals allerdings anders als heute: Wenn es überhaupt jemanden wie Homer gegeben hat, dann hat er Erzählungen aufgeschrieben und noch etwas redigiert, die über Jahrhunderte in mündlicher Form weitergegeben und dabei sicher auch von der jeweiligen Zeit noch geformt wurden. So sind die beiden Epen nicht einfach das Produkt eines einzelnen Gehirns, sondern das Ergebnis eines langen kollektiven Prozesses von Bewußtseinserweiterung.

Und in der Tat ist vor allem der *Unterschied* zwischen den beiden Werken eklatant. Er zeigt, daß in jener Zeit ein gewaltiger Sprung in der Entwicklung des menschlichen Bewußtseins stattgefunden hat, der Sprung vom *kollektiven* zum *individuellen* Bewußtsein.

Die Helden der Ilias, die ihren zehnjährigen Kampf um Troja ausfechten, sind im Grunde ziemlich hilflose Kerle. Sie zappeln weitgehend an den Fäden, die von höheren Mächten, verkörpert in den Gottheiten des Olymp wie in einem blinden Schicksal, gezogen werden. Nehmen wir den Oberhelden auf seiten der Griechen, *Achill.* Dem haben die Götter zwar einen unverwundbaren Hautanstrich geschenkt, doch sie haben dabei gepfuscht: Die berühmte *Achillesferse*, an der das Baby beim stärkenden Bad gehalten wurde, konnte keinen Überzug annehmen und blieb deshalb verwundbar. Und so kommt es, wie es kommen muß: Ein Pfeil trifft Achill genau an jener Stelle und tötet ihn. Und der arme Kerl hatte keine Chance, sich zum Beispiel durch eine geeignete Schuheinlage zu schützen.

Nein, die persönliche Freiheit wird in diesem Drama noch sehr klein geschrieben. Im Gegenteil, sie bringt nur Ärger: Das einzige Mal, wo einer wirklich frei wählt – nämlich *Paris*, der unter drei Göttinnen eine Misswahl vornimmt, wird zum Auslöser der ganzen Kacke, die danach abläuft und eine Menge blutiger Dramen verursacht.

Ganz anders läuft das Grundmuster in der *Odyssee*. Diese ganze Geschichte handelt zum erstenmal nicht mehr von zwei Völkern, sondern von einem einzigen Menschen. Und diesem Menschen, dem von Troja auf einer wilden Irrfahrt heimkehrenden *Odysseus*, wird ein bezeichnender Orden verliehen: Die Rede ist vom *listenreichen* Odysseus. Etwas moderner formuliert: Der Mann hat Köpfchen, und er weiß es zu gebrauchen – auch für eigene Zwecke.

Es gibt in der Odyssee eine Geschichte, die den beschriebenen Sprung sehr schön illustriert: Odysseus muß mit seinem Schiff an einer Klippe vorbei, auf der die *Sirenen* hausen. Diese singen zwar mit Engelszungen, doch der Gesang ist tödlich: Er lockt die Schiffe an die Klippen, wo sie elendiglich zerschellen.

Odysseus als ein Mensch, der seinen Verstand gezielt einsetzt, sieht schnell einen Ausweg aus der Gefahr: Man verstopft den Seeleuten einfach die Ohren mit Wachs, so daß sie den Gesang gar nicht mehr hören und deshalb unbeeindruckt an der Klippe vorbeisegeln können. Das ist ein Zeichen von Intelligenz, die jetzt mehr und mehr der entscheidende Faktor in den menschlichen Kämpfen wird. Schließlich hatten die Griechen ja auch Troja erst durch genau diese Intelligenz des Odysseus zu Fall gebracht, indem sie das nach seinen Anweisungen gebaute *trojanische Pferd* in die Stadt schmuggelten.

Doch die Geschichte ist damit noch nicht zu Ende. Jeder andere Held jener Tag hätte sich das Wachs auch in die eigenen Ohren gestopft. Odysseus jedoch fand: «*Ich* will aber den Gesang hören, schließlich lasse ich mir einen echten Kunstgenuß nicht einfach entgehen.»

Und so kam er auf die geniale Idee, sich an den Schiffsmast binden zu lassen. Er würde natürlich Befehle brüllen, man solle die Klippen ansteuern, um näher zu den Sirenen zu kommen, doch die tauben Schiffer würden auch davon nichts mitkriegen und ruhig geraden Kurs weitersteuern.

Da haben wir's: *Ich* bin *ich*, und wenn *ich* etwas will, dann tue *ich* es auch. Und um es zu erreichen und mich vor bösen Folgen zu schützen, nutze ich die Kraft meines Geistes. Genauso ticken wir noch heute.

Das ist Ichbewußtsein, das Bewußtsein von einem Ich. So selbstverständlich, daß wir darüber gar nicht zu reden brauchen. Aber nicht ohne Fußangeln. Denn am Anfang jeden Bewußtseins steht eine Frage, und diese spezielle Frage kommt, gerufen oder nicht, in jedem von uns immer wieder einmal hoch: *Was ist denn eigentlich dieses Ich – wer bin ich?*

Die Antworten, die Odysseus gegeben hätte, sind alle bis heute gültig: *Ich bin ein Geschöpf der Götter* (Gottes, des Schicksals, der Evolution, des Zufalls, der Sterne). *Ich bin König von Ithaka* (Angestellter, Russe, Mann). *Ich bin Kind von Eltern und Vater von Kindern*. Und so fort. Alles Antworten, die das Ich als Teil eines Ganzen definieren – und damit natürlich auch ein großes Stück weit als *unfrei*.

Doch diese Antworten, die letztlich immer wieder nur auf neue Gebundenheiten verwiesen, genügten dem menschlichen Bewußtsein, das nach seiner ureigenen, freien Identität suchte, nicht. Und so formulierte im siebzehnten Jahrhundert der französische Gelehrte *René Descartes* eine neue, brillante Antwort: *Ich denke, also bin ich*. Brillant deswegen, weil diese Antwort nicht nur eine vermeintlich unangreifbare Bastion gegen alle Zweifel aufbaute, wonach *auch ich* vielleicht gar nicht existiere, sondern diese Gewißheit zusätzlich in das freieste denkbare Reich verlegte: *Die Gedanken sind frei!*

Die meisten Künder eines neuen Zeitalters pflegen an dieser Stelle den Warnfinger zu heben: *Damit hat alles Unheil angefangen*. Vielleicht sind die negativen Folgen von Wissenschaft und Technik wirklich auf solche Ideen zurückzuführen – das ist eine Frage, die wir uns später noch in Ruhe anschauen können. Im Moment aber möchte ich versuchen, möglichst ohne voreilige Wertung nur zu konstatieren, was gelaufen ist. Ich habe meine Gründe dafür, die sehr bald enthüllt werden.

Denn jetzt möchte ich selber etwas der Frage nachgehen, wer ich eigentlich bin, oder besser, *was mein Ichbewußtsein* ausmacht. Sie können mich dabei ohne weiteres begleiten, einfach indem Sie jeweils mein Ich durch Ihr Ich ersetzen und meine Beispiele durch Ihre. Dann ergeben sich überpersönliche Muster, die leicht eine Kommunikation ermöglichen.

Auf den ersten Blick erscheint die Antwort von Descartes überzeugend. In der Tat denke ich unablässig: Über mein Bewußtsein, an meine nächste Mahlzeit, darüber, ob noch genug Zigaretten da sind, über das Wetter draußen und so fort. Das ist es genau, was die meisten Menschen auch unter Bewußtsein verstehen: das ständige Denken an irgend etwas.

Doch halt! So einfach ist es nicht. Was ist, wenn ich *schlafe*? Dann denke ich an nichts. Existiere ich während des Schlafs folglich auch nicht? Logisch wäre es vielleicht, aber es widerspricht unseren innersten Überzeugungen. Und dafür hat uns die Psychologie der letzten hundert Jahre, allen voran natürlich *Sigmund Freud*, eine überzeugende Rechtfertigung geliefert.

Es gibt nämlich eine Ebene von Bewußtsein, so Freud, die nicht im üblichen Sinne bewußt ist. Diese Ebene liegt unterhalb unseres Wachbewußtseins, deswegen heißt sie das *Unterbewußte*. Was dort so alles kreucht und fleucht, entspricht keineswegs den Standards von Vernunft oder Rationalität, die wir gerne an unser Wachbewußtsein richten. Im Gegenteil, es wimmelt dort von Unvernunft und Irrationalität. Am besten sieht man das dort, wo das Unterbewußte am leichtesten Signale zum Wachbewußtsein senden kann: im Traum, beziehungsweise in der Erinnerung daran.

Somit hätten wir jetzt schön getrennt das wache Bewußtsein und das träumende Unterbewußtsein. Doch noch immer ist es nicht so einfach: Freud hat nämlich auch gezeigt, daß das Unterbewußte sehr wohl in bewußtes Denken und Handeln hineinfunken kann. Und er meinte, einen Weg entdeckt zu haben, diese Beeinflussung auch umgekehrt wirken zu lassen. Von scharfer Trennung kann also keine Rede sein.

Um es noch komplizierter zu machen: Auch wenn eine Mutter gerade träumt, wird sie ob des Schreis ihres Babys unweigerlich aufwachen. Und sie kann dabei auch im Schlaf dieses Geräusch sehr wohl von anderen unterscheiden. Also kann sie im Schlaf, in der Ebene des Unterbewußten, eine Leistung vollbringen, die wir sonst nur dem Wachbewußtsein zutrauen.

Also: Auch das Unterbewußte gehört offenbar zu unserem Bewußtsein, es handelt sich nur um eine andere Ebene. Deswegen auch ist der Begriff *unbewußt* zumindest irreführend. Er meint nicht, daß überhaupt kein Bewußtsein existiert, sondern nur, daß es sich um eine andere Art oder Form von Bewußtsein handelt als das alltägliche Wachbewußtsein.

Und natürlich wissen wir alle, daß diese beiden Spielformen keineswegs das ganze Spektrum möglicher Bewußtseinszustände abdecken. Wenn wir verliebt sind, empfinden wir eine ganz andere Art von Bewußtsein, als wenn wir im grauen Alltag feststecken. Wenn uns feierlich zumute ist, sehen wir manches, was uns vorher banal oder häßlich vorgekommen ist, plötzlich in einem viel erhabeneren Licht. Und so fort.

Und so führt kein Weg daran vorbei, daß das *alles* zu unserem Bewußtsein gehört: unsere Körperempfindungen und überhaupt die ganzen komplexen Steuerungsvorgänge unseres Körpers, unsere Sinneswahrnehmungen, unsere Gedanken, von den einfachsten bis zu den verschlungensten, unsere Erinnerungen, unsere Gefühle, von den primitivsten Emotionen bis zum tiefsten Mitgefühl, unsere Urteile darüber, was schön und gut sei und was nicht, unsere plötzlichen, spontanen Impulse wie unser systematisches Planen, ja auch unser Handeln und die Reaktionen der Umwelt darauf.

So weit, so gut. Ich bin also mehr als die Tatsache, daß ich denke. Mein Bewußtsein umfaßt ein weites Reich. Nur: Wo bin *ich* da drin? Es handelt sich offensichtlich um *mein* Bewußtsein, das heißt, alles, was ich in diesem Reich vorfinde, weist eine spezielle Beziehung zu mir auf, ausgedrückt in der Besitzformel «mein». *Aber meins ist nicht gleich ich.*

Wenn man manchen selbsternannten geistigen Lehrern folgen würde, wäre eine solche Einsicht ein Zeichen für Erleuchtung. Ich kann Ihnen versichern: ich bin nicht erleuchtet, auch wenn mir dieser Satz Sinn macht. Er tut dies nicht, weil diese Lehrer predigen, man solle sich nicht mit den Inhalten seines Bewußtseins *identifizieren*. An dieser Lehre mag etwas dran sein, aber sie läßt sich nicht so einfach durchgehend praktizieren: Wenn mich ein Zahn gerade unheimlich plagt, dann *bin* ich in diesem Moment mein Zahnschmerz. Und ebenso: Wenn ich gerade einem kühnen Gedankengang nachhänge, dann *bin* ich in diesem Moment mein Gedanke. Doch dabei handelt es sich immer um die Beschreibung momentaner Zustände, und im allgemeinen weiß ich sehr wohl, daß ich mehr bin als mein Zahnschmerz oder meine Vision. *Meins ist nicht gleich ich* – darauf kann nicht nur jeder kommen, darauf kommt auch jeder.

Der Grund dafür ist ganz einfach. Wenn ich *ich* sage oder denke, dann meine ich mehr als etwas ganz Momentanes, Vergängliches. Dann bin ich überzeugt davon, es gäbe dieses *Ich* konstant über die Zeit, zumindest zwischen meiner Geburt und meinem Tod. Die *Konstanz* des Ichbewußtseins ist das wahrhaft Erstaunliche, und vielleicht ist es auch gerade dieses Merkmal, das menschliches Bewußtsein auszeichnet.

Das Bedürfnis nach einem solchen konstanten Ichbewußtsein muß sehr tief drin in uns Menschen stecken. Wie könnten wir es sonst erklären, daß wir alles daran setzen, in unseren Glaubenssystemen die Existenzzeit dieses konstanten Ichs möglichst weit zu verlängern, und dabei reichlich unbefriedigende Vorstellungen in Kauf nehmen: etwa, alle unsere Taten, von denen wir oft genug nicht einmal wissen, ob sie wirklich *unsere* im Sinne einer freien Entscheidung waren, würden von einem kosmischen Buchhalter fein säuberlich zusammengezählt. Was unterm Strich bleibt, entscheidet dann, ob wir in den Himmel oder in die Hölle kommen oder ob wir als Ameise oder als König wiedergeboren werden. Letztlich wissen alle Anhänger solcher Vorstellungen, daß sie es nie schaffen werden, in ihrer Karma-Buchhaltung wirklich schwarze Zahlen zu schreiben, und sie können sich ausrechnen, daß das Leben danach zumindest auch wieder eine Menge unerfreulicher Seiten haben wird – aber das ist ihnen alles egal, solange sie daran glauben können, *als konstantes Ich* weiter zu existieren. Alles ist besser als die Vorstellung, dieses konstante Ich könnte sich irgendwie in Luft auflösen. So bezieht sich unsere extreme Angst vor dem Tod ja nicht einfach auf *den* Tod, sondern auf den Tod unseres konstanten Ichs.

Wenn denn das Bewußtsein eines *konstanten* Ichs das wesentlichste Merkmal meines (und Ihres) Ichbewußtseins ist, lohnt es sich, diesem seltsamen Phänomen noch etwas nachzugehen. Aber sobald ich mit der Suche anfange, merke ich, daß das Ding gar nicht einfach zu finden ist. Vielleicht fange ich mit meinem Körper an. Aber da ist wenig Konstanz zu finden: Mal ist er wach, mal schläft er. Mal schenkt er Lust, mal Schmerz. Mal ist ihm kalt, mal heiß. Ja, ich weiß sogar, daß die Zellen meines Körpers – und damit das ganze atomare, molekulare und biologische Grundlagenmaterial – sich alle sieben Jahre vollständig erneuern. Nein – in meinem Körper finde ich nicht die gesuchte Konstanz.

Immerhin, mein Körper weist meinem Bewußtsein doch immerhin einen konstanten Platz zu. Schließlich denke ich oft genug wie die meisten Menschen, der Sitz meines Bewußtseins sei irgendwo in meinem Schädel, an einem Punkt hinter den Augen. Doch auch dieser Ansatz führt leider in die Irre. *Ich bin oft in Gedanken ganz woanders*, ist eine Aussage, die absolut stimmt. Wenn ich ein starkes Bild betrachte, *bin* ich *in* diesem Bild, und wenn eine intensive Erinnerung hochkommt, bin ich am Ort jenes Geschehens.

Überhaupt meine Gedanken. Nichts als Veränderung, nichts als Wechsel, auch wenn manches vielleicht länger bleibt als anderes. Aber es gibt keinen Gedanken, der in meiner bisherigen Lebensspanne immer und konstant präsent gewesen wäre, außer dem einen: *Ich bin ich.* Für die Suche nach Konstanz herrscht also auch in der Welt der Gedanken nichts als Fehlanzeige.

Zudem denke ich ja tatsächlich keineswegs ständig. Manchmal *fühle* ich vorwiegend, und in einem schönen Orgasmus *bin* ich einfach (das ist eine Spur, die wir uns merken sollten!). Doch auch die Welt der Empfindungen und Gefühle ist alles andere als konstant, sie ist im Gegenteil noch chaotischeren und manchmal auch undurchschaubareren Wandlungen unterworfen als jene der Gedanken: *himmelhoch jauchzend, zu Tode betrübt!*

Gut, dann sind es vielleicht meine *Bedürfnisse*, etwas unfeiner ausgedrückt meine *Triebe*. Aber auch da ist das Prinzip Wandel viel wichtiger als jenes der Konstanz. Natürlich habe ich immer wieder Hunger, aber das kann noch nicht mein spezifisches menschliches Ichbewußtsein ausmachen.

Wie wäre es denn mit dem *Willen*? Diese Spur scheint schon heißer zu sein, denn tatsächlich kann ich ab und an mit meinem Willen steuern, was in meinem Bewußtsein gerade im Zentrum stehen soll. Ich kann willentlich entscheiden, die Papierberge auf meinem Schreibtisch auszublenden, um mich ganz dem Schreiben dieser Zeilen zu widmen. Da steckt ein Stück Konstanz drin – doch wie oft bekommt mein Wille von irgend etwas in mir oder außerhalb so gewaltig eins aufs Dach, daß er erst mal k. o. geht? Viel zu oft, um wirklich im Willen das Element von Konstanz in meinem Ichbewußtsein zu sehen.

So kann ich kreuz und quer durch mein Bewußtsein schweifen und finde doch nichts, was die Vorstellung eines konstanten Ichs auch nur annähernd beweisen würde. Doch halt! Wer schweift hier durch mein Bewußtsein? Es ist etwas, ein Aspekt meines Ichs, das eigentlich nur etwas tut: *beobachten*. Und hier haben wir endlich die ganz heiße Spur.

Tatsächlich: Konstant ist eine einzige Tätigkeit meines Ichs: das Beobachten. Immer wieder beobachte ich, wie ich denke, wie ich fühle, wie ich wahrnehme.

Nicht die ganze Zeit natürlich, denn wie ich schon beschrieben habe, identifiziere ich mich auch oft genug mit einzelnen Wahrnehmungen, Gefühlen und Gedanken. Doch ich kehre immer wieder zum Beobachten zurück, da finde ich mein *konstantes* Ich.

Und mehr als das: Da finde ich auch mein *ganz persönliches* Ich, das, was mich von allen anderen Ichs unterscheidet. Denn nur ich kann in diesem Moment genau von diesem Ort aus sehen – jedes andere Ich hat eine Perspektive, die räumlich auf jeden Fall von meinem Standort getrennt ist (niemand kann die Dinge im selben Moment exakt vom gleichen Ort aus sehen wie ich). Und nur ich habe genau diese Mischung aus Erfahrungen und gespeicherten Informationen, die mich ausmachen und die meine Beobachtung bestimmen. Natürlich teile ich mit Ihnen sicher viele Informationen und Erfahrungen, doch die *Mischung* ist ohne Zweifel unverkennbar und unverwechselbar meine. Meine Gedanken und meine Gefühle können im einzelnen identisch sein mit Ihren, doch mein Beobachter ist so einzigartig wie mein Fingerabdruck.

Nur in meiner Rolle als Beobachter bin ich also wirklich ich. Das ist weit mehr als ein kleiner privater Gedankengang meines Bewußtseins. Wir finden für ihn Unterstützung, wenn wir so weit auseinanderliegende Pfade wie jenen der westlichen Naturwis-

senschaft und jenen der östlichen Techniken der Bewußtseinser-
forschung, die wir gemeinhin unter dem Titel *Meditation* zusammenfassen, beschreiten. Im Westen hat die fortgeschrittenste
Wissenschaft entdeckt, daß es keine vom Beobachter unabhängi-
ge Realität gibt. Der Beobachter entscheidet, wie die Wirklichkeit aussieht. Und plötzlich ist der Beobachter mehr als eine
neutrale fotografische Platte, die ein Bild der Wirklichkeit speichert. Er ist Teil der Wirklichkeit, der Beitrag, den ich zur Wirklichkeit leiste.

Und alle Meditationstechniken laufen letztlich auf eines
hinaus: *Werde zum reinen Beobachter!* Laß alles, alle Gedanken,
Bilder und Gefühle durch dein Bewußtsein ziehen wie Wolken
durch den Himmel. Du bist sie nicht, du hast nur eine einzigartige Möglichkeit, sie zu beobachten. Allein im Beobachten fin-
dest du deine innere Mitte.

Und noch ein Hinweis: Als wir die Geschichte der Evolution
durchstreift haben, sind wir auf eine poetische Formel gestoßen:
*Wir sind die Augen, mit denen sich das Universum selbst be-
trachtet.* Auch an dem Faden werden wir bald weiterknüpfen.

Für den Moment betrachte ich meine Suche nach dem Kern
meines Ichbewußtseins als abgeschlossen: Ich bin ich, indem ich
beobachte. Doch was heißt hier *abgeschlossen*? Schon geht die
Fragerei weiter: Bin ich wirklich völlig getrennt von dem, was ich
beobachte? Nachdem nun schon die letzte Bastion des Glaubens
an eine strikte Trennung von Beobachter und Beobachtetem, die
westliche Wissenschaft, entscheidend ins Wanken gekommen
ist, wäre es intellektuell *und* ästhetisch äußerst unbefriedigend,
an dieser Trennung festzuhalten. Nein, natürlich bin ich, wenn
ich beobachte, mit allem Beobachteten verbunden. Wenn also
alles, was ich beobachten kann, in ständigem Fluß ist, dann bin
ich es auch: ein Schaumkrönchen auf der Welle des Fließens eines
Baches, von dem aus ich den Bach und seine Umgebung betrachten kann. Je mehr ich mich auf dieses Bild einlasse, desto besser
gefällt es mir. Ein Schaumkrönchen, das irgendwann aus dem
ganzen Fluß auftaucht und irgendwann auch wieder darin auf-
geht. Doch solange es da tanzt, bin ich es, weil niemand anders es
sein kann und will. Und irgendwo an einer anderen Stelle desselben Flusses tanzt Ihr Schaumkrönchen.

Wenn das Schaumkrönchen, das ich bin, fließendes Bewußtsein ist, dann muß es der ganze Fluß sein. Und damit komme ich automatisch zurück zur Frage, in welcher Beziehung denn eigentlich mein Bewußtsein, oder menschliches Bewußtsein überhaupt, zu einem Bewußtsein steht, das in einem umfassenderen Sinne gedacht wird. Und ich muß mich unweigerlich fragen, *was denn Bewußtsein*, jetzt nicht mehr nur menschliches Bewußtsein, *eigentlich ist*.

Nach allem, was ich auf meiner Reise bisher erfahren habe, kann ich dazu nur sagen, daß vermutlich die Frage falsch gestellt ist: Bewußtsein *ist* nicht, es *fließt*.

Bewußtsein fließt, ich fließe. Und plötzlich kann ich von der Warte des Schaumkrönchens aus den ganzen Fluß sehen, wie er von der Quelle bis zum Meer fließt, und darüber hinaus den ganzen Kreislauf des Wassers, das vom Meer in die Lüfte steigt, um erneut auf die Erde zu fallen, erneut einen Fluß zu bilden.

Und dieser Kreis bewegt sich nicht auf einer schnurgeraden Linie fort, er *tanzt*, er *schwingt*. Tanzen und Schwingen sind die Eigenschaften von *Wellen*. Der ganze Fluß ist eine Welle. Mal schwingt sie sehr intensiv und heftig – der Fluß stürzt in einem Wasserfall über einen Felsen. Und mal kommt die Welle fast zur Ruhe – in einem Tümpel oder See.

Und jetzt kann ich als Schaumkrönchen hinabtauchen in den Fluß und werde gewahr, daß er aus unzähligen *einzelnen Wellen* besteht. Die Welle, die das Wasser hier bildet, wo es um einen Stein herumfließt, kommt zusammen mit jener, die am Uferrand entsteht. Es entsteht eine *Interferenz* zwischen den beiden Wellen, das heißt ein neues Wellenmuster, das beide Ursprungswellen in ihrer Essenz enthält und doch mehr ist, ein neues Ganzes, das mehr ist als die Summe seiner Teile.

Sie können sich das Spiel anhand von Schallwellen vorstellen: Wenn ein bestimmter Ton auf Ihr linkes Ohr einwirkt und ein anderer auf Ihr rechtes, dann entsteht ein neuer Ton mitten in Ihrem Kopf – die Interferenz der beiden Ausgangswellen. Es gab diesen dritten Ton ursprünglich nicht, er entsteht erst dadurch, daß Ihr Gehirn das Verhältnis zwischen den beiden Ausgangswellen als eine dritte Welle wahrnehmen kann.

Doch auch diese Interferenz ist ihrerseits einfach eine Welle.

Sie kommt mit einer anderen Interferenzwelle zusammen, und daraus entsteht eine neue Interferenz höherer Ordnung. Und so bilden die Wellen zusammen ein Spiel, aus dem schließlich die Welle wird, die der Fluß als Ganzes bildet. Anders gesagt: Wenn Welle a) der Vater ist und Welle b) die Mutter, dann entsteht eine Interferenz als dritte Welle, als Kind der beiden Ausgangswellen. In der langen Abfolge von Generationen wird dieses Kind aber auch wieder zum Elternteil, zeugt seinerseits die nächste Generation von Kindern.

Was Sie eben gelesen haben, ist nicht einfach ein poetisches Bild. Es ist ein äußerst umfassendes *Modell von Bewußtsein*. Das merken wir sehr schnell, wenn wir anfangen, Wellen in einem umfassenderen Sinne zu sehen als nur als Wellen eines Flusses aus Wasser. Und natürlich sind Wellen viel umfassender: Mit meinen Sinnen nehme ich Wellen wahr, die Lichtwellen, die Schallwellen, die Wellen, in denen Moleküle schwingen (mit Geruchs- und Geschmackssinn), die elektromagnetischen Wellen in meinen Tastnerven. Wir reden von Gedankenwellen – und es fließt uns eine *Welle* von Sympathie entgegen. Unsere Gefühle kommen und gehen wie Wellen. Im Liebesspiel erleben wir *Wogen* der Lust, also hochausschlagende Wellen. Ich habe keinerlei Mühe, alles in meinem Bewußtsein als Welle wahrzunehmen.

Und auch was die sogenannte Außenwelt betrifft, setzt sich diese Vorstellung immer mehr durch: Die Planeten, die Sterne, die Galaxien schwingen in Wellen. Die «Elementarteilchen» sind in Wirklichkeit Wellen. Moleküle sind im wesentlichen Schwingungsmuster von Wellen. Die Schwerkraft schwingt als Welle. Und an den Rändern der offiziellen Wissenschaft werden immer neue Formen von Wellen entdeckt.

Als wacher Zeitgenosse mögen Sie hier einwenden, immerhin gelte bei den Physikern das Licht sowohl als Welle wie auch als *Teilchen*. Also doch nicht alles Welle? Das ist nur eine Frage des Standorts. Wenn Sie so auf eine Welle gucken, von oben gleichsam, dann sehen Sie die Welle als Welle:

Wenn Sie aber direkt von vorn gucken, dann sehen Sie nur einen Punkt, ein Teilchen also:

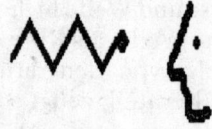

Ihr in diesem Moment beschränkter Blickwinkel ändert aber nichts daran, daß Sie eine Welle betrachten.

Eine Welle ist kein Ding, sondern schlicht Bewegung, und deshalb ist es nicht ganz korrekt zu sagen, die Grundelemente aller Wirklichkeit seien Wellen. Aber belassen wir es für einen Moment bei dieser Feststellung. Denn aus ihr folgt die erste und hoffentlich letzte *Definition* dieses Buches. (Eine Definition ist nichts anderes als eine Aussage darüber, wovon ich gerade rede.) Es handelt sich um eine *Definition von Bewußtsein:* Ihre Ausgangselemente sind zwei Wellen – welcher Art auch immer. Bewußtsein ist das, was geschieht, wenn diese beiden Wellen zusammenkommen. Oder abgehobener: *Bewußtsein ist die Interferenz zweier Wellen.*

Eine Definition kann nicht bewiesen werden. Sie kann sich nur als tauglich oder untauglich erweisen. Also geben wir ihr eine Chance. Dazu muß sie erst noch etwas klarer werden:

Eine Welle *allein* bewegt sich in einer bestimmten Richtung, in einer bestimmten Dimension:

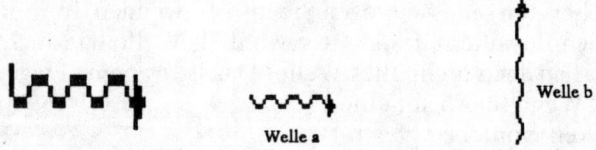

Zwei Wellen bilden schon zwei Dimensionen, aber das hat noch keine Auswirkungen, solange sie keine *Beziehung* eingehen.

Jetzt gehen die beiden Wellen eine Beziehung ein, und wir haben ein zweidimensionales Feld, das ein bestimmtes Schwingungsmuster bildet, auf der Basis der Schwingung der beiden Ursprungswellen. Dieses neue Schwingungsmuster, das Kind der beiden Elternwellen, nennen wir
Interferenz:

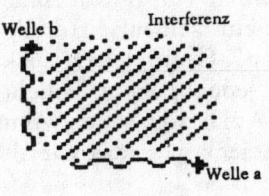

Die Interferenz enthält die Essenz der Informationen der beiden Ursprungswellen, so, wie das Kind die genetische Information der Eltern enthält, doch sie ist, weil das Ganze mehr ist als die Summe seiner Teile, etwas Neues, *Eigenständiges* – wie jedes Kind ein eigenständiges Wesen ist. Wir können das so darstellen, daß wir die Interferenz als neue dritte Welle zeichnen, die damit auch eine neue, dritte Dimension eröffnet:

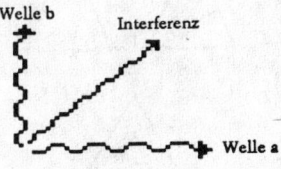

Jetzt stellen wir das Ganze nochmals zweidimensional dar. Wenn wir uns entlang der Dimension der dritten Welle bewegen, können wir die beiden anderen Dimensionen gleichsam *von oben* betrachten. Es ist eine *neue, höhere Ebene* dazugekommen. Dann sieht die Beziehung zwischen den beiden Ursprungswellen und der Interferenz so aus:

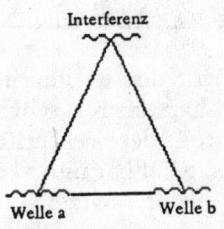

Und genau dieses Dreieck definiere ich nun als *Bewußtsein.* 1Das Dreieck ist ein uraltes magisches Symbol, eine *Bewußtseinsformel.*

Bewußtsein ist dann also die Beziehung zwischen Vater, Mutter und Kind. Zwei Wellen (nehmen Sie ein Gefühl, einen Gedanken, eine Idee) kommen zusammen und bilden auf der nächsthöheren Ebene eine neue Welle, die Interferenzwelle. Vielleicht müßte ich präzisierend hinzufügen: Dieses Dreieck ist die *kleinste Einheit von Bewußtsein*. Denn natürlich hätte ich Mühe, alles Bewußtsein, also zum Beispiel auch mein menschliches Bewußtsein, als simples Dreieck darzustellen. Der Witz an dem System ist jedoch, daß es beliebig *ausbaufähig* ist.

Am besten sehen wir uns das noch mal an. Wenn es *ein* solches Dreieck gibt, das wir als kleinste Bewußtseinseinheit definiert haben, dann gibt es sicher auch ein *zweites*:

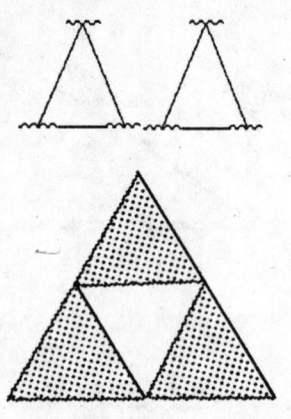

Nun haben wir gesehen, daß die gebildeten *Interferenzen* auch wieder als *Wellen* betrachtet werden können – die Kinder werden erwachsen und tun sich ihrerseits mit anderen zusammen. Wenn zwei Interferenzen, die nun zur Welle geworden sind, untereinander in Beziehung treten, ergibt sich eine neue Interferenz höherer Ordnung:

Natürlich reden wir hier in einem zweidimensionalen Bild, das die Wirklichkeit nur sehr unvollkommen abbildet. Es hat dafür den Vorteil, das wesentliche Prinzip unseres Bewußtseinsmodells leicht faßbar und verständlich zu machen. Dieses Prinzip besteht aus drei Sätzen:

1. *Alles, was wir wahrnehmen, ist tanzendes, schwingendes Bewußtsein – ein Muster aus einzelnen Bewußtseinswellen.*

2. *An jeder Stelle , wo zwei Bewußtseinswellen zusammenkommen, wo Interferenz auftritt, entsteht Bewußtsein der nächst höheren Ordnungsebene.*

3. *Jede Interferenz ist ihrerseits wieder eine Welle in einem Bewußtseinsmuster noch höherer Ordnung.*

Die Konsequenzen dieses Prinzips sind weitreichend. Es besagt nichts weniger, als daß letztlich *alles Bewußtsein ist* (und nicht etwa *hat*): Atome und Sterne, Moleküle und Steine, Zellen und Bäume, aber auch Wolken und Meere, Gedanken und Bilder, Musik und Gefühle. Diese Vorstellung ist nicht ganz leicht zu akzeptieren – aber es spricht eine Menge dafür.

Der Zugang zu dieser Vorstellung wird im übrigen leichter, wenn wir uns den dritten Teil des Prinzips vergegenwärtigen: Wenn alles Bewußtsein ist, heißt das noch lange nicht, daß alles dasselbe ist. Bewußtsein ist nach diesem Modell ja eine unendlich komplexe, verschachtelte Ordnung. Aus einfachsten Bewußtseinsmustern bilden sich immer komplexere Muster. So ist menschliches Bewußtsein zweifellos auf einer höheren Ebene von Komplexität anzusiedeln als das Bewußtsein eines Steins. Der Unterschied ist aber einer der *Ebene*, nicht einer des grundsätzlichen Prinzips.

Um ein bekanntes Bild zu wählen: Wenn wir einen Stein als *russisches Püppchen* betrachten, dann finden wir in ihm schon eine Reihe von weiteren, immer kleineren Püppchen. Bei einem Menschen wird die Anzahl der in der zuerst sichtbaren Puppe enthaltenen kleineren Püppchen einfach sehr viel größer sein. Doch das *Prinzip der russischen Püppchen* ist durchgängig gültig.

Dieses Spiel des Aufbaus immer komplexerer Bewußtseinsmuster aus Mustern einfacherer Ordnung hat prinzipiell keine Grenzen. Auch das folgende Bild ist nur ein kleiner Ausschnitt aus allen Möglichkeiten. Es zeigt, was geschieht, wenn wir unsere Bewußtseinsdreiecke zu Mustern höherer Ordnung aufeinandertürmen:

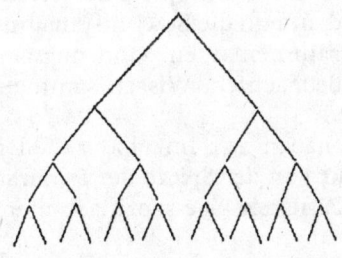

Erinnert Sie das Bild an etwas? Ja, so würden Sie Ihren *Stammbaum* zeichnen. Sie suchen nach Ihren Wurzeln, nach den genetischen Strömen, die in Ihrer Person zusammenlaufen. Wenn wir die nötigen Daten hätten, könnten wir über Hunderte von Generationen zurück einen solchen Stammbaum zeichnen, in immer feineren Verästelungen.

Und genau das ist ein wunderschönes Bild für unser individuelles Bewußtsein. In diesem einen Punkt kommen unzählige Bewußtseinsmuster tieferer Ordnung zusammen: Die Muster von Atomen, Molekülen und Zellen, die Muster des von vielen anderen Menschen über die Jahrtausende Erfahrenen und Ausgedachten. Viele dieser Muster haben wir mit anderen gemeinsam (je weiter zurück wir in einem Stammbaum kommen, desto häufiger werden gemeinsame Vorfahren).

Doch diese riesige Pyramide aus einzelnen Dreiecken läuft in einem Punkt zusammen, in unserem Bewußtsein. Sie könnte an keinem anderen Ort so zusammenlaufen, es ist keine andere Spitze eines Dreiecks denkbar, die genau auf diese Weise all die Informationen enthält, die in den unzähligen Bewußtseinsmustern enthalten sind, von der Basis bis zur Spitze der *Pyramide* (schon wieder so ein seltsames, auf Dreiecken aufbauendes Symbol ...)

Wenn wir dieses Bild betrachten, beginnt unser Ichbewußtsein absolut Sinn zu machen. Es gibt keinen vergleichbaren Punkt in diesem ganzen riesigen Beziehungsgeflecht, in dem die Ströme aus unzähligen Quellen genauso zusammenlaufen wie in unserem individuellen Bewußtsein.

Wir erinnern uns: *Ichbewußtsein heißt: Ich beobachte.* Tatsächlich: Ich kann von der Spitze der Pyramide hinunterschauen bis zum Grund, mir all die Bewußtseinsmuster anschauen, die in der Spitze zusammenlaufen. Und niemand sonst kann diesen Blick haben. Beobachten. Wissen sammeln. Beim Wissen sein. *Be-wußt* sein.

Genau das haben wir im ersten Teil dieses Buches getan: Zurückgeblickt von der Spitze der Pyramide bis zur Basis. Eine wundervolle Tätigkeit. Die spezifisch menschliche Art, bewußt zu sein.

Gut, dann ist also jeder von uns die oberste Spitze einer riesi-

gen Pyramide. Ein tolles Gefühl. Gibt Selbstbewußtsein. Darf es
ruhig.

Doch auch das ist natürlich nur ein Teil der Wahrheit. Das
Prinzip, das uns hierhergebracht hat, hört nicht plötzlich auf zu
existieren. Wir sind eine *Interferenz* schon sehr hoher Ordnung.
Das ist der tiefe Sinn unseres Ichbewußtseins.

Doch wie jede Interferenz sind wir gleichzeitig *Welle* in einem
Spiel noch höherer Ordnung. Und so fort:

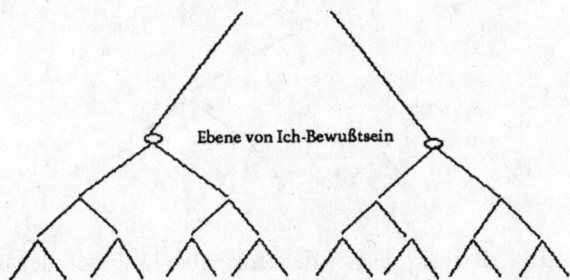

Ebene von Ich-Bewußtsein

Aber bleiben wir ruhig noch einen Moment bei diesem magischen Punkt unseres Ichbewußtseins. Holen wir dafür nochmals
das schöne Bild des Stammbaums zu Hilfe. Man kann einen
Stammbaum bekanntlich auch in der anderen Richtung zeichnen. Von einem Urahn aus wird gezeigt, wie sich seine Nachkommenschaft verzweigt:

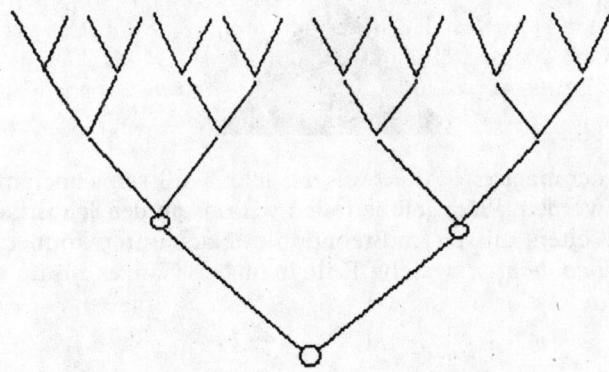

Das Dreieck steht also plötzlich auf dem Kopf. Weil wir nicht in die Zukunft sehen können, können wir diese Form von Stammbaum für uns nicht zeichnen, doch könnten wir es, dann wäre es ein leichtes, die folgende Form von Stammbaum zu zeichnen:

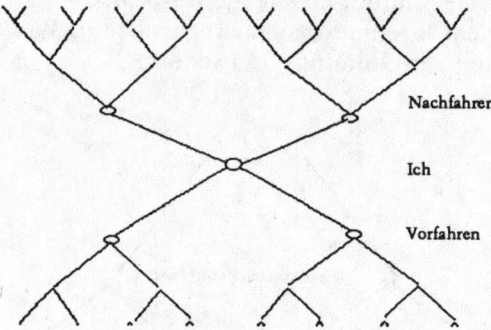

Bewußtsein existiert jenseits der Zeit, also läßt sich der Bewußtseinsstammbaum problemlos genauso darstellen. Wir lassen jetzt die Einzelheiten und sehen nur noch die große Form:

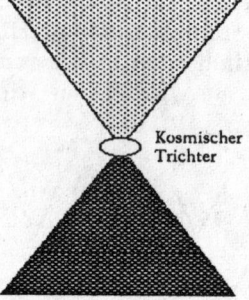

Jetzt ist der magische Punkt unseres Ichbewußtseins noch magischer geworden. Plötzlich befinden wir uns an der Schnittstelle zweier Welten, mitten im Brennpunkt. Nach unten können wir *bewußt beobachten*, welche Teile in uns als Ganzes zusammenlaufen.

Und nach oben? Hier können wir gewahr werden, daß wir wiederum auch Teile von noch komplexeren Ganzen auf noch höheren Ebenen *sind*. Wir sind Teil dieses Planeten, sind Teil unserer Kultur, sind vielleicht Teil von höheren geistigen Wesen. Doch Vorsicht: Alle Bilder, mit denen wir die höheren Ebenen von Bewußtsein bezeichnen, bringen wir aus den unteren Sphären mit. Sie könnten unsere Sicht unnötigerweise einengen. Also sprechen wir lieber ganz abstrakt von *höheren Bewußtseinsebenen*. Können wir dazu Zugang finden? Kann sich eine Welle in die Interferenzen höherer Ordnung gleichsam einklinken?

Ja. Zwischen oben und unten und umgekehrt (wieder handelt es sich um ein *Bild*, nicht um die Wirklichkeit!) fließt ein ständiger Informationsstrom, den wir aus beiden Richtungen anzapfen können:

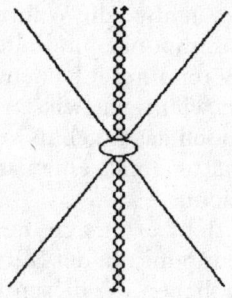

Dieses einfache Bild hat einige reizvolle Überraschungen zu bieten. Zum Beispiel verstehen wir jetzt besser, warum es Bewußt*sein* heißt und nicht etwa Bewußt*heit*. Nach unten beobachten wir, sind wir beim Wissen, bewußt. Nach oben *sind* wir einfach – Welle, Elemente für Interferenzen höherer Ordnung. Beides ist real, beides ist gleich wichtig. *Bewußtsein umfaßt den Blick in beide Richtungen.*

Aber bleiben wir ruhig noch einen Moment bei den Unterschieden. Nach unten ist unser Verhältnis *aktiv, männlich, analytisch, unterscheidend, zergliedernd.* Hier sind wir im Reich der *linken Gehirnhälfte*. Sie wissen: Es gibt ein noch gar nicht altes Bild, wonach die beiden Gehirnhälften unterschiedlich arbeiten. Das tun sie natürlich nur bedingt, aber wichtig ist etwas ganz anderes: Mit diesem Modell wurde auch in den Wissenschaften zum erstenmal akzeptiert, daß das Bewußtsein auf zwei grundsätzlich unterschiedliche Arten arbeitet – und daß beide Arten sinnvoll und nützlich sind.

Das Reich der *rechten Gehirnhälfte* wäre demnach der obere Teil des Bilds. Hier werden *ganzheitliche Muster gebildet, wird intuitiv, spontan, gefühlsmäßig «gearbeitet»*. In unserer Sprachtradition entspricht dies dem weiblichen Aspekt von Bewußtsein: Ganz offen, auf Empfang eingestellt. Und so wäre eher unten Wissenschaft anzusiedeln, eher oben *Religion*.

Das Spiel, bekannte Gegensatzpaare auf unser Bild vom Ichbewußtsein abzubilden, ließe sich beliebig fortsetzen, ist aber nur von mäßigem Interesse.

Viel wichtiger ist tatsächlich die Wahrnehmung des Bildes *als Ganzes*. Ich bin im Brennpunkt, und alle Wellen, die mein Bewußtsein erzeugt, gehören immer beiden Sphären an, der oberen wie der unteren. Alle wichtigen wissenschaftlichen Errungenschaften sind immer auch das Ergebnis von Intuition, und keine religiöse Erkenntnis hätte jemals einen anderen Menschen ohne die untere Ebene erreicht.

Und schon wieder zieht es uns zu diesem magischen Punkt, dem Schnitt- oder Brennpunkt in der Mitte unseres Modells. Als wir von unten kamen, haben wir diesen Punkt als die Stelle des *Ich*bewußtseins bezeichnet. Wenn wir jetzt den Blick nach oben schweifen lassen, dann sehen wir etwas, was einfach da ist, aus sich selbst heraus, was mehr ist als unser Ichbewußtsein, dessen Teil wir aber sind. Auch dafür gibt es eine Bezeichnung: Das *Selbst*. Nach oben blickend erlangen wir also *Selbst*bewußtsein – ein magischer Begriff in allen religiösen und spirituellen Systemen. Doch im Brennpunkt sind wir beides, Ichbewußtsein und Selbstbewußtsein.

An dieser Stelle können wir erneut auf ein uraltes spirituelles Symbol verweisen, das Sechseck, gebildet aus zwei Dreiecken, von denen eines mit der Spitze nach oben und das andere nach unten weist – vereint im einen Stern:

Wenn wir schon bei Bildern sind: Es gibt in der östlichen Tradition für die Wirklichkeit, und das heißt dort für die *Wirklichkeit von Bewußtsein*, das Bild von *Indras Netz*. Demnach wäre die Realität wie ein riesiges Spinnennetz. An den Schnittpunkten der Fäden hängen kleine Tautropfen (zum Beispiel ein einzelner Mensch) – und in jedem Tautropfen spiegelt sich das ganze Netz. Tatsächlich erinnert auch unser Modell an ein Netz, dessen unzählige Fäden immer wieder in *Knotenpunkten* zusammenlaufen. Auch unser Gehirn ist so organisiert: Wichtig sind nicht nur die einzelnen Gehirnzellen, sondern ihre vielfachen Verbindungen zu anderen Zellen – bis fünftausend Verbindungen pro Zelle! Und schließlich ist das am häufigsten verwendete Bild für den gegenwärtigen Prozeß des Zusammenschlusses von Menschen jenes der *Vernetzung*. Und so können wir auch unser Bewußtsein sehen: Als Knotenpunkte in einem unendlich vielfältigen Netz, das in alle Richtungen geknüpft ist:

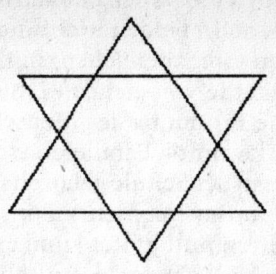

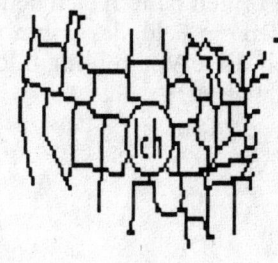

Haben wir damit nun alles begriffen? Noch nicht ganz. Wenn Bewußtsein ein riesiges Netz ist, in dem wir irgendwo einen Knoten bilden, stellt sich die Frage nach der Beziehung des Knotens zum ganzen Netz. Bleiben wir bei unserer einzig möglichen Perspektive, jener des Knotens (bekanntlich können wir von innen niemals das Ganze sehen), und fragen, was passiert, wenn wir die Linien unseres Bildes immer weiter fortsetzen:

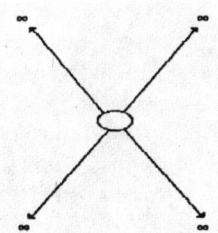

Gehen die Linien einfach bis in alle Ewigkeit gerade weiter? Nein – denn in beiden Richtungen nähern wir uns irgendwann seltsamen Grenzbereichen, in denen die normalen Gesetze, zum Beispiel die von geraden Linien, nicht mehr gelten: Die *Gerade* ist eine Erfindung des Menschen, die in der Natur überhaupt nicht vorkommt – Parallelen treffen sich entgegen den Gerüchten, die wir in der Schule gehört haben, eben doch irgendwo! Nehmen wir an, unser magischer Punkt sei irgendwo zwischen den Zahlenwerten null (unten) und eins (oben) angesiedelt. Je mehr wir uns der Null nähern, desto näher kommen wir dem absoluten Nichts. Und je näher wir der Eins kommen, desto mehr nähern wir uns dem Ganzen, das alles umfaßt. Beide Grenzbereiche sind Grenzbereiche zum Unendlichen, zum Absoluten – und je mehr solcher Grenzerfahrungen wir machen, desto stärker spüren wir, daß *nichts* und *alles* Bezeichnungen für dasselbe Unendliche, Absolute sind.

Hier erreichen wir neue Dimensionen, und in diesen Dimensionen bewegt sich eine gerade Linie nicht mehr gerade fort. Unsere oberflächlich gesehen immer weiter auseinanderstrebenden Linien nähern sich demselben Ort, kommen zusammen. Sie bilden ein Feld, das unten wie oben einschließt. Versuchen wir, auch diese Vorstellung bildlich umzusetzen:

Was sehen Sie? Richtig, einen *Schmetterling*, das stärkste Symbol für *Transformation*, das wir auf diesem Planeten kennen. Und unversehens ist unser Bild noch umfassender geworden. Während wir zwischen unten und oben hin und her springen, werden wir gewahr, daß wir auch Schmetterlinge sind, die in einer Sphäre tanzen, die alles umfaßt.

Wir könnten sie Gott nennen oder das Allumfassende, das unteilbare Ganze, oder um meinen Lieblingsbegriff für diese letztlich nicht zu benennende Sphäre zu verwenden: *Es*. Wenn wir Schmetterlinge sind, sind wir jenseits von Ich- und Selbstbewußtsein reines *Es-Bewußtsein*.

Bleiben Sie ruhig noch einen Moment in diesem Bewußtsein eines tanzenden Schmetterlings. Es führt Sie hinaus über die in jedem Bild notwendigerweise enthaltene *Statik*. Nur das Bild ist so statisch, wie wir es hier entwickelt haben, nicht die Wirklichkeit. Diese fließt. Natürlich könnten wir jetzt, aufbauend auf dem statischen, zweidimensionalen Bild, ein dynamisches, dreidimensionales Bild basteln. Hätten Sie kein Buch in den Händen, sondern hochmoderne Computergrafik-Software, könnten wir dieses Spiel spielen. Doch nötig ist es nicht, denn im Schmetterlingsbild ist das Fließende, Tanzende enthalten.

Ein Bild ist ein Bild, nicht die Wirklichkeit. Sie können dieses Bild beliebig weiter ausmalen. Doch auch das einfache zweidimensionale Abbild, das wir verwendet haben, macht Sinn: Wir haben jetzt eine gemeinsame Vorstellung von Bewußtsein, die ganz selbstverständlich die Möglichkeit der Vernetzung individueller Bewußtseinsmuster einschließt. Die wesentliche Botschaft dieses Buches ist in diesem Bild enthalten. Jetzt wird es darum gehen, das Modell aus unterschiedlichen Richtungen zu betrachten und zu vertiefen.

Und wie sieht es für Sie aus? Hat die Welle, die dieses Bild ist, in Ihrem Bewußtsein eine *Resonanz* ausgelöst? Wenn ja, dann hat sich schon wieder ein neues auf der Spitze stehendes Dreieck gebildet, eine neue Interferenz in einem Bewußtseinsmuster höherer Ordnung.

Wenn wir also miteinander kommunizieren und dabei eine Interferenz entsteht, entsteht Bewußtsein höherer Ordnung. Es findet ein Prozeß der Bewußtseinserweiterung statt.

Natürlich handelt es sich hier um ein abstraktes, theoretisches Modell. Sein einziger Zweck ist es, uns eine gewisse *Orientierungshilfe* zu verschaffen. Was Bewußtseinserweiterung konkret und praktisch bedeutet, wird Gegenstand späterer Teile dieses Buches bilden.

Unsere Rolle als Schleusenwärter:

5. Jojo zwischen Ego und Ich
oder
Was wir zu bieten haben

Es sind nicht mehr so sehr
unsere Köpfe,
an denen die Aufklärung
ihre Arbeit zu verrichten hat,
es sind die verdüsterten
Egoismen,
die vereisten Identitäten.

Peter Sloterdijk

Und es erhub sich ein Dialog:

Herr Professor: «Das, was ich bisher in diesem Buch gelesen habe, scheint mir doch reichlich zwiespältig. Der Anfang mit der Geschichte der Evolution auf unserem Planeten war ja interessant. Wohl waren die Interpretationen manchmal etwas kühn, doch sie basierten immerhin auf soliden wissenschaftlichen Fakten. Doch dann wurde der Boden der Wissenschaft verlassen. Steine und Bäume sollen Bewußtsein haben – darüber diskutiere ich nicht einmal. Und höhere Formen von Bewußtsein soll es geben – wer hat die denn je gesehen?»

Frau Esoterika: «Nein, genau in diesem Teil habe ich endlich etwas von dem gefunden, woran ich glaube. Den ersten Teil habe ich unappetitlich gefunden. Einfach so die Verbindungen des Menschen zu den schleimigen Einzellern in der Ursuppe herzustellen, das ist doch ekelig. Wo bleiben denn da die höheren Sphären der geistigen Welt? Und als ich glaubte, nun ginge es los damit, war wieder nur von Wellen und Interferenzen die Rede, nicht von den Engeln und nicht vom Astralleib.»

Da haben wir's. Ich habe mich mitten zwischen Stuhl und Bank gesetzt – übrigens der einzig mögliche Ort für einen anständigen Denker. Man kann dort zwar nicht bequem sitzen, aber dafür gerade stehen.

Doch wenn ich mir etwas wünschen darf (und wer außer mir könnte mir die Erlaubnis dafür geben), dann klänge der Dialog etwas anders:

Herr Professor: «Ja, da habe ich doch echt etwas dazugelernt. Wenn es in der Geschichte der Evolution eine Bewegung zu immer komplexeren Formen von Bewußtsein gibt, dann ist unser jetziges Niveau vielleicht tatsächlich noch nicht der Weisheit letzter Schluß. Und die Geschichte mit den Wellen leuchtet mir ein. Schließlich kennen wir viele Arten von Wellen, zum Beispiel die Radiowellen oder die Gamma-Strahlung, erst seit ziemlich kurzer Zeit. Warum sollten also nicht zukünftig auch von den Wissenschaften weitere Wellen entdeckt und erforscht werden? Und die Gehirnströme, wieder Wellen, haben ganz offensichtlich etwas mit Bewußtsein zu tun. Also, ich brauche ja nicht alles zu glauben, was da in dem Modell von Bewußtsein steht, aber als Denkanstoß ist es anregend.»

Frau Esoterika: «In der Tat, auch mich hat die Lektüre angeregt. Wenn jetzt auch die Wissenschaften herausgefunden haben, daß in der Evolution des menschlichen Bewußtseins eine seltsame Kraft wirkt, die immer wunderbarere und vielfältigere Blüten treibt, dann ist das doch eine Bestätigung für das Walten einer unerklärlichen, höheren Macht. Und daß von der Möglichkeit, ja sicheren Existenz von Bewußtsein höherer Ordnung die Rede ist, zeigt, daß die Weisen aller Jahrhunderte recht hatten, wenn sie davon sprachen. Jede Zeit hat ihre Sprache, und was ist eigentlich falsch daran, solche Wahrheiten in einer wissenschaftlichen Sprache zu formulieren? Das ist immerhin die einzige Sprache, die überall auf der Welt und von allen Kulturen verstanden werden kann.»

In diesem Dialog hat das stattgefunden, wovon in diesem Buch die Rede ist: *Einswerdung durch Bewußtseinserweiterung.* Keiner der beiden Dialogpartner mußte seine ursprüngliche Position aufgeben und sie durch eine andere ersetzen. Vielmehr haben beide ein paar neue Ideen, ein paar andere Perspektiven dazu erhalten. *Ergänzen statt ersetzen.*

Durch diesen Prozeß des Verzichts auf *Entweder-oder-Denken* wird Bewußtsein erweitert. Ein Beispiel für die Nützlichkeit dieses Ansatzes haben wir in unserem Modell von Bewußtsein gesehen, als wir die beiden Fließrichtungen von Energie betrachteten. Die Energie fließt sowohl von oben nach unten als auch von unten nach oben.

Die abwärtsziehende Form von Energieflüssen ist im Gesetz von der Entropie enthalten. In einem rein physikalischen Universum neigen alle Zustände zum tiefstmöglichen Niveau von Energie und Ordnung. Wenn wir einen Zuckerwürfel in einer Tasse Tee auflösen, löst sich seine Ordnung auf, er verteilt sich gleichmäßig über die Flüssigkeit.

Der Prozeß ist nicht umkehrbar, der gelöste Zucker wird sich nie mehr ohne Energiezufuhr von außen wieder zum Würfel zusammensetzen. Der Endzustand dieses Prozesses wäre ein absolut erkaltetes Universum, in dem die Materie völlig gleichmäßig im Raum verteilt ist.

Die Menschheit ist gerade dabei, diesen Entropie-Prozeß gewaltig zu beschleunigen. Wir verfeuern in Form von Kohle und Erdöl gespeicherte Sonnenenergie in wenigen Jahrzehnten. Zum Aufbau dieser Energiespeicher aber hat die Natur Millionen von Jahren gebraucht. Und wir können den Prozeß nicht rückwärts ablaufen lassen. Entropie ist unsere Realität. Dieses Gesetz ist logisch, durch wissenschaftliches Denken aus meßbaren Daten abgeleitet, in eine mathematische Formel umsetzbar.

Das alles gilt nicht für die umgekehrte Energierichtung. Und doch existiert diese ganz offensichtlich auch – ein Trend zu immer komplexeren Ordnungen auf höherem Energieniveau und mit einem viel größeren Freiheitspielraum. Dieser Trend wird sichtbar in den Hochöfen der Sterne, in denen aus einfachen Atomen komplexere gebacken werden. Diese setzen sich zu immer vielfältigeren Molekülen zusammen, bis schließlich die ersten einfachen einzelligen Lebewesen daraus geworden sind. Es entwickelt sich die Vielfalt immer komplexerer Lebensformen und schließlich das menschliche Bewußtsein.

Ich möchte diese Energierichtung vorläufig den *evolutionären Drive* nennen. (Später werden wir sehen, warum *Eros* ein noch passenderer Name ist.) Wenn wir uns ausmalen, wohin dieser Antrieb führen könnte, dann landen wir irgendwann beim einen, alles umfassenden Bewußtsein, dessen Teil wir sind. Das ist nichts mehr, was unser Verstand fassen könnte, doch unsere Seele ist dazu in der Lage. Und deshalb ist der evolutionäre Drive so real wie die Entropie.

Rauf und runter, ab und auf – ein kosmisches Jojospiel. Gäbe es nur die eine Richtung, gäbe es kein Jojo. Und die Bewegung dieses Spiels geht weiter.

Es gibt keinen einzigen sinnvollen Grund zur Annahme, das Spiel der Evolution sei schon zu Ende. Wir haben allenfalls die Halbzeit erreicht. Der *Drive*, der das Spiel weitertreibt, hat für unsere Sichtweise einen Namen: *Bewußtseinserweiterung*.

Wie aber kann etwas, was sich «nur» im Bewußtsein abspielt, eine Änderung der äußeren Wirklichkeit bewirken? Ist unser Bewußtsein nicht einfach ein Spiegel für die äußere Wirklichkeit? Keineswegs – es handelt sich um einen Spiegel, der in beiden Richtungen reflektiert. Oder, um beim Bild der Wellen zu bleiben, unser Bewußtsein funktioniert wie ein Fernsehempfänger: Auf den Bildschirm gelangen nur Radiowellen, auf deren Frequenz wir uns eingestellt haben. Die Wirklichkeit umfaßt ein breiteres Spektrum, und es liegt an uns, welche Frequenz wir wählen.

Das Phänomen ist allgemein bekannt. An Tagen, an denen wir schon schlecht gelaunt aufgestanden sind, wirkt die ganze Welt nur grau in grau. Nicht etwa, weil sie wirklich nur noch Grautöne enthält, sondern weil wir nur noch diese wahrnehmen. Und darüber hinaus strahlen wir schlechte Laune aus und bewirken damit auch in unserer Umgebung natürlich nicht die fröhlichsten Reaktionen.

Ganz anders, wenn wir richtig gut drauf sind. Dann sehen wir in allem nur die schönen Seiten, und wir ernten als Reaktion auf unsere gute Laune Lächeln statt Griesgrämigkeit. Und vor allem: Wir interpretieren die vielen Signale, die unterschiedlich gewertet werden können, grundsätzlich positiv. Eine Arbeit etwa, die zu tun ist, wird dann nicht mehr als Belastung empfunden, sondern als Herausforderung, die zu bewältigen Spaß macht.

Was auf dieser ganz persönlichen Ebene gilt, wirkt auch im großen Maßstab: Unsere Art der Wahrnehmung, unsere Sicht der Wirklichkeit, unsere *Weltbilder* formen die äußere Realität. Dazu in aller gebotenen Kürze ein Beispiel:

Die Hochreligionen des Ostens, vor allem der Hinduismus, enthalten ein ausgeklügeltes Modell verschiedener Bewußtseinsebenen. Die höchste von allen und das Ziel allen religiösen Strebens ist *Nirwana*. Das heißt nun nicht einfach *Nichts*, wie es fälschlicherweise oft übersetzt wird. Vielmehr ist im Nirwana jeder Unterschied zwischen Etwas und Nichts aufgehoben, es gibt keinerlei Trennungen mehr, keine Unterschiede. Alles ist eins.

Diese religiöse Grundauffassung hat dazu geführt, daß die Menschen, solange sie von westlichem Gedankengut unbeleckt waren, in Frieden mit der Natur gelebt haben. Es gab keinen großen technischen Fortschritt, aber damit auch nicht dessen negative Folgen. Wer sich eins fühlt mit allem, wird kaum die Natur in großem Maßstab zerstören.

Doch das Ziel einer Wirklichkeit ohne Unterschiede ist sehr weit weg. Das schafft ein Vakuum. Für den Weg bis zu jenem fernen Ziel brauchten die Menschen wieder Unterschiede. Und so entstand etwa in Indien eine Heerschar von Göttern und Dämonen, alle fein säuberlich in bestimmte Schubladen eingeordnet. Diese Ordnung wurde auch auf die Menschen übertragen. Das Ergebnis ist das indische Kastensystem, das dem einzelnen Menschen keinerlei Chancen gibt, aus der Schicht auszubrechen, in die er hineingeboren wurde.

Anders in den Religionen des nahen Orients, dem Judentum, Christentum und dem Islam. Sie postulierten *einen* einzigen Gott, der in der ursprünglichen Idee natürlich auch alles enthielt. Irgendwann würden wir mit ihm vereinigt sein, meint dieser Ansatz – doch bis dahin sind wir von ihm getrennte Wesen. Wir sind überhaupt von allem getrennt. Und dieses andere, die Natur oder andere Menschen, versuchen wir in unserer Einsamkeit zu manipulieren, zu beherrschen, auszubeuten. Jeder ist seines

Glückes Schmied, deshalb kann heutzutage jeder auch in höhere soziale Schichten aufsteigen, wenn er tüchtig genug ist, und deshalb hat der Westen die Demokratie erfunden. Doch wenn jemand anders denkt, dann wird versucht, ihn mit allen Mitteln zu überzeugen. Zeigt er sich noch störrisch, muß man ihn notfalls auch vernichten. Das galt und gilt für die Natur wie für andersgläubige Menschen.

Ganz abstrakte religiöse Vorstellungen, Weltbilder eben, haben also konkrete Auswirkungen auf das Zusammenleben mit anderen Menschen und mit der Natur. Unsere Weltbilder sind also nicht beliebig und ohne Konsequenzen. Sie sind, wie es viele Diagnostiker der modernen gesellschaftlichen Probleme sehen, die entscheidende Ebene für Wandel. Es wird sich nichts im positiven Sinne verändern, bevor wir nicht unsere Weltbilder gründlich ausmisten und sie durch neue, die Bewußtseinserweiterung fördernde Ansätze ergänzen und erweitern.

Einige dieser neuen Weltbilder, die auch eine neue Welt bewirken könnten, möchte ich Ihnen jetzt vorstellen. Sie sind alle hervorragend geeignet, alte Muster zu überwinden, unseren Blick dafür zu klären, was die Rolle der Menschheit und unsere ganz persönliche beim nächsten Schritt der Evolution sein könnte und sollte.

Weltbilder, die unser Bewußtsein erweitern können, müssen bestimmte Eigenschaften haben. Wir, und damit meine ich uns normale westliche Menschen des ausgehenden zwanzigsten Jahrhunderts, sind nicht bereit, alles, woran wir geglaubt haben, über Bord zu werfen und es durch etwas völlig anderes zu ersetzen. Für einzelne mag es der richtige Weg sein, in ein Zenkloster zu gehen oder unter Indianern zu leben und ganz zum Mönch oder Schamanen zu werden. Doch dies ist eine Methode der Bewußtseinserweiterung, die nicht in großem Maßstab praktizierbar ist. Weil spürbare Änderungen nur zu erwarten sind, wenn viele anfangen, die unausgeschöpften Möglichkeiten unseres Gehirns zu nutzen, brauchen wir Weltbilder, die uns dort abholen, wo wir im Moment sind. Ein Bergführer, der seiner Seilschaft einen Kilometer voraus ist, nützt gar nichts.

Aus diesem Grund faszinieren mich die neuen Weltbilder, die ich Ihnen jetzt skizzieren möchte. Ihnen allen ist gemeinsam, daß sie ihre Wurzeln im klassischen wissenschaftlichen Denken haben. Doch sie bleiben darin nicht stecken, sondern führen darüber hinaus. Sie verlangen nicht ein neues Glaubenssystem und öffnen doch den Blick. Sie erlauben eine spielerische Verwendung als Material für eigene Überlegungen. Sie zeigen, daß die Evolution unseres Bewußtseins weitergeht.

* * * * * * *

Wir wissen heute eine ganze Menge über die Evolution des Lebens auf unserem Planeten Erde. Über ähnliche Prozesse auf anderen Planeten können wir nur spekulieren. Vielleicht werden wir schon in ein paar Jahren in der Lage sein, ein bemanntes Raumschiff zu einem anderen Planeten unseres Sonnensystems zu schicken, zum Beispiel zum Mars. Doch wir wissen schon jetzt, daß wir dort kein höher entwickeltes Leben finden werden. Und bis wir noch weiter durch das All reisen können und vielleicht sogar einen bewohnbaren Himmelskörper finden, kann es noch sehr lange dauern. Die Erde ist der einzige Platz, den wir haben.

Das wußten die früheren Menschen instinktiv. Die Erde, die sie trug und nährte, war ihnen heilig. Die Verehrung von Mutter Erde war zentraler Bestandteil aller Naturreligionen. Und noch die alten Griechen verehrten die Göttin *Gaia*, die Göttin der Erde.

Im Zuge der Entwicklung des modernen westlichen Denkens wurde die Erde entzaubert. Sie verkam zum bloßen Hintergrund, zum Bühnenbild, vor dem sich die Dramen der Evolution des Lebens abspielen. Aus der Welt wurde die Umwelt, an die sich das Leben anpassen mußte. Wer dies am besten schaffte, überlebte.

Im klassischen evolutionären Denken gibt es eine strikte Trennung zwischen der toten Materie der Umwelt und dem Leben, das sich in dieser Umgebung entwickelte. Diese tote Umwelt war keineswegs starr und unveränderlich. Gebirge und Meere entstanden und verschwanden wieder. Das Klima änderte sich andauernd. Doch diese Veränderungsprozesse wurden und werden weitgehend noch als Produkt des Zufalls gesehen. In dieser Sicht der Wirklichkeit unterliegt die unbelebte Materie den Gesetzen der Physik, die auf einer völlig anderen Ebene wirksam sind als jene des Lebens.

Das ist die konsequente Fortsetzung des biblischen Gebots *Macht euch die Erde untertan!* Die Erde wird hier als völlig getrennt vom Leben, speziell vom menschlichen, erlebt, als Umwelt, die oft genug feindlich wirkt – vor allem in den Wüstengegenden des Orients, aus der diese Maxime stammt.

Die Auswirkungen dieser Haltung sind zur Genüge bekannt. Wir haben das Wasser, den Humus und die Luft verschmutzt. Wenn wir so weitermachen, haben wir bald den endgültigen Sieg über die Erde errungen. Sie wird dann tot sein – und wir damit.

Es gibt eine Reihe von Rezepten zur Abwendung dieser tödlichen Gefahr. Sie laufen alle darauf hinaus, die Erde wieder in den Stand der Heiligkeit zu erheben, wie es etwa die traditionellen indianischen Kulturen vormachen. Und es kann tatsächlich eine intensive und schöne Erfahrung sein, mit Hilfe von magischen Beschwörungsformeln und ekstatischen Tänzen einen direkten seelischen Kontakt zu Mutter Erde herzustellen.

Doch mit Verlaub gesagt, ein wirklich wirksamer Weg hin zu einem neuen Verhältnis zwischen Mensch und Erde ist dies kaum. Zu tief steckt in uns die Vorstellung, nach der die Erde unbelebte Materie ist, die anzubeten im besten Falle lächerlich, im schlimmsten blasphemisch ist. Solange dieses Bild in uns wirkt, werden wir Erdrituale als interessanten oder anrührenden Bestandteil unserer Freizeit erleben, als Anschluß an die Welt unserer Träume und Gefühle – an eine Welt, die mit der alltäglichen Realität nur wenig zu tun hat. Es gibt kein einfaches Zurück zu einer Entwicklungsstufe des menschlichen Bewußtseins, in der die Erde ganz selbstverständlich heilig war. Heiligkeit läßt sich nicht per Knopfdruck erzeugen.

Der entscheidende Stolperstein liegt in der Unterscheidung zwischen toter Materie und Leben. Wir können Leben als heilig, als schützenswert betrachten, wie der Erfolg der Tierschutzbewegung zeigt, aber kaum eine Ansammlung toter Steine.

Was wäre also, wenn die Erde als Ganzes ein lebendiger Organismus wäre? Könnten wir die Erde so sehen und erleben, dann wäre ein wichtiger Schritt zu einem liebevolleren Verhältnis zu ihr getan. Es gibt zwar eine Reihe von Hinweisen auf diese

Möglichkeit in verschiedenen Religionen – doch Predigten sind für den Sonntag, im Alltag müssen wir uns wieder daran halten, was uns die Wissenschaftler über die Wirklichkeit sagen. Und in dieser Welt ist die Vorstellung von der Erde als lebendes Wesen bestenfalls eine romantische Geschichte.

Oder? Zwei britische Wissenschaftler sind zu anderen Schlüssen gekommen. Der Kybernetiker und Klimatologe *Jim Lovelock* ist ein anerkannter Forscher und Erfinder. Und die Mikrobiologin *Lynn Margulis* weiß als Biologin ein lebendes System von einem unbelebten zu unterscheiden. Ein Team also, von dem keine Sonntagspredigten zu erwarten sind, sondern seriöse wissenschaftliche Arbeit.

Wissenschaft, die sich ernst nimmt, bedeutet, keine voreiligen Antworten zu akzeptieren, sondern weiterzufragen, zu hinterfragen. Die zentrale Frage hier lautet: Wenn das Bild von der Erde als unbelebte Materie, die nur physikalischen Gesetzmäßigkeiten folgt, stimmt – sähe unsere Welt dann so aus, wie sie ist? Diese Frage wurde in einer ganzen Reihe von Einzelaspekten untersucht, von denen hier nur zwei angeführt seien:

Ein offensichtliches physikalisches Phänomen ist die Temperatur der Erde. Über die Temperaturentwicklung von Himmelskörpern wissen die Naturwissenschaften eine ganze Menge. Gemäß diesem Wissen müßte die Durchschnittstemperatur auf dem Planeten Erde entweder stetig abgesunken oder nach einem Tiefstand kontinuierlich wieder angestiegen sein. Aber die Wirklichkeit verhält sich nicht nach diesen theoretischen Gesetzen. Statt dessen ist die Temperatur auf der Erde seit langer Zeit innerhalb gewisser Bandbreiten erstaunlich konstant. (Natürlich konnten Jim Lovelock und Lynn Margulis keine Thermometer in der Saurierzeit aufstellen. Doch es ist bekannt, unter welchen Temperaturbedingungen Lebewesen überleben können.)

Ein ähnliches Phänomen ist der Salzgehalt der Meere. Salz wird andauernd ausgewaschen und vom Wasser in die Meere getragen. Also müßte der Salzgehalt dort kontinuierlich ansteigen – was er ebenfalls nicht getan hat.

Wenn physikalische Phänomene anders verlaufen, als es ihren eigenen Gesetzmäßigkeiten entspricht, dann muß ein steuernder Eingriff stattgefunden haben. Nichts spricht dafür, daß dieser von außerhalb der Erde kam. Und auf der Erde gibt es erst seit sehr kurzer Zeit eine Lebensform, die grundsätzlich zu bewußten Eingriffen dieser Art in der Lage ist – den Menschen.

Für sich selbst aber sind Lebewesen in der Lage, solche Prozesse zu steuern. Die menschliche Körpertemperatur ist erstaunlich konstant, unabhängig von der Außentemperatur. Ist uns zu heiß, kühlen wir uns durch die Verdunstung von Schweiß. Ist uns zu kalt, erzeugen wir im Notfall durch Zittern Muskelwärme. Dazu brauchen wir nicht einmal unseren bewußten Willen. Unsere Körper regulieren sich selbst nach dem allem Leben zugrundeliegenden Prinzip der Selbstorganisation. Das ist zweifellos ein Zeichen von Intelligenz.

Ebenso intelligent ist es, zur Konstanthaltung des Salzgehalts der Meere ein bestimmtes Niveau von salzabbauenden Organismen aufrechtzuerhalten. Wenn wir nun dieselben Prozesse von intelligenter Selbstorganisation auch auf dem Planeten Erde als Ganzem vorfinden, liegt der Schluß nahe, daß die Erde als Ganzes ein intelligentes Lebewesen ist. Genau dies ist die Kernaussage der beiden Wissenschaftler, die sie in der sogenannten *Gaia-Hypothese* entwickelt haben (Sie erinnern sich, Gaia ist die griechische Erdgöttin).

Es ist kein Zufall, daß diese Hypothese zur der Zeit entstand, als wir die Erde zum erstenmal von außen sehen konnten. Der britische Evolutionstheoretiker *Peter Russell* hat dafür ein einprägsames Bild: Wenn es intelligente Flöhe gäbe, die auf einem Elefanten leben, dann hätten sie sicher eine Menge wissenschaftliches Material über dessen Hautoberfläche gesammelt. Doch erst wenn einer dieser Flöhe einen gewaltigen Sprung in die Höhe machen würde, könnte er sehen, daß dieses Ding mehr ist als eine Ansammlung von Einzelphänomenen, sondern ein ganzer Organismus.

So ging es der Menschheit mit der Erde. Erst als wir die Bilder unseres blauen Planeten von außen gesehen haben, ist uns ganz klar geworden, daß es sich dabei um ein Ganzes handelt. Und plötzlich ist es nicht mehr abwegig, den Wasser- und den Luftkreislauf als Organe von Stoffwechsel zu sehen, die Meere als Verdauungsorgane, die Lebewesen auf dem Planeten als Zellen mit unterschiedlichen Aufgaben, aber mit einer gemeinsamen

Zugehörigkeit zu einem ganzen Organismus – eben dem Planeten Erde. Gaia als lebender Organismus, der sich selbst steuert, dessen Teile alles Leben auf der Erde, aber auch das Klima oder die Gezeiten sind – das ist die Botschaft der Gaia-Hypothese.

Diese Botschaft hat etwas Tröstliches. Verkürzt gesagt: Die Erde wird's schon richten. Wenn sie wirklich auf intelligente Weise für das eigene Überleben sorgt, brauchen wir uns darum keine Sorgen mehr zu machen.

Doch so einfach ist es nicht. Wohl läßt die Gaia-Hypothese den Schluß zu, daß die Erde als lebenstragender und selbst lebender Organismus auch die schlimmsten Eingriffe der Menschen überleben wird. Wir wissen heute, daß die Insekten schon in den Startlöchern stehen, um das menschliche Erbe nach einem atomaren Holocaust anzutreten – sie sind sehr viel fixer und flexibler darin, sich auf radioaktive Strahlung einzustellen. Gaia wird überleben – doch für uns Menschen wird darauf kein Platz mehr sein.

Das holt uns gewaltig vom Sockel. Im Notfall wird uns Gaia abstoßen wie ein überflüssig gewordenes Kropfgeschwür. Doch Gaia hat uns Menschen, wenn sie denn eine intelligente Lebensform sind, kaum ohne Grund und Sinn hervorgebracht. Und so liefert uns die Gaia-Hypothese auch Anlaß, unsere Rolle auf diesem Planeten zu hinterfragen.

Der Schlüssel liegt zweifellos in den Eigenschaften unseres Gehirns, ohne das wir einfach ein weiteres, nicht einmal besonders bedeutendes Säugetier wären. Und das ist auch das Stichwort: Wenn Gaia ein Organismus ist, welches ihrer Organe sind dann wir Menschen?

Vermutlich das Gehirn. Doch das ist Zukunftsmusik. Noch sind wir nicht viel mehr als einzelne Gehirnzellen, die sich schon zu rudimentären Verbindungen zusammengeschlossen haben. Ein Gehirn aber, dessen einzelne Zellen oder Zellverbände nichts Besseres zu tun haben, als sich gegenseitig zu bekämpfen und dem Gesamtorganismus Schaden zuzufügen, verdient diesen Namen nicht.

Und doch – das Potential ist da. Auch das menschliche Gehirn ist im Laufe seines Wachstums im Mutterleib ursprünglich nur eine erst langsam, dann explosionsartig wachsende Ansammlung einzelner Gehirnzellen. Erst dann folgt das, was unser Gehirn ausmacht: Die Vernetzung der einzelnen Zellen zu einem Ganzen, das wiederum Teil eines größeren Ganzen ist.

Gaia als lebender Organismus und die Menschheit als Versuch, diesem Organismus durch die Entwicklung eines komplexen Gehirns Bewußtsein zu geben – das ist eine Perspektive, die unser Leben auf diesem Planeten radikal verändern kann. Sie wird uns deshalb in diesem Buch noch öfters begegnen.

* * * * * * *

Mit dem nächsten Modell begeben wir uns in abstraktere Gefilde. Aber Abstraktion ist die Essenz der konkreten Realität, und sie erlaubt uns manchmal, diese aus einem neuen Blickwinkel zu sehen. Am Anfang dieses Modells stand wiederum eine Fragestellung aus der Biologie, die Frage nämlich, wie sich *Formen* von Lebewesen entwickeln. Mit Formen sind dabei nicht nur die äußerlich sichtbaren Formen gemeint, sondern auch Verhaltensformen.

Die Frage liegt eigentlich auf der Hand, doch weil keine befriedigenden Antworten in Sicht sind, klammern sie die Wissenschaftler gerne aus: Wie weiß ein Organismus eigentlich, in welchen Formen er seine Zellen wachsen lassen soll? Wie wird ein differenziertes Repertoire an Verhaltensformen von Generation zu Generation weitergegeben?

Die naheliegende Antwort reicht nicht aus: Wohl dienen die *Gene* als sehr effizienter Informationsträger, doch so viele Informationen, um alle Formen in ihren feinsten Verästelungen zu steuern, enthalten sie nicht. Dazu kommt noch, daß sich das Problem auch bei unbelebten Formen zeigt, wo Gene überhaupt nicht vorkommen – etwa beim Wachstum von *Kristallen*.

Der Biologe *Rupert Sheldrake* fand eine originelle, wenn auch umstrittene und im klassisch-wissenschaftlichen Sinne (noch) nicht bewiesene Antwort: Die benötigte Information für die Entwicklung von Formen ist in sogenannten *morphogenetischen Feldern* enthalten (Morphos steht für Form, Morphogenese meint damit die Entstehung von Formen).

Der Begriff des Feldes ist am besten bekannt von den magneti-schen Feldern: Ein solches enthält die Informationen, welche Feilspäne sich innerhalb dieses Feldes zu einem bestimmten Muster, einer bestimmten Form anordnen lassen. Je stärker die magnetische Kraftquelle ist, desto stärker ist das entsprechende magnetische Feld.

Ganz ähnlich ist die Vorstellung der morphogenetischen Fel-der: Die heutigen Lebewesen wären demnach die Feilspäne, die auf Wellen reagieren, indem *morphische Resonanz* erzeugt wird: Das Lebewesen schwingt auf derselben Wellenlänge wie das Feld und kann deshalb die im Feld enthaltenen Informationen aufneh-men.

Woher aber kommen diese Informationen? Sheldrake meint, daß alle äußeren Verhaltensformen, die jemals existiert haben, dieses Feld aufbauten – ein Prozeß, der natürlich weitergeht. Je öfter und intensiver also eine bestimmte Verhaltensform auftritt, desto stärker wird das morphogenetische Feld, und desto wirksa-mer ist es.

Der Gedanke enthält Sprengstoff. Er setzt nämlich voraus, daß es eine Form der Informationsübermittlung über die Zeit hinweg ohne (bekannten) physikalischen Informationsträger gibt. Die Angehörigen einer bestimmten Lebensform übernehmen dem-nach eine Eigenschaft oder lernen ein Verhalten automatisch, wenn eine kritische Zahl von Angehörigen dieser Spezies dies bereits getan hat. Die anderen Mitglieder übernehmen diese Form automatisch, ohne daß es einen direkten Kontakt zu den Pionieren gibt.

Etwas anschaulicher wird dieses Prinzip in der *Geschichte vom hundertsten Affen* geschildert: In den fünfziger Jahren stu-dierte eine Gruppe von Forschern das Leben einer Affenart auf einer japanischen Insel. Die Wissenschaftler bereicherten den Speisezettel dieser Affen durch die diesen vorher unbekannte süße Kartoffel. Die Affen liebten diese Speise, doch sie konnten den Sand, der daran klebte, nicht ausstehen. Ein Affenkind löste das Dilemma, indem es begann, die Kartoffeln im Fluß zu wa-schen.

Seine Entdeckung teilte das Affenkind seiner Verwandschaft mit. Um besonders schnelle Lerner scheint es sich nicht gehandelt zu haben, dauerte es doch sechs Jahre, bis alle Affen auf der Insel den neuen Trick kapiert hatten.

Nun allerdings geschah etwas Seltsames: Affen auf anderen Inseln wuschen alle von Anfang an die ihnen vorgeworfenen Süßkartoffeln. Sie hatten keinen direkten Kontakt zu den Pionieraffen, und doch schienen sie auf geheimnisvolle Weise von diesem das Leben bereichernden Trick gehört zu haben. Die Erklärung: Die Zahl der Affen auf der ersten Insel, die das Waschen gelernt hatten, hatte eine kritische Größe erreicht (die natürlich sicher kaum bei genau hundert lag ...). Dadurch entstand ein morphogenetisches Feld, auf das sich die Affen der Nachbarinseln einschwangen und so die darin enthaltene Information entschlüsseln konnten.

Niemand weiß mit Sicherheit, ob die Geschichte wahr ist oder nicht. Tatsache ist allerdings, daß sie sich sehr schnell weltweit verbreitet hat – die Bereitschaft zur Resonanz ist offensichtlich vorhanden. Gehen wir also für einen Moment davon aus, am Modell der morphogenetischen Resonanz sei etwas dran.

Das würde bedeuten, daß es eine Form von Bewußtsein gibt, die in einer uns noch nicht bekannten Wellenform schwingt. Und für manche dieser Schwingungen haben wir die Fähigkeit, Resonanz entstehen zu lassen – eine Interferenz. Es wäre der Beweis für unser Modell von Bewußtsein und vor allem für die Möglichkeit, mit Bewußtseinsformen Kontakt aufzunehmen, die jenseits des uns bekannten menschlichen Bewußtseins liegen. Die Botschaft würde lauten: Es gibt «höhere» Ebenen von Bewußtsein, und wir können uns in sie einschwingen.

Das wirklich revolutionäre Element des Modells der morphogenetischen Felder ist die Existenz einer Ebene reiner Information ohne bekannten physikalischen Informationsträger, die deswegen auch über die Zeit hinweg wirken können. Das haben Weise aus allen Zeitaltern immer behauptet. Für sie ist die Welt des Bewußtseins genauso real wie die physikalische. In manchen Religionen heißt das, daß wir nicht nur an unserem Verhalten gemessen werden, sondern auch an unseren Ideen, Gedanken und Gefühlen. Alles, was in unserem Bewußtsein entsteht, wird Teil der umfassenden Wirklichkeit, die beide Ebenen umfaßt, jene der physikalischen Welt wie die Welt des reinen Bewußtseins.

Ein Gedanke ist dann nicht mehr nur ein flüchtiges Gebilde, das ebenso schnell, wie es aufgetaucht ist, auch spurlos wieder verschwindet. Er hilft vielmehr, ein morphogenetisches Feld aufzubauen, das irgendwann wirkt – zum Guten oder zum Schlechten. Vielleicht hat Jesus das gemeint, als er in einer radikalen Schärfe, die den Theologen bis heute Mühe macht, schon den Gedanken an sündiges Verhalten zur Sünde erklärte.

Das Modell der morphogenetischen Felder legt uns Verantwortung auf. Es ist nicht egal, was sich in unserem Bewußtsein abspielt. Wenn wir auf unsichtbare Weise mit allem anderen Bewußtsein verbunden sind, dann bleibt unser Bewußtsein nicht ohne Folgen für die anderen.

* * * * * * *

Bestätigung für diese Verbundenheit mit allem finden wir in einem ursprünglich rein technischen Verfahren, der *Holographie*. Es ist nicht das erste Mal, daß eine bestimmte technische Entwicklung das menschliche Bild von der Wirklichkeit entscheidend geprägt hat. Lange folgte die Wissenschaft dem Modell des Uhrwerks und suchte nach den Rädchen in der Natur, die auf genau berechenbare Weise ineinandergreifen und das Ganze am Laufen halten.

Dann kam die Dampfmaschine, die unter anderem zum Modell für viele psychologische Theorien wurde. Die menschliche Psyche funktioniert in der psychoanalytischen Theorie wie eine Dampfmaschine: Die Triebe sind der Dampf, die Psyche reguliert die Ventile. Ein weiteres technisches Modell, das unser Weltbild entscheidend geprägt hat, ist natürlich der Computer. Gerade die Bewußtseinsforschung verwendet oft Denkmodelle, die aus der Computer-Technologie stammen.

Dabei wurden unzweifelhaft Fortschritte erzielt. Man konnte bestimmte Tätigkeiten des Gehirns lokalisieren. So wie man sagen kann, ein bestimmtes Programm laufe an einem bestimmten Ort des Kernspeichers, so lassen sich bestimmte Gehirnregionen bezeichnen, die zuständig sind für die Regelung von Körperfunktionen oder für die Sprache.

Doch ganz so einfach ist es «leider» nicht. Es gibt viele Leistungen des Gehirns, die man nicht in einer bestimmten Gehirnregion lokalisieren kann. Sie spielen sich sozusagen im gesamten Gehirn ab.

Wie ist das möglich? Die Technik der Holographie liefert einen Schlüssel.

Die Holographie ist ein Verfahren zur Speicherung und Wiedergabe von dreidimensionalen Bildern. Sie verwendet dazu übrigens die Interferenzen zwischen zwei Wellen, die sehr gleichmäßig schwingen müssen. Im optischen Bereich sind dies die Wellen von Laserlicht. Auch hier also enthält eine Interferenz alle Informationen der ursprünglichen Wellen ...

Doch damit nicht genug. Bei einem normalen zweidimensionalen fotografischen Bild brauchen wir den gesamten Film oder die ganze Platte, um die darauf abgebildete Form erkennen zu können. Wenn wir nur einen Teil der Platte haben, sehen wir auch nur einen Teil des Bildes.

Nicht so bei einer holographischen Platte. Jedes Stück davon, das das ganze Wellenmuster enthält (und das braucht nicht viel zu sein), enthält auch das gesamte Bild. Das heißt: Wir können bei der Belichtung der holographischen Platte nur einen Ausschnitt wählen – und erhalten als Bild trotzdem die ganze abgebildete Form. Das so entstandene Bild ist unschärfer und enthält mehr «Rauschen» als ein Bild aus der ganzen Platte – aber das ändert nichts daran, daß im Teil das Ganze enthalten ist.

So funktioniert offenbar zumindest zum Teil auch unser Gehirn. Wir können eine Erinnerung überall im Gehirn finden und nirgends. Wann immer wir auf einen Ausschnitt blicken, erblicken wir das Ganze, auch wenn der Ausschnitt nicht das Ganze ist.

Verwirrend, in der Tat. Wir sind gewohnt zu denken, daß etwas entweder ein Teil oder das Ganze sein kann, aber niemals zugleich beides. Und so pendeln wir auch von einem Extrem ins andere, wenn wir unsere Rolle als einzelne Menschen im Ganzen betrachten: Mal halten wir uns für das Ganze und damit für das Maß aller Dinge, mal kommen wir uns winzig klein und ohne jeden Einfluß auf das Ganze vor.

Das holographische Modell zeigt, daß beides gilt: Wir sind als einzelne winzige Teile des Ganzen. Doch in jedem von uns bildet sich das Ganze ab. Wir sind nicht getrennt von ihm, sondern immer in Verbindung.

* * * * * * *

Holographie (das Bild selbst heißt Hologramm) hat denselben Wortstamm wie *holistisch*, ein heute gerne gebrauchter Begriff, der nichts anderes heißt als *ganzheitlich*. Ein holistisches, ganzheitliches Weltbild ist zweifellos ein großer Fortschritt gegenüber einer Sicht der Dinge, die überall nur isolierte Einzelteile sieht. Wie könnten wir eins werden, ohne die Wirklichkeit als ganzheitlich zu sehen?

Doch der Hunger nach einem holistischen Weltbild läßt leicht über das Ziel hinausschießen. *Alles ist eins* wird dann zu einer reinen Leerformel, zu einer zuckersüßen Soße, die über alles gegossen wird und sämtliche Konturen und Unterschiede verwischt. *Der holistische Himmel liegt nicht gleich um die Ecke*, warnen Kritiker. Tatsächlich ist es ein Irrtum zu glauben, ein holistisches Weltbild führe direkt in einen Himmel, in dem alles in wunderbarer Harmonie geordnet ist.

Die Wirklichkeit, auch eine ganzheitlich gesehene, ist nicht nur Ordnung, sondern auch *Chaos*. Davon wissen die wissenschaftlichen Wetterfrösche ein Lied zu singen. Wetterprognosen über einen längeren Zeitraum sind trotz bester Meßinstrumente und ausgeklügeltster Computer sehr unzuverlässig. Das liegt daran, daß sich die Luftmassen über der Erde nach Regeln bewegen, die so «chaotisch» sind, daß sie sich nicht vorhersagen lassen.

Dieses und ähnlich chaotische Phänomene sind eine Herausforderung für die Mathematiker. Das ist auf den ersten Blick eher erstaunlich, geht man doch im allgemeinen davon aus, das mathematische Universum sei in höchstem Maße wohlgeordnet. Doch dem ist nicht immer so. Da gibt es zum Beispiel das Problem der *Grenzverläufe*. Nehmen wir als Beispiel eine Rechenoperation, die wir beliebig weiterführen können – nach dem Muster: Zähle zu einer Zahl x eine Zahl y, nimm die Summe wieder als x und zähle erneut y dazu und so fort. Nehmen wir ferner an, das Ergebnis dieser Operation sei nie kleiner als null und nie größer als eins.

Am Anfang wird die Kurve, auf die wir die Ergebnisse der einzelnen Rechenschritte eintragen, schön regelmäßig verlaufen. Doch je näher wir uns den Grenzwerten nähern, desto chaotischer wird der Verlauf der Kurve. Manchmal gibt es Sprünge zurück, dann wieder welche vorwärts. Die Sprünge können groß oder klein sein. Theoretisch läßt sich der Verlauf dieser Kurve keineswegs immer vorhersagen.

Zum Glück gibt es heute Computer. Damit kann die Praxis an die Stelle der Theorie treten, indem der Computer einfach immer weiterrechnet. Heraus kommen natürlich immer Zahlen, und die sind bekanntlich oft nicht gerade anschaulich. Zahlen kann man sichtbar machen, indem man sie in ein grafisches Bild überträgt. Wenn die Rechnungen immer weitergehen, entsteht ein bewegtes Bild auf dem Bildschirm des Computers.

Solche Bilder nennt man *fractals*. Sie zeigen auf den ersten Blick tatsächlich bewegtes Chaos, Strudeln fließenden Wassers gleich. Tatsächlich ist das Fließen von Wasserströmen ein Anwendungsgebiet der Chaos-Theorie, wie auch das Problem der Klimaforschung in erster Linie eines von fließenden Luftmassen ist.

Doch dann zeigt sich in den Bildern plötzlich eine ungeahnte harmonische Schönheit. Aus Chaos ist eine Ordnung auf höherer Ebene entstanden. Chaos wird dann zu einer Ordnung, die wir einfach noch nicht erkennen können. Durch die Umsetzung von Zahlen in Bildern wird ein Stück dieser Ordnung sichtbar. Oft genug ist diese rätselhaft. So enden Seitenarme des Strudels immer in einer charakteristischen Form, die einem Apfelbäumchen ähnlen, aber auch den Umrissen einer menschlichen Figur, weshalb sie nach ihrem Entdecker auch Mandelbrot-Männchen genannt werden. Und noch erstaunlicher: Vergrößern wir diese Ränder, dann werden an den Rändern der Mandelbrot-Männchen neue Apfelbäumchen sichtbar – und bei jedem Schritt wieder. Eine Erklärung für dieses phantastische Phänomen gibt es noch nicht. Die abstrakteste Wissenschaft, die Mathematik, führt hier in Regionen, in denen nur ehrfürchtiges Staunen bleibt.

Es gehört gar nicht viel Phantasie dazu vorherzusagen, daß die *fractals* eine mindestens ebenso starke Auswirkung auf unser Weltbild haben werden wie die Entdeckung der Holographie. Die *fractals* sind erst vor wenigen Jahren entdeckt worden, weshalb ihre Wirkung noch gar nicht abschätzbar ist.

Alles Leben, alles Bewußtsein ist Fließen. Es gibt keine festen Formen. Das wußte schon *Laotse*, der in seinem schmalen Bändchen «Tao Te King» vor über zweitausend Jahren dieser Sicht der Wirklichkeit eine bis heute unübertroffene sprachliche Form gab. Die moderne Physik gibt ihm völlig recht.

Damit erhält das Bild der fließenden Strudel in den *fractals* eine Aktualität, die weit über den Bereich der reinen Mathematik hinausreicht. Vielleicht ist es das fortgeschrittenste Modell von Wirklichkeit, über das wir heute verfügen.

Es gibt ein weiteres Phänomen im Zusammenhang mit den *fractals*, das schon heute sehr anregend wirkt. Wir können bei seiner Beschreibung auf Mathematik verzichten und ganz im Bild der fließenden Strudel bleiben. Wie bei einem Fluß aus Wasser haben wir die Möglichkeit, hier ein bißchen zu stauen und dort einen Stein aus dem Weg zu räumen, um dann zu gucken, ob sich an der Richtung des Flusses oder an seiner Fließgeschwindigkeit etwas ändert.

In unserem üblichen Weltbild würden wir davon ausgehen, daß massive Eingriffe auch massive Veränderungen zur Folge haben, während ganz sanfte Eingriffe nur wenig ändern. Doch die *fractals* verhalten sich nicht so. Ein massiver Eingriff kann gar nichts bewirken, ein sehr sanfter dagegen ungeahnte Folgen haben. Wann was geschieht, läßt sich nicht vorhersagen.

Übertragen wir das Bild auf unsere Lebenswirklichkeit, dann enthält es eine zweifache Botschaft. Es lehrt uns Bescheidenheit – denn wir wissen nie, ob unsere noch so gut gemeinten Aktionen den gewünschten Erfolg haben werden. Und es erinnert uns an unsere Verantwortung: Der kleinste unüberlegte Gedanke kann ungeahnte Folgen haben. Wo jedes einzelne Wesen eine wichtige Bedeutung haben *kann*, *ist* jedes Wesen wichtig. Der wissenschaftliche Name für dieses Phänomen lautet übrigens *Schmetterlings-Attraktor*. Wenn ein Schmetterling im Golf von Mexiko einmal mit dem Flügel schlägt, kann dies möglicherweise über eine lange Kette von Ursache und Wirkung einen Wirbelsturm über der Nordsee verursachen ...

* * * * * * *

Alle vier skizzierten Weltbilder, die aus der klassischen Wissenschaft stammen, aber über diese weit hinausgehen, enthalten also eine ähnliche Botschaft. Die *Gaia-Hypothese* verweist die Menschheit auf die Chance, zum wirklichen Gehirn dieses Planeten zu werden – und auf die damit verbundene Verantwortung. Die Theorie von den *morphogenetischen Feldern* macht deutlich, daß sich diese Verantwortung auch auf unser Fühlen und Denken bezieht, also nicht zuletzt darauf, mit welchen Weltbildern wir die Wirklichkeit betrachten. Wie in einem *Hologramm* ist in jedem von uns das Ganze enthalten. Auch hier ist die Frage, wie dies geschieht, eine persönlicher Verantwortung. Und die weiterführenden Gedanken zu den *fractals* sagen klar, daß es auf mich ankommt, daß ich davon ausgehen muß, mein Beitrag für das Ganze könnte wichtig sein.

Damit sind wir unversehens wieder bei der Grundfrage des letzten Kapitels gelandet: Wer ist dieses *Ich*, das Verantwortung trägt – und wie sieht diese Verantwortung aus?

Erinnern wir uns an das Modell ineinander verflochtener Bewußtseinsebenen und an den Platz im Zentrum, den das Ich dabei einnahm (das ist nur eine Frage der Perspektive ...). Wir haben dabei das Bild eines *Netzes* verwendet. Ein Netz besteht aus in sinnvollen Mustern verwobenen Fäden oder Schnüren, die sich in den Knotenpunkten treffen. So ist auch unser Gehirn aufgebaut: Die Knoten sind die Gehirnzellen, die Fäden sind die Verbindungen zu anderen Gehirnzellen.

Auch in unserem Bild des Netzes, das vom universalen Bewußtsein gebildet wird, gab es solche Knotenpunkte – die Interferenzen zwischen Bewußtseinswellen. Jedes Ich ist ein solcher Knotenpunkt und gleichzeitig ein Faden – so wie eine Gehirnzelle gleichzeitig ein Knotenpunkt ist, in dem die Informationen aus 5000 Faden-Verbindungen zu anderen Zellen zusammenlaufen (so viele Verbindungen weist eine durchschnittliche Hirnzelle auf), und wiederum Informationen an größere, aus vielen Zellen gebildete Regionen des Gehirns abgibt.

Ein Knotenpunkt in einem Netz, in dem Informationen weiterfließen, ist also immer Empfänger und Sender zugleich. Das gilt für eine Gehirnzelle ebenso wie für ein Ichbewußtsein. In der Kommunikationsforschung gibt es zu dieser Doppelrolle ein schönes Bild, jenes vom *Schleusenwärter*. Dieser trägt die Verantwortung dafür, welcher Teil des Wassers gestaut wird und welcher weiterfließen kann. Das Bild läßt sich auf das Fließen von Informationen übertragen.

Der typische Schleusenwärter ist der Redakteur einer Zeitung oder eines Fernsehsenders. Auf seinem Tisch landen unzählige Informationen aus unterschiedlichen Quellen, von Agenturen und Korrespondenten. Aufgabe des Redakteurs ist es, diesen Informationsstrom zu *filtern*. Er muß darüber entscheiden, welche Informationen es wert sind, in die Zeitung oder in die Tagesschau zu kommen, und was direkt in den Papierkorb wandern kann. Und er muß eine *Form* finden, in der die ausgewählten Informationen zum Publikum weiterfließen sollen.

Das ist seine/ihre Verantwortung. Dieselbe Verantwortung haben wir alle. Wir können und müssen entscheiden, welche der Informationen, die uns von einfacheren, ähnlichen und komplexeren Bewußtseinsebenen erreichen, wir in welcher Form weitergeben wollen. Wir sind weit davon entfernt, das ganze Spiel so weit zu durchschauen, daß wir feste Regeln kennen könnten, nach denen wir unser Schleusenwärter-Amt am besten wahrnehmen. Es bleibt uns nichts anderes übrig, als diese Maßstäbe in uns selbst zu finden.

Wenn wir uns selbst als Krone der Schöpfung erleben, als Spitze der evolutionären Pyramide, dann sehen wir uns als letztlich einsame, isolierte Einzelwesen, nach denen nichts mehr kommt. Unter solchen Voraussetzungen macht es Sinn, uns selbst als den Maßstab aller Dinge zu betrachten und einzig und allein auf unseren eigenen Vorteil zu achten. So verhalten wir uns – zu oft.

Wenn wir aber davon ausgehen, daß wir nicht nur die Spitze, sondern auch die Basis einer auf den Kopf gestellten Pyramide sind, wenn wir annehmen, wir seien beispielsweise einzelne Zellen des sich erst bildenden Gehirns von Mutter Erde, dann wird unsere Verantwortung eine ganz andere – dann ergeben sich die Maßstäbe aus dem Wohl des Ganzen. Und wenn wir mit all unseren Gedanken dazu beitragen, morphogenetische Felder zu bilden, die sich auf unsere Nachkommen auswirken werden, dann müssen wir dafür sorgen, daß die Wellen, die wir nach dem Passieren unserer Schleuse weiterschwingen lassen, Harmonien bilden und nicht Dissonanzen.

Diese beiden Perspektiven – die Spitze der Pyramide zu sein, nach der nichts mehr kommt, oder ein Knotenpunkt in einem Netz, der nach allen Seiten Verbindungen hat – finden ihre Parallele in den beiden Bildern vom *Ego* und vom *Ich*. Das sind Begriffe, die oft verwechselt und durcheinandergebracht werden. Deswegen komme ich nicht umhin, genauer zu erläutern, was ich damit meine.

Das *Ego* wird in den meisten Schulen, die zu spiritueller Erleuchtung führen sollen, als der Hauptfeind jeden Fortschreitens auf den geistigen Pfaden zur Vollkommenheit bezeichnet – als Feind, den man am besten mit Stumpf und Stiel ausrottet. Gelingt dies nicht so einfach, was praktisch immer der Fall ist, entstehen Gefühle von Schuld und Unzulänglichkeit – typische Produkte des Egos. Gibt es einen kleinen Fortschritt, entstehen oft genug Stolz und Überheblichkeit *(Hurra, ich bin erleuchtet!)*, womit sich das Ego in dem Moment, wo man es überwunden glaubte, stark wie nie präsentiert.

Das Ego zu bekämpfen ist also auf jeden Fall eine sehr schwierige und mit großer Wahrscheinlichkeit sogar eine unlösbare Aufgabe: Der Wille, das Ego zu beseitigen, ist Teil eben dieses Egos – und nichts kann sich selber auslöschen.

Daß der Wille dazu unbeirrbar bei vielen Menschen stark vorhanden ist, liegt an den unübersehbar negativen Folgen einer Haltung, die das Ego in den Mittelpunkt rückt. Kernpunkt dieser Haltung ist die Wahrnehmung des eigen Ichs als feste physikalische Größe mit festen Grenzen und eingeschränkter Sinneswahrnehmung innerhalb des dreidimensionalen Raums und der linearen Zeit. *Alan Watts* hat dafür den bezeichnenden Begriff des *hautverkapselten Egos* gefunden: Alles, was innerhalb meiner Haut ist, bin ich, alles, was außerhalb ist, ist nicht ich – und die Grenze zwischen beidem ist starr und fest wie bei einer Metallkapsel.

Von diesem Selbstbild ausgehend kann ich gar nicht anders als alles ausschließlich danach zu beurteilen, was dem in der Hautkapsel eingeschlossenen Ego nützt und was ihm schadet. Und weil dieses Ego offensichtlich sehr schwach ist – sonst würde es keine Panzerung brauchen –, ist potentiell alles bedrohlich und muß durch starke Schutzwälle geschützt werden. Schutzwälle sind Grenzen – und Grenzziehungen sind die Lieblingsbeschäftigung des Egos.

Grenzen ziehen heißt immer in Entweder-oder-Kategorien denken: Es gibt nur die materielle Welt oder nur die geistige. Oder es ist unmöglich, daß etwas gleichzeitig richtig oder falsch sein kann. Ein hautverkapseltes Ego kann unser Modell von Bewußtsein nicht akzeptieren, denn Bewußtsein ist darin immer Interferenz und Welle, Knoten und Faden zugleich.

Doch die «Alternative», alle Grenzen niederzureißen, ist offensichtlich ebenso illusionär wie sinnlos. Unsere Wirklichkeit enthält nun einmal Grenzen – also können wir annehmen, daß sie auch Sinn machen, sonst wären wir alle längst im Nirwana. Auch hier handelt es sich ausschließlich um eine Frage der *Betrachtungsweise*: Grenzen müssen nicht dazu dienen, alles, was außerhalb davon liegt, abzuschotten, sie können ebensogut Orte der Begegnung, des Zusammenkommens, des Austausches sein. Nicht um die Beseitigung von Grenzen geht es also, sondern darum, diese *durchlässiger* zu machen.

Ein Bewußtsein mit deutlich vorhandenen, aber durchlässigen Grenzen heißt für mich Ichbewußtsein. Ich kann noch so sehr im Wissen darum leben, daß ich Teil eines Ganzen bin, mit diesem in all seinen Aspekten verbunden, und kann doch nicht darüber hinwegsehen, daß ich ein deutlich vom Rest des Ganzen *unterscheidbarer* Teil bin.

Würden die Knoten in einem Netz keinen Sinn machen, gäbe es nur Fäden. Im universalen Netz von Bewußtsein gibt es den Knoten Ich, also muß ich, wenn ich nicht gänzlich im Nihilismus versacken will, in dieser Tatsache grundsätzlich einen Sinn finden können.

Natürlich kann dieser Sinn nicht darin liegen, daß ich nur noch den Knoten wahrnehme und die Verbindungsfäden ignoriere. Aber ebensowenig macht es Sinn, die wahrnehmbaren Unterschiede zu ignorieren und mich nur noch als Teil eines großen Einheitsbreis zu erleben.

Das Ego fühlt sich ständig bedroht – es lebt im wesentlichen von der Angst vor dem eigenen Sterben und muß sich deshalb gegen außen abgrenzen. Das Ich sieht sich als identifizierbarer Teil des Ganzen, das für eine bestimmte Zeit an einem bestimmten Ort im kosmischen Netzwerk existiert und dort seine sinnvolle Funktion erfüllt. Welche Funktion das ist, kann nur jedes Ich für sich herausfinden. Doch allen Ichs, die mit dieser Souveränität ihre eigene Rolle im Ganzen definieren, sind einige Merkmale gemeinsam, die der Psychologe *Carl Rogers* auflistet:

1. Offenheit: Offenheit für die innere und äußere Welt, für neue Erfahrungen, Betrachtungsweisen, Lebensarten, Ideen, Konzepte.

2. Authentizität: Ablehnung von Heuchelei, Betrug, Doppelzüngigkeit; Kommunikation als Mittel, die Dinge darzustellen, wie sie sind.

3. Skepsis gegenüber klassischer Wissenschaft und Technologie, Befürwortung einer neuen «sanften» Wissenschaft, die nicht mehr der Unterjochung der Natur und der Kontrolle der Menschen dient.

4. Verlangen nach Ganzheit: Versuch, einer in Schubladen eingeteilten Welt zu entgehen, um zu einer Integration von Körper und Geist, Intellekt und Gefühl, Wissenschaft und Intuition, Individuum und Gruppe, Norm und Verrücktheit, Arbeit und Spiel zu gelangen.

5. Nähe: Intimität, gemeinsame Ziele werden gesucht, neue Formen der Kommunikation (verbal und nonverbal, emotional und intellektuell) werden erforscht.

6. Prozeßbewußtsein: Bewußtsein, daß Leben ständige Veränderung bedeutet; risikobereites Dasein, Wandel wird als lebendig erlebt.

7. Anteilnahme: Unaufdringliche, subtile, nicht moralisierende, nicht urteilende Form der Zuwendung und der Einfühlung.

8. Partnerschaftliche Einstellung zur Natur: Verbundenheit mit der elementaren Natur und Bereitschaft, sie zu schützen; die ökologische Einstellung bringt das Vergnügen mit sich, mit der Natur einen Bund einzugehen.

9. Skepsis gegenüber Institutionen: Unflexible, überstrukturierte, bürokratische Institutionen werden abgelehnt, wenn sie gegen statt für den Menschen eingesetzt werden.

10. Innere Autorität: Vertrauen in die eigenen Erfahrungen, Mißtrauen gegen äußere Autoritäten.

11. Unwichtigkeit materieller Dinge: diese sind nicht Ziel, sondern allenfalls Mittel.

12. Sehnsucht nach dem Spirituellen: Es wird nach einem Sinn und Ziel im Leben gesucht, das größer ist als das Individuum; Suche nach Erfahrungen anderer Bewußtseinszustände, die einem die Einheit und Harmonie des Universums erlebbar machen.

Das ist die Schilderung eines Ichs, das sich seiner selbst und seiner Rolle im Ganzen bewußt ist, das die Unterschiede und die Verbindungen gleichzeitig wahrnimmt. Es weiß um seine Verantwortung, ohne deswegen die Freude an und in der eigenen Existenz zu verlernen.

Egos können nicht eins werden, dazu sind die Grenzen zu starr. Ohne (durchlässige) Grenzen gäbe es nichts, was eins werden könnte. Ichs, sich ihrer selbst bewußt, sind die Formen von Bewußtsein, die sich zusammenschließen können zu einem Ganzen, das mehr ist als die Summe seiner Teile.

Teil III: Der Prozeß der Bewußtseinserweiterung:

DIE FLIESSENDE MITTE
ZWISCHEN DEN UFERN

Von allem, was zu Leid und Frommen,
bisher das Leben mir gebracht;
Ist manches unverhofft gekommen,
und manches hatt' ich überdacht;
Doch, seltsam! Wo ich schlau und fein
mich abgesorgt zu grauen Haaren;
Da bin ich meistens abgefahren,
und Unverhofftes schlug mir ein.

Annette von Droste-Hülshoff

Bewußtsein ist ein Netz aus schwingenden Wellenmustern, und irgendwo in den Knotenpunkten dieses Netzes «sitzt» unser individuelles Ichbewußtsein. Besser wäre natürlich: es schwingt. Diese Knotenpunkte sind vom Rest des Netzes keineswegs getrennt, sie stehen vielmehr in einer vielfältigen Beziehung zum ganzen Netz und zu Teilen davon. Nur die Illusion, unsere Identität bestünde aus einem hautverkapselten Ego, läßt uns diese Beziehungen übersehen. Sie sind immer da, und wir haben jederzeit die Möglichkeit, uns ihrer bewußt und bewußter zu werden. Das ist eine andere Umschreibung von Bewußtseinserweiterung.

Da Bewußtsein nie starr und fest ist, kann natürlich auch der Prozeß der Bewußtseinserweiterung nur als das Strömen eines Flusses erlebt werden. Das ist *nicht* unsere übliche Art, unser eigenes Bewußtsein zu erfahren. In uns sitzt ein tiefes Bedürfnis nach *Orientierungshilfen*, und diese können wir uns wiederum nur in Form eines *festen Haltes* vorstellen. Davon haben wir

Abschied zu nehmen, wenn wir uns wirklich auf den Prozeß von Bewußtseinserweiterung einlassen.

Dieser Abschied fällt leichter, als zu befürchten war. Auch für ein Schaumkrönchen auf einem dahinströmenden Fluß, als das wir unser Bewußtsein bezeichnet haben, gibt es Möglichkeiten der Orientierung – die Ufer. Sie geben Aufschluß über den momentanen Standort des fließenden Wassers. Aber das Wasser, das zu nahe ans Ufer kommt und dort festgehalten wird, wird brackig und faulig. Es verfehlt so seinen Sinn, der nur darin bestehen kann, weiterzufließen, bis es im Meer von der Sonnenenergie verdampft wird, hochsteigt und seinen Kreislauf von neuem beginnt.

Weil uns diese Art von fließendem Bewußtsein unvertraut ist, lohnt es sich, darüber etwas eingehender nachzudenken. Das trägt zum Abbau der Angst bei, das eigene Ich könnte im Strom des ganzen Bewußtseinsnetzes total untergehen. Es erlaubt einen anmutigen Tanz zwischen den polaren Gegensätzen. Und es schließt uns schließlich an die Kraft an, die den Prozeß von Bewußtseinserweiterung unter Dampf hält. Ein besseres Verständnis dieses geheimnisvollen Prozesses ist die Voraussetzung dafür, sich ihm ganz anvertrauen zu können.

6. Die hinderliche Rüstung
oder
Erwachen auf höherer Ebene

In den besseren Stunden
aber wachen wir so weit auf,
daß wir erkennen,
daß wir träumen.

Unbekannter Herkunft

Es waren einmal zwei tapfere Ritter. Sie hatten lange fair miteinander gekämpft, ohne daß einer von ihnen Sieger geworden wäre.
Beide hatten ihre einzigartigen Qualitäten, jeder nutzte sie auf
seine Weise. Sie waren so unterschiedlich, wie man es sich nur
vorstellen kann, bis hin zur Farbe ihrer Rüstung: Der eine trug
eine weiße, der andere eine schwarze. Doch in der Summe ihrer
Stärken und Schwächen waren sie sich absolut ebenbürtig.

Und weil beide Ritter nicht nur stark, sondern auch klug
waren, erkannten sie, daß es fortan keinen Sinn mehr machen
würde, gegeneinander zu kämpfen. Zusammen, das sahen sie
beide, würden sie unschlagbar sein, das stärkste Team in der
Geschichte der Ritter. Es gab in ihrer Welt ausreichend Gegner,
die sie gemeinsam bekämpfen, ausreichend Ideale, die sie zusammen verfolgen konnten.

Zum Zeichen ihres neuen Bundes wollten sie sich umarmen,
wissend darum, daß in der Umarmung Kraft und Stärke zwischen
ihnen fließen würde. Das Ergebnis des Versuchs war ein lautes
Krachen und Scheppern. Sie hatten vergessen, ihre Rüstungen
auszuziehen ...

Das ist ziemlich genau die Situation, in der wir uns jetzt befinden. Mit «wir» meine ich die Menschheit als Ganzes, aber auch Sie und mich, die wir schon eine beträchtliche Reise durch unser Bewußtsein gemeinsam zurückgelegt haben. Wir haben unsere gemeinsamen Wurzeln in der Geschichte der Evolution freigelegt. Wir haben gesehen, daß wir alle Knotenpunkte im großen Netz des universalen Bewußtseins sind. Wir haben neue Weltbilder kennengelernt, die uns alle auf unsere Verantwortung für das Ganze verweisen, aber auch auf die Chancen, die darin liegen, offen für die vielfältigen Verbindungen zu anderen Formen von Bewußtsein zu werden.

Wäre es damit nicht endlich Zeit, ganz in den Prozeß der Einswerdung einzusteigen? Gemach, gemach. Wir haben zwar begriffen, daß dieser Prozeß nicht nur unvermeidlich ist, wenn wir als Gattung Mensch auf diesem Planeten in Würde überleben wollen, sondern auch ungeahnte und erfreuliche Perspektiven eröffnet. Wie bei den beiden Rittern ist die Einsicht da, daß die Fortsetzung des gewohnten Kampfes sinnlos geworden ist. Doch noch tragen wir unsere Rüstungen.

Zum Schluß des letzten Kapitels tauchte die Unterscheidung zwischen Ego und Ich auf. Das Ego entspricht den Rittern in den Rüstungen, das Ich verweist auf den Zustand der Nacktheit und Offenheit. Es bedarf keiner weiteren Begründung dafür, daß nur dieser Zustand es uns Menschen ermöglicht, eins zu werden. Rüstungen sind dafür ein unüberwindliches Hindernis. In unserem Bewußtsein müssen die Panzer erst fallen, bevor wir die Fühler zu einem anderen Bewußtsein ausstrecken können, denn Fühler können eine starre Rüstung nicht durchdringen.

Gesagt, getan. Doch wie? Das ist die Frage, die uns jetzt beschäftigen wird. Ohne Bewußtseinserweiterung gibt es kein Einswerden. Nur – wenn es so einfach wäre, diese Voraussetzung zu erfüllen, dann wären wir weiter. Es gibt dafür keine einfachen Patentrezepte, auch wenn auf dem Markt der Heilslehren mit großer Lautstärke dafür geworben wird. Diese marktschreierischen Angebote stiften eine Menge Verwirrung. Zeit also, wieder etwas mehr Klarheit zu schaffen.

Die negativen Folgen von Egoismus sind offensichtlich. Wer zwischen sich und dem Rest der Welt eine scharfe Grenze zieht, reduziert alle offenen Entscheidungen auf ein simples Muster: Nützt es mir oder schadet es mir? Wenn es der eigenen Bequemlichkeit dient, werden auch die unnötigsten Autofahrten unternommen, auch wenn damit die Luft verpestet wird. Und das Schicksal der Hungernden in der Dritten Welt geht einen schließlich nichts an.

Das Zusammenleben der Menschen untereinander und mit der Natur wird zusätzlich durch eine subtilere Eigenschaft von Egoismus erschwert. Ein hautverkapseltes Ego mit seinen starren Grenzen gerät logischerweise in Panik, wenn *innerhalb* dieser Grenzen etwas Bedrohliches auftaucht. Auf dem engen Raum innerhalb der Grenzen des Egos ist kein Platz für einen anständigen Kampf, alles «Negative» wird zur existentiellen Bedrohung. Also gibt es nur eine Lösung: raus damit!

Und weil das Bedrohliche mit dieser Ausmistaktion nicht einfach aus der Welt geschaffen ist, muß Ego es jemand anderem anhängen. Das Muster kennen wir alle vom Kartenspiel «Schwarzer Peter»: Gerät diese Karte in unser Blatt, haben wir nur ein Bedürfnis – sie so schnell wie möglich an einen anderen Mitspieler weiterzureichen.

Wir haben jede Menge solcher Karten in uns. Eine heißt zum Beispiel *Chaos*. Wir haben gelernt, daß nur Ordnung unserem Ego eine Chance gibt zu überleben. Chaotische Regungen in uns selbst machen deshalb angst. Also hängen wir die Karte «Chaos» anderen an, etwa der Natur. Weil es durch diese Auslagerung nicht weniger bedrohlich wird, müssen wir das Chaos jetzt in der Natur bekämpfen. So zwängen wir die wild fließenden Flüsse in ein Betonbett und zerstören den Lebensraum vieler Lebewesen. Und so sprühen wir tonnenweise Chemie auf den Erdboden, um die letzten Reste von Unkraut zu beseitigen.

Dieser Prozeß der Auslagerung bedrohlicher Kräfte wird auch *Projektion* genannt. Auf eine weiße Leinwand, die nichts dafür kann, projizieren wir unsere Bilder. Eine beliebte Projektionswand sind unsere Kinder. Weil wir das Chaos in uns als bedrohlich empfinden, müssen wir es auch bei unseren Kindern mit Stumpf und Stiel ausrotten. Das Ergebnis ist Dressur statt Erziehung.

Und natürlich entstehen genauso auch Kriege. Weil wir Angst

117

vor den aggressiven, bösen Neigungen in uns haben, projizieren wir sie auf unsere Gegner. So werden *diese* böse, und wir fühlen uns bemüßigt, ihnen den Schädel einzuschlagen.

Das real existierende Ego hat zweifellos schlimme, oft genug entsetzliche Dinge produziert. Die Folgen von rücksichtslosem Egoismus füllen Bibliotheken, weshalb es wenig Sinn macht, hier noch mal einen Band hinzuzufügen. Kein Wunder, daß manche Kulturpessimisten den Menschen als einen Irrtum der Evolution betrachten.

Ebensowenig ist es erstaunlich, daß die meisten Religionen eine Überwindung des Egos predigen. Dazu gehören keineswegs nur die östlichen Religionen, sondern auch das Christentum, das in seinem Kern die selbstlose Liebe fordert – ein unglücklicher Begriff, mit dem viel eher die egolose Liebe gemeint ist.

Es gibt wenige Menschen, die von dieser Botschaft nicht angerührt werden, die zumindest in guten Momenten nicht den ernsthaften Versuch unternehmen, ihr Ego zu überwinden. Von einigen erleuchteten Ausnahmen abgesehen ist das Ergebnis solcher Anstrengungen immer klägliches Scheitern. Das einzige Resultat sind Schuldgefühle, die nun ihrerseits zu den verhängnisvollsten Produkten des Egos gehören.

Alle Versuche, das eigene Ego abzuschaffen, sind Versuche des Egos selbst, auch wenn sie aus dem Gefühl des Müssens oder des Wollens entstehen. Doch kein lebendes Wesen kann sich, wenn es einmal in der Welt ist, durch reine Willenskraft aus der Welt schaffen. Auch die Möglichkeit des Selbstmordes spricht nicht gegen diese Aussage: Aus der Welt geschafft wird nur der Körper, der Träger des Egos. Daß sich das Ego selbst auf direkte Art überwinden kann, ist unmöglich. Es ist sogar noch schlimmer: Alle Energie, die beim Versuch, das Ego frontal anzugehen, aufgebracht wird, verpufft nicht irgendwo im Nichts, sie stärkt nur das angegriffene Ego.

Bleibt nach der ehrlichen Einsicht, das Ego ließe sich nicht aus der Welt schaffen, also nur stille oder laute Resignation? Ich persönlich betrachte diese Einsicht statt dessen lieber als Aufforderung, noch einmal genau hinzugucken. Macht es überhaupt Sinn, das Ego abzuschaffen?

Zunächst einmal: Hätten sich unsere Vorfahren gänzlich egolos auf die Wiese gelegt und das Gefühl grenzenlosen Einsseins mit allem genossen, dann gäbe es uns nicht. Die Abgrenzung der eigenen Person (oder des eigenen Stammes) war eine schlichte Überlebensnotwendigkeit. Der Antrieb, überleben zu wollen, ist nicht nur nicht negativ, er ist eines der Geschenke des Egos.

Allerdings müssen wir *diesem* geschenkten Gaul sehr wohl ins Maul schauen. Oder noch besser auf sein Sattelzeug. Denn der ererbte Sattel hat längst angefangen, sich gegen das Pferd selber zu wenden. Wenn heute im fernen Tschernobyl ein Atomkraftwerk in die Luft fliegt, leiden wir hier unter dem radioaktiven Fallout. Wenn wir aus einer Laune heraus am liebsten tropische Hölzer im Wohnzimmer stehen haben, beeinträchtigt das massenhafte Abholzen der Regenwälder auch unsere Sauerstoffversorgung. Und wenn wir, um kurzfristig mehr Nahrungsmittel zu produzieren, die dünne Schicht fruchtbarer Erde mit Gift verseuchen, haben wir morgen nichts mehr zu essen.

Gegen den Willen zum Überleben ist nichts einzuwenden, aber um ihn erfolgreich einzusetzen, müssen wir ihn zwangsläufig klüger einsetzen. Klugheit bedeutet in diesem Zusammenhang Weitsichtigkeit. Der kurzsichtige Blick, der nicht über die eigene Nasenspitze hinausreicht, genügt nicht mehr. Er muß weiter hinausschweifen, weiter hinaus in den Raum und in die Zeit, wenn der Anspruch auf Überleben eingelöst werden soll.

Das Ego hat nicht nur solche einfachen Antriebe zu bieten. Jeder ernsthafte und ehrliche Künstler beispielsweise wird ohne weiteres zugeben, daß er bei seinen Schöpfungen nicht primär daran denkt, der Welt ein Geschenk zu machen, sondern schlicht an sich. Da ist etwas in ihm, was in einer künstlerischen Form ans Tageslicht will. Er spürt den Ehrgeiz, ein besonders gutes Werk zu schaffen, und wenn es ihm gelungen ist, ist er stolz auf sich. Mitteilungsdrang, Ehrgeiz, Stolz – alles Eigenschaften des Egos.

Und wenn wir ganz ehrlich sind, geben auch jene Momente, in denen wir ganz selbstlos handeln, unserem Ego einen Kick. Ein Geschenk zu machen bereitet bekanntlich dem Schenkenden mindestens ebensoviel Freude wie dem Beschenkten. All das sollen wir einfach über Bord werfen?

Nein, nicht die Existenz des Egos ist falsch, nicht das Vorhandensein von Grenzen. Das Problem entsteht erst, wenn diese

Grenzen erstarren, wenn sie undurchlässig werden. Dann wird alles innerhalb dieser Grenzen absolut, wird zum obersten und einzigen Maßstab. Grenzen aufzuweichen bedeutet, zu akzeptieren, daß es das Ego gibt, aber zu wissen, daß das nicht alles ist. Relativieren ist eine präzise Übersetzung für das Aufweichen der verhängnisvollen starren Egogrenzen.

Relativieren statt eliminieren – das ist für unser Verhältnis zum Ego eine sehr viel sinnvollere und eine sehr viel realistischere Zielvorgabe. Wie aber macht man das?

Von Archimedes, einem klugen Kopf des antiken Griechenland, stammt der Ausruf: *Gebt mir einen Punkt außerhalb der Erde, und ich werde sie aus den Angeln heben!* Diesen Punkt haben wir zum Glück noch immer nicht, aber wir haben die Möglichkeit, die Erde *von außen* anzuschauen und sie so ganz neu sehen zu lernen. Genau das ist der springende Punkt: Wenn wir das Ego relativieren wollen, benötigen wir einen Punkt außerhalb.

Wenn wir des Nachts träumen, wissen wir meistens nicht, daß wir träumen. Im Moment des Träumens ist für uns die Traumrealität die einzige Wirklichkeit. Dann erwachen wir, und wenn wir nicht völlig verbohrt sind, wissen wir noch immer, daß die Realität des Traumes eine bestimmte *Ebene* der Wirklichkeit ist. Aber es ist nicht mehr die *einzige* Ebene.

Genauso verhält es sich mit dem Ego. Solange wir mitten drin stecken, ist seine Wirklichkeit die einzige. Und das verschließt uns jede Möglichkeit der Relativierung.

Aus den Berichten von Menschen, die vom Tod gestreift wurden, ist das Phänomen des *Lebensfilms* bekannt: In Blitzesschnelle saust das ganze gelebte Leben vor dem inneren Auge vorbei wie ein Film auf der Leinwand. Und die betroffenen Menschen erleben sich nicht als Schauspieler auf der Leinwand, sondern als Zuschauer. Sie haben den Punkt außerhalb ihres Egos gefunden.

Es braucht sich nicht immer um so extreme Situationen zu handeln. In jedem Menschen schlummert die Fähigkeit, sich selbst ungeschminkt zu betrachten – also genau jene Tätigkeit des Beobachtens auszuüben, die wir im vierten Kapitel als die zentrale Funktion des *Ichs* herausdestilliert haben. Wenn diese

Fähigkeit nicht völlig verschüttet ist, wird aus diesem Beobachten kein Bild resultieren, das nur in Weiß oder nur in Schwarz gehalten ist. Statt dessen werden Grautöne in allen Schattierungen dominieren.

Dann sehe ich selbst beispielsweise – und ich schätze, das wird Ihnen nicht viel anders gehen –, daß ich ehrgeizig sein kann *und* bescheiden, stolz *und* demütig, intelligent *und* doof, aggressiv *und* friedlich. Und es gibt nicht eine meiner angeblich so verachtenswerten Egoeigenschaften, die nicht manchmal sinnvoll ist – allerdings nur, wenn sie zur richtigen Zeit am richtigen Ort im richtigen Maß eingesetzt wird.

Bevor ich jedoch auch nur daran denken kann, Maßstäbe dafür zu entwickeln, wann welche Eigenschaft, oder besser, welche Antriebskraft, welche Energie meines Egos wann wo in welchem Maß richtig wirken soll, muß ich dieses Ego kennenlernen, nackt, ungeschminkt, ohne Masken und ohne Rüstungen. Das ist beileibe nicht immer angenehm. Manchmal droht unsere ganze Identität zusammenzubrechen, wenn wir sagen müssen: *So bin ich!* Und das macht natürlich angst, führt dazu, daß wir doch lieber ein Bild in übertriebenem Weiß (und oft genug auch in übetriebenem Schwarz) malen. Doch wie anders als durch ehrliche Selbsterkenntnis sollen wir dazu kommen, an die Stelle der Frage: *Welche Energien meines Egos finde ich gut und welche schlecht?* die Frage zu rücken: *Was mache ich mit jeder der vorhandenen Energien?*

Für diesen nicht leichten, aber unumgänglichen Blick auf das eigene Ego gibt es übrigens eine einfache Hilfe, nämlich das kleine Wörtchen *auch*. Bei allem, was ich dann erblicke, brauche ich nicht mehr zu sagen, «So bin ich !», sondern kann es als «So bin ich *auch*»! formulieren. Das hilft, nicht in ein bodenloses Loch von Unzulänglichkeitsgefühlen abzustürzen, wenn eine weniger hübsche Sache ins Blickfeld gerät, und es bewahrt davor, allzusehr abzuheben, wenn etwas Liebenswertes auftaucht.

Und vor allem resultiert aus diesem Prozeß des *Erwachens* (das klingt nicht zufällig wie *erwachsen werden*) die Relativierung des Egos. Tatsächlich sind ja Menschen immer wieder über sich selbst, und das heißt über ihre egoistischen Strebungen, hinaus-*gewachsen*, wenn es galt, eine Not abzuwehren oder sich für ein

Ideal einzusetzen. Das passiert nicht nur Ausnahmemenschen, sondern ist tägliche Realität, genauso, wie es zum Alltag gehört, sich von Energien des Egos leiten zu lassen.

Die Erkenntnis der doppelten Natur des eigenen Egos als sinnvollem Antrieb sowie als Instanz, die auch entmachtet werden kann, ist die Voraussetzung dafür, sich mit dem eigenen Ego *auszusöhnen*, sich ihm nicht mehr blind zu unterwerfen, aber es auch nicht mehr pauschal zu bekämpfen. Und diese Versöhnung wiederum steht am Anfang des Erwachens des Ichs.

Und schon wieder dräut Gefahr. Im richtigen Bemühen, das eigene Ego erkennen zu wollen, wird es durch das Zoom-Objektiv des Ichs ganz nah herangeholt. Doch der Sinn eines Zoom-Objektivs an einer Foto- oder Filmkamera erschöpft sich nicht darin, Objekte ganz nah heranzuholen. Man muß auch wieder zurück zoomen können, um einen besseren Überblick zu gewinnen, um das Nahobjekt in seiner Umgebung sehen zu können. Dann wird sehr schnell deutlich, daß das Ego da ist, aber daß es nicht das ganze Ich ausmacht.

Das entscheidende Ereignis beim Übergang von der Perspektive des Egos zu jener des Ichs ist das Durchlässigwerden der Grenzen, das Gewahrsein der Verbindungen. Ich brauche nur einen einzigen Atemzug bewußt zu tun und mir seine Verbindungen zu den Bäumen draußen vor dem Fenster zu vergegenwärtigen und deren Verbindungen zu den ganzen ökologischen Kreisläufen des Lebens auf dieser Erde, und schon wird mir beinahe schwindlig – vor Staunen und vor Glück.

Dann taucht noch meine Verbindung zum Bäcker und Müllmann vor meinem geistigen Auge auf sowie deren Verbindungen – und die Vorstellung eines hautverkapselten Egos bricht zusammen wie ein Kartenhaus.

Nicht etwa die Vorstellung der Existenz eines Egos, nur die von dessen Abkapselung. Und damit können wir das Egothema auch verlassen und uns erneut dem Ich zuwenden, dessen Teil das Ego ist.

Auch wenn ich mir aller Verbindungen gewahr bin, auch wenn ich mich als Teil des großen Netzes erlebe, weiß ich, daß der Knotenpunkt im Netz, den ich bilde, etwas Besonderes ist – besonders nicht im Sinne von besser, sondern schlicht von andersartig. Ich bin anders als Sie, Gott sei Dank, denn sonst wäre die Erde ein reichlich langweiliger Ort.

Was heißt hier anders? Nur wenige begnadete Menschen weisen eine einzelne Eigenschaft auf, die sie von allen anderen unterscheidet. Dazu muß man schon Michelangelo oder Beethoven sein. Die einzelnen Elemente, die einzelnen Wellen, die unser Bewußtsein bilden, sind allen Menschen gemeinsam. Aber jeder Mensch weist seine eigene, unverwechselbare *Mischung* aus diesen Elementen auf. Die Mischung macht's.

Diese Erkenntnis ist ein ganz wesentlicher Schritt auf dem Weg der Einswerdung durch Bewußtseinserweiterung. Sie wendet den Blick nämlich ganz automatisch nach außen: Nur im Vergleich mit anderen Mischungen kann ich meine eigene richtig erkennen.

Beim Wort «Vergleich» denken wir schnell an einen wertenden Vergleich: höher, weiter, schneller – besser. Doch darum kann es nicht gehen. Angenommen, es macht Sinn, daß *meine* Mischung existiert, so wie sie ist, dann ist es ein Gebot der Logik zu folgern, daß auch alle *anderen* Mischungen Sinn machen. Diese Haltung fördert Offenheit und Neugier – die besten Voraussetzungen für Kontaktaufnahme und Verbindung.

Mischung woraus eigentlich? Aus Talenten und Neigungen, aus Erlebnissen und Erinnerungen, aus Gefühlen und Gedanken, aus Sinneseindrücken und Sinnerfahrungen. Und woher stammt das alles? Aus unseren Genen und von unseren Eltern, aus Gedanken, die vor dreitausend Jahren gedacht worden sind, und aus der Tageszeitung von heute, aus Träumen und aus Zuständen extremer Wachheit. Mit anderen Worten: Keineswegs nur aus uns selbst im Sinne enger Egogrenzen. Ganz im Sinne der Holographie bildet jede(r) von uns auf ihre (seine) Weise ein Abbild des Ganzen, des ganzen Planeten und seiner Lebensformen, der ganzen Menschheit samt ihrer Geschichte – und darüber hinaus des ganzen Bewußtseinsnetzes, das Ebenen enthält, die wir nur ahnen können.

Nicht die Fäden des Netzes machen unsere unverwechselbare Identität aus. Das Ich ist der Ort, wo sie zusammenkommen. Sie können nur an diesem Ort auf eben diese Weise zusammenkommen. Das ist der Sinn unserer individuellen Existenz.

Wir können die Geschichte auch umgekehrt betrachten: Nur von diesem Ort aus läßt sich das Netz genauso betrachten. Jeder andere Ort bringt eine andere Perspektive mit sich. Gäbe es diesen Ort nicht, gäbe es dieses Ich mit seinem ganz speziellen Blickwinkel nicht, dann wäre das Netz an dieser Stelle blind. Es ist natürlich eine kühne Behauptung, aber es scheint so, als ob das Bewußtseinsnetz als Ganzes der Devise folgen würde: Viele Augen sehen mehr als wenige.

Da wären wir wieder an einem Ausgangspunkt angelangt. Sie erinnern sich: Die Mischung ist flüchtig. Nichts von dem, was durch unser Bewußtsein zieht, hat Bestand, alles befindet sich in stetigem Fluß. Das einzig Konstante ist die Tätigkeit des Beobachtens. Das Ich, reduziert auf seinen Kern, beobachtet – auf seine einzigartige Weise. Je weiter das Blickfeld reicht, desto besser. Abwechslung macht nicht nur das Leben süß, sondern auch das Beobachten.

Jetzt wird auch klar, warum Einswerden eng mit Bewußtseinserweiterung zusammenhängt: Zwei Beobachter haben zusammen ein weiteres Blickfeld als einer. Und so fort. Je mehr wir unsere Beobachtungen austauschen, desto weiter wird das Bewußtsein, an dem wir teilhaben.

Und das soll das ganze Geheimnis sein – oder vielleicht der ganze Witz? Im wesentlichen ja, aber vorerst bleibt noch ein weit verbreitetes Mißverständnis zu klären. Beobachten hat für uns nämlich einen weitgehend passiven Klang. Wenn wir den Zustand unserer Welt ansehen, kann es aber wohl kaum nur darum gehen, Nabelschau zu betreiben und Däumchen zu drehen.

Wieder hilft das Bild vom Schleusenwärter weiter. Dieser beobachtet die ankommenden Schiffe, prüft, ob sie zur Weiterfahrt berechtigt sind, und öffnet dann die Schleuse – oder auch nicht. Er hat keinen Einfluß darauf, welche Schiffe ankommen, wohl aber darauf, welche weiterfahren.

Zur Schleuse unseres beobachtenden Ichbewußtseins kommt auch eine Menge aktiver Energie. Wenn wir uns entschließen, sie weiterzulassen, werden wir aktiv. Wir entschließen uns, uns aktivieren zu lassen. Doch nicht die aktive Energie macht unser Ich aus. Das Ich läßt sie nur zu, genauso wie zu anderen Zeiten ruhigere, passivere Energien.

Damit stellt sich die Frage, nach welchem *Programm* wir diese Entscheidungen treffen. Im Zustand des Träumens wirken seltsame, unbeeinflußbare Programme. Solange wir mitten im Egobewußtsein gefangen sind, sind es die Programme des Egos. Und im Zustand des erwachten, offenen Ichbewußtseins? Gibt es da eine Möglichkeit der freien Wahl? Gibt es so etwas wie *Selbstprogrammierung*?

Die Antwort auf diese entscheidende Frage besteht weder aus einem ausschließlichen Nein noch aus einem klaren Ja. Wenn Programme unveränderlich wären, hätten wir heute noch weltweit die Einrichtung der Sklaverei. Nur weil die Menschheit beschlossen hat, ein anderes Programm sei höherrangig, gibt es kaum noch unverholene Sklavenhaltung – auch wenn noch einiges zu tun bleibt, um die versteckteren Formen zu überwinden. Dasselbe gilt auch für die persönliche Ebene: Ich kann, wenn ich Ärger in mir wahrnehme, diesen ungehemmt ausleben oder ihn für mich behalten, oder ihn produktiv nutzen. Wir haben nicht nur die Verantwortung des Schleusenwärters, wir haben auch die Freiheit, diese Verantwortung wahrzunehmen.

Wenn die Menschheit auf ihrem jetzigen Stand beharrt, ist Einswerden nur eine schöne Illusion. Das Erreichen der erwachten Ebene ist die Frucht einer bewußten Wahl.

Aber natürlich nicht nur. Ich kenne das aus eigener Erfahrung zur Genüge: immer wieder falle ich auf die Ebene von Egobewußtsein zurück, auch wenn ich es gar nicht will. Trotz meiner freien Wahl sehe ich dann nicht über den Tellerrand hinaus, bin in den endlosen Schlaufen der Egoprogramme gefangen.

Aber auch das Umgekehrte kommt vor. Plötzlich fühle ich mich wach, sehe mit klaren Augen, fühle mich frei – ohne daß ich mich dafür entschieden hätte. Manchmal erkenne ich einen momentanen äußeren Grund für diesen Zustand, das Lächeln eines geliebten Menschen oder die Intensität des Himmelsblaus. Und manchmal kann ich zurückblicken auf die Vorgeschichte eines solchen Augenblicks und darüber staunen, wie sinnvoll und folgerichtig der Strom der Ereignisse war, der mich dahin geführt hat.

Dann weiß ich: Was ich gerade empfinde, ist Ausdruck eines Musters, das weit über die Grenzen meines Ichs hinausreicht. Ich erlebe ihn als Geschenk, das nichts damit zu tun hat, daß ich es verdient hätte. Kurzum, es handelt sich um Augenblicke, in denen mir der alte Begriff der *Gnade* Sinn macht.

Bewußtseinserweiterung ist *beides*, Selbstprogrammierung *und* Gnade. Zwischen beiden Polen schwingt sie hin und her. Diese Einsicht ist selbst ein gewaltiges Stück erweitertes Bewußtsein: Es gibt kein dauerhaftes Entweder-Oder, nur das Schwingen zwischen Polen. Weil diese Erkenntnis unabdingbar zur erwachten Ebene von Bewußtsein gehört, auf der allein Einswerden möglich ist, lohnt es sich, daß wir uns damit noch etwas eingehender beschäftigen.

Jenseits von Entweder-Oder:

7. Yin und Yang
oder
Wider den Zwitter

Die Kluft der Gegensätze
bindet die Kräfte,
verhindert ihr Wirken.
Ihre Anstrengungen führen ins Leere:
Über Abgründen baut man kein Haus.

I Ging

Es war einmal ein Wichtelmännchen, das begegnete im Winterwald einem Holzfäller. Weil es noch nie einen Menschen gesehen hatte, begleitete es den Mann ein Weilchen, um ihm zuzugucken.

Es war bitter kalt, und der Holzfäller blies immer wieder seinen dampfenden Atem in seine Hände. «Warum tust du das?» fragte das Wichtelmännchen. «Um meine Hände zu *wärmen*», antwortete der Mann.

Dann machte der Holzfäller ein kleines Feuer und kochte sich eine Suppe darauf. Sie war noch ganz heiß, und deshalb blies er in den Topf. Wieder fragte ihn das Wichtelmännchen, warum er dies tue, und er antwortete: «Um die Suppe zu *kühlen*»...

Das war dem Wichtelmännchen zuviel. «Wie kann man mit demselben Atem einmal wärmen und einmal kühlen? Nein, mit einem so inkonsequenten und unlogischen Geschlecht will ich nichts zu tun haben!» Sprach's, verschwand, und ward nie wieder gesehen.

Den Wichtelmann, dem die Relativität des Lebens (dafür steht im Märchen symbolisch der Atem) zuviel wird, tragen wir alle in uns. Gut kann nicht zugleich schlecht sein, schwarz nicht zugleich weiß, und eins nicht zugleich zwei.

Gerade das letzte Beispiel stimmt leider nicht ganz. In unserem dezimalen Zahlensystem, also in einem System, das auf Zehnerschritten aufgebaut ist, ist die Aussage richtig. Im binären Zahlensystem – immerhin die Grundlage aller Computer – sieht es schon anders aus. Da ist die Null gleich der Null im Dezimalsystem, und die Eins gleich der Eins. Doch die dezimale Zwei wird im binären Code als Eins – Null geschrieben. Und schon gleicht die Eins der Zwei. Es ist alles nur eine Frage des Standpunkts.

Genau dies ist die Kernaussage der berühmten Relativitätstheorie von *Albert Einstein*: Es gibt keine Bewegung an und für sich, und damit auch keine absolute Geschwindigkeit. Bewegung und Geschwindigkeit lassen sich immer nur relativ erfassen, das heißt, ein Körper bewegt sich immer nur im Verhältnis zur Bewegung eines anderen.

Die Relativitätstheorie hat schon ein ehrwürdiges Alter – doch die Wissenschaften, die sich mit geistigen Dingen beschäftigen, haben noch immer nicht gemerkt, daß sich in den Naturwissenschaften Entscheidendes verändert hat. Das ist ein Phänomen, das nicht nur für die Relativitätstheorie gilt. Geisteswissenschaften wie die Psychologie und die Soziologie haben sich seit ihrer Entstehung verzweifelt bemüht, ihrem großen Bruder Naturwissenschaft nachzueifern, seine Standards zu übernehmen, um seine Anerkennung zu gewinnen – und übersehen dabei seit Jahrzehnten, daß sich dieser große Bruder längst woandershin bewegt hat. So hat die Physik schon lange herausgefunden, daß auf der Ebene des winzig Kleinen die alte Idee der Trennung von Beobachter und Beobachtetem eine Illusion ist: Es gibt nicht die objektive Natur, die wir betrachten können, sondern die Natur verändert sich, je nachdem unter welchem Blickwinkel wir sie betrachten.

Ähnlich wie unserem Wichtelmännchen erging es den Physikern übrigens, als sie zu Anfang dieses Jahrhunderts die Natur des Lichts untersuchten. Damals war klar: Ein physikalisches Phänomen kann eine Welle sein oder ein Teilchen – aber sicher nicht beides. Das Licht aber hielt sich nicht an diese Vorgabe und verhielt sich einmal wie ein Teilchen und ein anderesmal wie

eine Welle. Es war ein gewaltiger Schritt in Richtung Bewußtseinserweiterung, als die beteiligten Physiker schließlich akzep-
tierten, daß das Licht eben doch beides ist – je nachdem unter
welchem Blickwinkel es untersucht wird.

Auf der geistigen Ebene steht dieser entscheidende Schritt
noch aus. Philosophen und Gesellschaftstheoretiker, Religions-
lehrer und Kulturforscher pflegen ihre Behauptungen immer
noch nach dem Muster zu formulieren: *So ist es – und nicht
anders!*

Uns allen, die wir in einer christlichen Kultur groß geworden
sind, ist die Kernbotschaft des ersten Satzes der Bibel in Fleisch
und Blut übergegangen: *Am Anfang schuf Gott Himmel und
Erde.* Da haben wir sie schon, die Trennung zwischen Schöpfer
und Schöpfung. Und so geht der biblische Schöpfungsmythos
weiter: Gott *schied* das Licht von der Finsternis, baute dann einen
Unterschied zwischen den Wassern und schied das Wasser unter
der Feste (den kontinentalen Landmassen) von dem Wasser über
der Feste. Und auch wenn die Kirche für die meisten Menschen
nur noch Kulisse für festliche Ereignisse ist – diese Idee, die
Wirklichkeit bestehe aus voneinander getrennten, geschiedenen
Teilen, hat uns in einem Ausmaße geprägt, dessen wir uns nur
selten bewußt sind.

So seltsam es klingt: Diese Prägung führt direkt zum Computer, diesem Symbol technischen Fortschritts, das so meilenweit
von der Idee von Gott entfernt scheint. Aber der Computer führt
im Grunde genau diese geistige Tätigkeit weiter: zwischen *so*
und *nicht so* zu unterscheiden, zwischen dem An und Aus eines
elektrischen Stroms, zwischen Eins und Null. Alle anderen Leistungen des Computers bauen auf dieser einen Fähigkeit auf.

Zwischen den beiden Polen Schöpfungsmythos und Computer
spannt sich ein weiter Bogen in der Entwicklung des menschlichen Bewußtseins. Seine Evolution liefert den Schlüssel zum
Verständnis des Phänomens des trennenden Unterscheidens,
zeigt den Sinn, den diese Fähigkeit in der Geschichte der Menschheit hatte und hat, verweist aber auch auf die Grenzen dieser Art
des Gebrauchs von Geist. Ein nochmaliger Streifzug durch dieses
spannende Stück Evolutionsgeschichte erscheint daher angebracht.

In der Bibel beginnt die eigentliche Geschichte der Menschen erst in dem Augenblick, als Eva und Adam vom Baum der *Erkenntnis von Gut und Böse* genascht haben. Der Apfel lehrte sie zu trennen. Das ist ein schönes Bild, zumal bei diesem Prozeß von Bewußtseinserweiterung in Form des Erwerbs der Fähigkeit zu unterscheiden nach neuesten Forschungen durchaus Pflanzen eine Rolle gespielt haben könnten, die eine Wirkung auf das Bewußtsein haben. Stellen wir uns einmal vor, wie dieser entscheidende Schritt ausgesehen haben könnte:

Irgendwann in den grauen Frühzeiten der Menschheit saß ein Jäger an einem Wildpfad und wartete auf Beute. Er wußte, daß es noch lange dauern konnte, bis ein Jagdtier auftauchte, und so versank er in einen Zustand entspannter Aufmerksamkeit. In seinem Gehirn formten sich Erinnerungen an frühere Jagden, er verglich die gespeicherten Daten mit der aktuellen Situation, prüfte die Windrichtung und änderte wegen der Erinnerung daran, daß sich Tiere gegen den Wind leichter fangen ließen, nochmals seinen Standort.

Dann zogen seine Gedanken in Richtung Zukunft. Er überlegte, was ihm eine gelungene Jagd an Vorteilen verschaffen konnte, und er freute sich darauf, bald das Lager mit seiner Frau zu teilen.

All das ist noch nicht spezifisch menschlich. Erinnerungen, die sich auf das Verhalten auswirken, haben auch Tiere, und vorausschauend handeln auch Eichhörnchen und Murmeltiere. Doch sie wissen nicht, was sie tun ...

Unserem Vorzeitjäger aber schoß plötzlich eine Frage durch das Gehirn: *Was tue ich da eigentlich?* Sein Gehirn hatte eine Größe erreicht, in der *Denken über das Denken* möglich wurde. Und in einem Anfall von Klarheit realisierte er, daß in ihm eine zweite Welt existierte, eine Welt, die nur bedingt mit dem zu tun hatte, wo er sich gerade befand. Das unterschied sich von seinem Normalzustand, der zweifellos das war, was wir heute für teures Geld mühsam suchen: Ganz im Hier und Jetzt zu sein, Teil der *Natur*, der sinnlich faßbaren, gegenwärtigen Wirklichkeit.

Damals entdeckte der Mensch eine zweite Wirklichkeit, jene der reinen Information, des reinen Geistes. Und die war ebenso real wie die andere Wirklichkeit.

Zweifellos dauerte dieser Prozeß lange. Doch er muß irgendwann passiert sein, nicht nur bei einzelnen Individuen, sondern mit der Zeit bei der ganzen menschlichen Rasse. Und wie jeder derartige Prozeß entwickelte diese ursprüngliche Trennung im menschlichen Bewußtsein eine gewaltige Eigendynamik.

Nicht ohne Grund natürlich. Es zeigte sich nämlich rasch, daß diese Eigenschaft des menschlichen Gehirns beträchtliche Vorteile bei der Verfolgung evolutionärer Ziele bot. Anders als die klassischen Darwinisten glauben, handelt es sich bei diesen evolutionären Zielen nicht ausschließlich um das Überleben, sondern auch um das «Querleben».

Diese seltsame Wortschöpfung ist eine Abkürzung von **Qualität des Erlebens.** Das heißt nichts anderes, als daß zumindest ab einer bestimmten Stufe der Evolution jedes Individuum einer Art nicht nur zum Überleben tendiert, sondern auch zu möglichst großem Wohlbefinden. Wenn Sie es nicht glauben: Betrachten Sie mal einen Hund, der sich eine Stellung zum Schlafen sucht. Schon die erste Stellung, die der Hund ausprobiert, würde sicher zum Schlafen und damit zum Überleben reichen, aber der Hund steht wieder auf und probiert so lange eine neue Stellung, bis er sich wirklich wohl fühlt.

Die Menschen haben diese Tendenz, wie jede(r) an sich selbst beobachten kann, in ausgeprägtem Maße. Um Wohlbefinden zu erreichen, war die neuerrungene Fähigkeit des geistigen Trennens ausgesprochen hilfreich, vom Überleben ganz zu schweigen. Denn sie ermöglichte es, Informationen bewußt zu verarbeiten, die Schätze der Erinnerung zu nutzen und vorauszuplanen.

Was heißt das in einer evolutionären Sichtweise? Eine biologische Art verbessert dann ihre Lebensbedingungen, wenn sie sich entweder besser an die existierende Umwelt anpaßt oder wenn sie diese Umwelt so verändert, daß darin ein leichteres Leben möglich wird.

Es ist keineswegs so, daß die aktive Umgestaltung der Umwelt eine menschliche Erfindung wäre. Diverse Tiere haben beispielsweise angefangen, «künstliche» Behausungen (Höhlen, Nester u. lä.) zu bauen, was eindeutig ein Akt der Umgestaltung der Umwelt ist. Der Mensch allerdings hat ab einem bestimmten Zeitpunkt seiner Geschichte voll auf diese Karte gesetzt.

Das ist natürlich ein Ausdruck von Intelligenz, denn die Umgestaltung der Umwelt hat auf jeden Fall den Vorteil, daß sie sehr viel *schneller* wirkt als der umgekehrte Akt der Anpassung an die Umwelt. Wenn die Umwelt zum Beispiel kälter wird, kann es hundert oder tausend Generationen dauern, bis einer Art auf dem Weg der biologischen Anpassung ein dickeres Fell wächst. Bis dahin können die armen Vertreter dieser Art nur hoffen, sie würden frierend wenigstens das grobe Überleben schaffen.

Ganz anders, wenn die Umwelt angepaßt wird, indem man sich, wie die Menschen, Tierfelle umhängt oder gar die Umgebungstemperatur mit Hilfe von Feuer erhöht. Beides hat sofortige positive Auswirkungen.

Auf diesem Weg schritt die Menschheit ein gewaltiges Stück voran, als sie anfing, Ackerbau und Viehzucht zu treiben und sich in den ersten Städten zu sammeln. Die Städte von Babylonien waren bereits von einer Größe und Komplexität, die deutliches Zeugnis für die Produktivität des menschlichen Geistes ablegen.

Über jene Frühzeiten der Menschheit kursieren derzeit allerhand romantische Geschichten: Vor dem Sündenfall der Idee der Natur-*Beherrschung* hätten die Menschen in einem demütigen, harmonischen Verhältnis mit der Natur gelebt, hätten im Einklang mit den natürlichen Gesetzen gehandelt und sich nicht zum Herrscher über die Natur aufschwingen wollen.

Solche Geschichten haben es deswegen leichter, weil alles, was wir über diese Entwicklungen wissen, letzten Endes Spekulation ist. Zwar wissen wir von allerhand magischen Praktiken im Umgang mit der Natur, und später von Ritualen, die dem Einstimmen in natürliche Kreisläufe dienten. Doch die Annahme, das alles sei aus schierer ehrfurchtsvoller Verehrung der Natur geschehen, ist nicht mehr als ein überlebter Mythos.

Viel wahrscheinlicher ist eine andere Deutung. Die Menschen hatten entdeckt, daß die direkte Verbindung des menschlichen Geistes mit der Natur in Form intellektuell-technischer Umformung der natürlichen Umwelt das Leben leichter und angenehmer machte. Sie hatten in sich aber ebenso die Trennung zwischen Natur und Geist entdeckt und übertrugen diese Trennung auch auf ihre Umwelt. Mit anderen Worten: Die ganze Umwelt hatte neben ihrer natürlichen Seite auch eine geistige. Und diese Trennung wirkte zurück auf den menschlichen Geist: Dessen einer Teil beschäftigte sich mit der natürlichen, der materiellen Seite der Umwelt, die sich durch Technik beeinflussen ließ. Sein anderer Teil befaßte sich mit der geistigen Seite der Umwelt, also mit deren spiritueller und religiöser Ebene.

Doch auch dabei ging es weniger um Verehrung als darum, sich diese Umwelt so angenehm wie möglich zu gestalten. Nur der Weg war ein anderer. Um etwa im Zweistromland zwischen Euphrat und Tigris genug Wasser für die Nahrungsmittelproduktion zu beschaffen, legte man einerseits Kanäle an, beschwor aber andererseits all die Gottheiten und Dämonen, die in irgendeiner Weise mit Wasser zu tun hatten (also die spirituelle Seite der Natur).

Auch dieser Trennungsprozeß vollzog sich sicher nicht auf einmal, sondern war das Ergebnis einer langen Entwicklung. Mit dem Epos von *Gilgamesch* verfügen wir über das früheste Zeugnis für eine derartige Epoche des Übergangs, ca. 2500 Jahre vor Christus. Noch gab es in Form der obersten Priesterin eine Instanz, die sich ganz der spirituellen Seite der Natur widmete. Doch als Gegenpol wurde der König immer stärker, der sich mehr um die intellektuell-technische Seite der Umweltbeeinflussung kümmerte.

Noch sind allerdings die Ebenen vermischt. Der König hat damals sicher noch selbst Hand an den Bau der Schutzmauern gelegt und ist an der Spitze seiner Soldaten in die Schlacht gezogen.

Doch je mehr klar wurde, welch wichtige Rolle der Geist bei der Gestaltung einer lebbaren Umwelt für die Menschen spielt, desto stärker wuchs sein Ansehen. Bereits etwas später, im alten Ägypten, hatten jene Menschen die privilegiertesten Stellungen inne, die gar nichts mehr direkt mit der Natur zu tun hatten, sondern sich ganz geistigen Tätigkeiten widmeten: Könige, Priester, Gelehrte. Und an dieser Rangordnung hat sich bis heute nichts geändert: Am wenigsten Ansehen genießen jene, die die direkten natürlichen Tätigkeiten ausüben, am meisten die, die sich ganz auf die Verarbeitung von reiner Information konzentrieren.

Immerhin gab es dann eine lange Zeit, in der die beiden getrennten Arten, mit der Umwelt umzugehen (die intellektuell-technische und die religiös-spirituelle), in einem relativ stabilen Gleichgewicht nebeneinander und miteinander existierten. Für das christliche Abendland, dessen Geschichte immer stärker den ganzen Globus prägt, galt dies bis zum Ende des Mittelalters, das zu Recht als eine Phase weitgehender Stagnation in der evolutionären Entwicklung gilt. In der Tat ist in dieser Zeit wenig entscheidend Neues zur menschlichen Realität hinzugekommen.

Nun mag man einwenden, andere Kulturen hätten diese Trennung weit weniger vollzogen. Und tatsächlich betont die ganze östliche Philosophie und Religion viel stärker die Einheit allen Seins, macht weniger den Unterschied zwischen Schöpfer (Gott) und Schöpfung. Doch dabei darf man nicht vergessen, daß es sich hierbei um das Denken einer schmalen Elite handelte, das vom einfachen Volk nie in relevantem Ausmaß angenommen wurde. Zudem hat es dieses Denken nicht geschafft, etwa im indischen Kastenwesen extreme Trennungen zu verhindern, die nicht nur die individuelle Entfaltung einschränkten, sondern auch die Entwicklung einer ganzen Gesellschaft stagnieren ließen. Und schließlich läßt es sich beim besten Willen nicht übersehen, daß die westliche Art, Wirklichkeit wahrzunehmen und zu definieren, mehr und mehr die ganze Welt beherrscht.

Bis zum Ende des Mittelalters also hatte das Abendland einen Kompromiß gefunden: Für beide Seiten des Kontakts mit der Umwelt waren jeweils spezialisierte Institutionen zuständig, grob gesagt, Staat und Kirche, die eifersüchtig darüber wachten, daß keiner die Trennungslinien überschritt. Das war um so leichter möglich, als diese Grenzen noch fließend waren. Nach wie vor hatte die Natur auch eine spirituelle Seite, die man in Form religiöser Rituale, etwa Fruchtbarkeitsprozessionen, von der Kirche absegnen ließ.

Dann, mit dem Beginn der Neuzeit, der mit dem Beginn der modernen Naturwissenschaften zusammenfällt, vollzog sich eine weitere Trennung. Noch zweifelte man zwar nicht die Existenz einer spirituellen Ebene an, trennte diese jedoch noch mal stärker von der Natur. Nun glaubte man, Gott habe die Natur einmal erschaffen und sie dann ihrem Schicksal überlassen. Folglich hatte die spirituelle Seite zur Veränderung der natürlichen Umwelt des Menschen nichts mehr beizutragen. Dafür wurde nun mehr und mehr die intellektuell-technische Seite des menschlichen Geistes zuständig.

Deren Arbeitsweise ist das Trennen, das Zergliedern. Schon die alten Griechen hatten das Ziel der Suche vorgegeben, das *Atom*, was übersetzt nichts anderes heißt als das *Unteilbare*. Das Teilen, das Trennen hatte unbestreitbare Erfolge hervorgebracht, also war es nichts als logisch, auf diesem Weg weiterzufahren, bis man das Atom fand.

Der Gedanke hat unleugbar etwas Bestechendes: Man zergliedert die Umwelt, die man vorfindet, so lange, bis sie nicht mehr weiter teilbar ist. Aus diesen Einzelteilen läßt sich dann etwas Neues zusammensetzen, das den eigenen Anforderungen besser entspricht.

Wir können uns diesen Gedanken leicht bildlich vorstellen: Wenn wir ein großes, komplexes Haus aus Legosteinen vorfinden, können wir dieses in seine einzelnen Bausteine zerlegen und daraus dann wieder ein Haus bauen, das uns noch besser gefällt.

Die Erfolge dieser Methode sind unbestreitbar: Die Physik hat die einzelnen Kräfte, die die Materie zusammenhalten, gefunden und sie dadurch beherrschen gelernt – sonst hätten wir nie die nötigen Energien gehabt, um eine Zivilisation wie die unsrige zu formen. Die Chemie hat Materie in Atome zerteilt und sie dann zu neuen Stoffen zusammengesetzt, die oft genug Leben nicht nur erleichtern, sondern auch retten. Und die Biologie hat erst durch die Zergliederung in Zellen die Voraussetzungen für gezielte Eingriffe in krankes Leben geschaffen und ist jetzt daran, durch den Rückgriff auf die Gene als noch kleinere Einzelteile ungeahnte Möglichkeiten der Gestaltung einer anderen Umwelt zu eröffnen.

Der Nutzen der Haltung *So ist es – und nicht anders!* ist also von den Naturwissenschaften und der daran hängenden Technik aufs eindrucksvollste bewiesen worden – aber natürlich ebenso der Schaden, den sie angerichtet hat. Irgendwo scheint dieser Weg auf natürliche Grenzen zu stoßen.

Woran liegt das? Offenbar hat die Menschheit beim stetigen Zerteilen nicht ausreichend gelernt, wie man auch wieder zusammensetzt. Das ist gar nicht so erstaunlich, denn das Problem beim Zusammensetzen ist die *Freiheit*. Gemeint ist damit, daß die Zahl der wählbaren Möglichkeiten beim Zusammensetzen sehr schnell ins Unermeßliche wächst. Wenn wir nur zwei verschiedenfarbige Legosteine haben, gibt es nur zwei Möglichkeiten, sie zusammenzusetzen. Haben wir drei, so gibt es bereits sechs Möglichkeiten. Und jeder Lottospieler weiß, daß es weit über eine Million Möglichkeiten gibt, aus 49 Zahlen sechs auszuwählen.

Wenn wir als Menschen vor dieser riesigen Zahl frei wählbarer Möglichkeiten nicht aus Entscheidungsunfähigkeit völlig gelähmt sein wollen, müssen wir Kriterien der Entscheidungsfindung haben, und zwar möglichst die besten. Im Falle des Lottospiels etwa gibt es keine besseren oder schlechteren Entscheidungskriterien. Ein Computer, der mit Hilfe eines Programms zur zufälligen Auswahl von Zahlen arbeitet, hat also im Lotto dieselben (schlechten) Chancen wie ein Mensch.

Schon anders ist es beim Schachspiel. Obwohl viel Zeit und Energie in die Programmierung von Schachcomputern investiert wurde, schaffen es diese noch immer nicht, die besten menschlichen Spieler zu schlagen, auch wenn sie mittlerweile der Mehrheit der Schachspieler ebenbürtig oder überlegen sind.

Wie kommt das, wo doch ein leistungsfähiger Computer so ungleich viel schneller Informationen verarbeiten kann als das beste menschliche Gehirn? Das Problem liegt in der Schwierigkeit, Entscheidungskriterien für die Nutzung der Wahlfreiheit zu programmieren, die besser sind als der nackte Zufall. Für den Computer sind nämlich grundsätzlich alle denkbaren Züge von gleichem Gewicht. Er wird also irgendeinen Zug ausprobieren und dann dessen Konsequenzen durchrechnen. Die Zahl der möglichen Züge und Reaktionen darauf wächst aber so schnell ins Astronomische, daß nicht einmal die besten Computer auf diese Weise ein Spiel mehr als ein paar wenige Züge im voraus berechnen können.

Man kann nun natürlich einen Computer mit denselben Informationen füttern, die auch ein guter Schachspieler hat, um die Auswahl einzuengen, also etwa mit früheren Partien guter Spieler. Doch auch das reicht offensichtlich noch nicht aus. Mit anderen Worten: Das Gehirn eines hochklassigen Schachspielers verfügt über noch bessere Methoden, aus der unendlichen Anzahl von Möglichkeiten die erfolgreichsten herauszusuchen, als sie selbst die perfekteste Beherrschung der analytisch-zergliedernden Technik bietet.

Damit sind wir unversehens wieder am Anfang dieses Kapitels gelandet, wo es darum ging, daß auch in den modernen Geisteswissenschaften das Prinzip von *Entweder-Oder* dominiert. Die Geisteswissenschaften im modernen Sinne sind ebenfalls ein Kind der letzten Trennung: Als die Naturwissenschaften die Beschäftigung mit der Natur exklusiv für sich beanspruchten, entstanden nach und nach Disziplinen, die sich mit rein geistigen Dingen beschäftigten, etwa die Psychologie oder die Wissenschaften um die Künste. Nachdem sie noch einige Zeit ein relativ eigenständiges Dasein gefristet hatten, sahen sie irgendwann neidisch die Erfolge des großen Bruders Naturwissenschaft und begannen, ihn zu imitieren.

Das Resultat ist der Computer. Hier hat der Mensch nicht die Materie in die kleinsten Einzelteile zerlegt, sondern den «Stoff» Geist. «Geist» ist in dieser Sichtweise allerdings reduziert auf «Information». Betrachtet man Geist nur noch als Information, dann macht es Sinn, die kleinsten Bausteine zu suchen. Gefunden hat man das *bit*, die kleinste Informationseinheit, die Unterscheidung zwischen Null und Eins. Und daraus kann man dann mit dem Computer sogar sehr viel einfacher als im Falle der Materie neue Gebilde zusammensetzen.

Ich habe das Glück gehabt, eine der Geisteswissenschaften genauer kennenzulernen, die diesen Pfad verfolgt, um dabei deren Möglichkeiten und Grenzen zu erkennen. Es handelt sich um die empirische Sozialforschung, im Volksmund besser als Meinungsforschung bekannt. Damals befand sich die Auswertung der durch Meinungsumfragen ermittelten Daten noch im Rohzustand, der das dahinter liegende Prinzip sehr offen darlegte. Für jeden Befragten gab es nämlich eine Reihe von Lochkarten aus Karton mit Spalten für die einzelnen Antworten auf bestimmte Fragen. So konnte die siebzehnte Spalte auf der vierten Karte beispielsweise die Haarfarbe des Befragten beinhalten. Hatte das erste Feld dieser Spalte ein Loch, war der Befragte blond, war das Loch auf dem zweiten Feld der Spalte, bedeutete dies braunes Haar und so fort.

Damit waren die ganzen gesammelten Informationen in ihre kleinsten Einheiten zerlegt. Der Computer konnte diese jetzt einlesen (wenn ein Lichtstrahl beim Empfängersensor ankam, war offenbar ein Loch in der Karte, also Zustand Eins, wenn kein Lichtstrahl ankam, gab es auch kein Loch, also Zustand Null) und sie dann verarbeiten.

Diese Verarbeitung bestand im wesentlichen aus Zusammenzählen. Und so konnten wir denn sehen, wie in der Bevölkerung verschiedene Merkmale, Einstellungen und Meinungen verteilt waren. Darüber hinaus wurden Zusammenhänge zwischen verschiedenen Merkmalen deutlich: Wenn Merkmal A auftrat, trat Meinung B mit erhöhter Wahrscheinlichkeit auf. Mit anderen Worten: Unser Bild des Ganzen erhielt Farben, wir konnten sehen, wie die verschiedenen Farben im Gesamtbild verteilt waren und in welchen Regionen des Bildes eine bestimmte Farbe über- oder unterdurchschnittlich auftrat.

Das war und ist eine bemerkenswerte Leistung und hat viel zu unserem Verständnis der Verteilung und der Entwicklung von Meinungen in einer Bevölkerung beigetragen. Wie hätten wir sonst erfahren, wie sensationell schnell sich das Bild, das sich die Deutschen von den Russen machen, von Furcht zu Vertrauen in Gorbatschows Absichten gewandelt hat?

Das Merkwürdige daran ist, daß die Methode weitgehend versagt, wenn wir eine andere Grundeinheit dieses Spiels, nämlich einen einzelnen Menschen, verstehen wollen. Wohl können wir eine *Wahrscheinlichkeit* errechnen, mit der eine bestimmte Meinung bei einem einzelnen Menschen vorkommen wird, und wenn wir sonst einiges über dieses Individuum wissen, kann diese Wahrscheinlichkeitsberechnung sogar ziemlich präzise ausfallen. Und doch kann, wenn wir einem konkreten Menschen gegenüberstehen, seine Meinung ganz anders aussehen. Ein Beispiel: Bei einem jungen Menschen, der eher ausgeflippt ist und voll auf Rockmusik steht, ist die Wahrscheinlichkeit, daß er die Musik eines Richard Wagner liebt, nicht besonders hoch. Und trotzdem kommt es vor.

Das sichere Wissen, das uns diese Methode über das Ganze liefert, löst sich also auf der Ebene des Individuums auf in eine unsichere Wahrscheinlichkeit. Das ist genau dasselbe, was den

138

Physikern passiert ist, als sie sich auf der Jagd nach den diesmal endgültig letzten, unteilbaren Teilchen der Materie befanden. Plötzlich fanden sie sich in einem Reich wieder, in dem nichts mehr sicher ist, in dem aus einem festen Elementarteilchen eine Wahrscheinlichkeitswolke wird. Oder aus einem Photon, einem Licht*teilchen*, eine Welle. Sie erinnern sich sicher, daß wir an einem anderen Ort dieses Buches das Gedankenspiel gespielt haben, was wohl wäre, wenn wir die kleinsten Elemente von Bewußtsein nicht mehr als «Teilchen», sondern als Wellen betrachteten. Und ganz plötzlich liegen Natur- und Geisteswissenschaften wieder sehr nah beieinander.

Einmal mehr liegt das Problem nicht in der Sache, sondern in der Betrachtungsweise. Es machte durchaus Sinn, daß sich die Geisteswissenschaften am Vorbild der Naturwissenschaften orientierten. Es macht jedoch keinen Sinn mehr, daß diese Orientierung an einem veralteten Bild von Naturwissenschaften stattfindet.

Vermutlich sind es weniger prinzipielle Gründe, welche die Berührungsängste vieler auf geistigem Gebiet Tätiger gegenüber den neuen Entwicklungen auf den naturwissenschaftlichen Feldern verursachen, sondern schlichte Unfähigkeit oder gar geistige Faulheit. Das wird besonders kraß dort deutlich, wo sich nun die umgekehrte Abtrennung der Geistes-«Wissenschaften» von den Naturwissenschaften am deutlichsten manifestiert: bei den sogenannten Esoterikern.

Hier wird die Trennung gleichsam rückwärts projiziert und der ganze naturwissenschaftliche Weg als Sackgasse apostrophiert. Dabei genügt ein etwas eingehenderer Blick etwa auf die neueste Physik, die immer mehr reine Mathematik wird, um zu begreifen, daß hier im Moment die wahrhaft esoterischen Dinge geschehen. Da ist von «parallelen Universen» die Rede, da wird versucht, die Welt der ganzen kleinen Dinge, die nur noch aus sprachlicher Trägheit Elementar*teilchen* heißen, zu verbinden mit den astronomischen Größenordnungen des Universums. Und plötzlich wird, durch naturwissenschaftliche Forschung und nicht durch esoterisches Grübeln, klar, daß die Verbindungslinie zwischen dem ganz Kleinen und dem ganz Großen keine gerade Linie ist, sondern eher einem Kreis gleicht.

Überhaupt die Mathematik. Sie ist ein Schlüssel zum Verständnis der engen Berührungen zwischen Natur- und Geisteswissenschaften. Sie ist einerseits die nicht wegzudenkende Grundlage aller Naturwissenschaften, für sich allein genommen aber gehört sie eindeutig zu den Geisteswissenschaften, beschäftigt sie sich doch gerade nicht mit den Dingen der natürlichen Umwelt, sondern mit einem rein geistigen Prinzip. Und doch besteht eine offenkundige Übereinstimmung zwischen diesen rein geistigen Prinzipien und den Mustern, in denen die natürliche Umwelt sich ordnet – in einem vielleicht erst geahnten Ausmaß. Oder wußten Sie, daß es durchaus sein könnte, daß die so zufällig wirkende Reihenfolge der Zahlen auf einem Roulettetisch Zusammenhänge mit bestimmten Planetenbewegungen aufweist? Noch liegen keine im strengen Sinne wissenschaftlich abgesicherten Beweise vor, doch die vorhandene Datenlage läßt die Hoffnung zu, daß hier noch interessante Einsichten in das Zusammenspiel von Natur und Geist zu erwarten sind.

Der Schluß ist klar: Bewußtseinserweiterung auf individueller wie kollektiver Ebene ist nur denkbar, wenn die künstlichen Trennungen zwischen Natur und Geist überwunden werden, und zwar auf der Basis der Einsicht, daß es im Bereich menschlichen Wissens keine Festigkeit, keine Sicherheit des *Entweder-Oder* geben *kann*.

Zu dieser Einsicht gelangt man im übrigen auch mühelos durch das Studium der Geschichte des menschlichen Wissens. Es handelt sich um eine Geschichte der Irrtümer und Fehlannahmen, und das jeweils aktuelle Wissen ist einfach der modernste Stand des Irrtums. Alles fließt – auch das menschliche Wissen.

Das ist durchaus wörtlich zu verstehen. Menschliche Erkenntnisse, und zwar gerade die bahnbrechenden neuen Ideen, sind viel eher das Ergebnis eines fließenden Prozesses als eines systematischen Zusammenbaus von Einzelteilen. Die Vorstellung, *Ideen* würden in einem geplanten Akt aus den Legosteinen einzelner Informationen zusammengebaut, mag in einzelnen Fällen stimmen. Für den größeren Teil aller wirklich originellen wissenschaftlichen oder kulturellen Ideen gilt sie nicht.

Wen wundert's? Schon auf der materiellen Ebene haben wir gesehen, daß das systematische Zerlegen eines Legohauses in die einzelnen Bausteine keine Garantie dafür bietet, daß beim erneuten Zusammensetzen ein noch schöneres Haus entsteht. Dafür braucht es zusätzlich ein inneres Bild des neuen Hauses, eine *Vision* sozusagen, ein geistiges Muster von hoher Komplexität, dem wir uns dann mit dem gegebenen Baumaterial annähern können.

Nur – woher kommt diese Vision? Woher kommt sie im Reich des Geistes, in dem die Zahl der möglichen Varianten doch noch viel größer ist als im Reich der Materie? Ist eine Idee wirklich nur die zufällige Anordnung einer Reihe von Einzelinformationen? Das Beispiel der Schach-Computer hat uns schon klargemacht, daß es so nicht sein kann.

Betrachten wir praktisch, wie neue Ideen entstehen, sei es in der Wissenschaft oder in der Kunst. Die meisten Berichte über diese Ereignisse lassen nur einen Schluß zu: Es handelt sich tatsächlich um ein Ereignis, etwas, was den betroffenen Menschen mehr zustößt, ja zufällt, als daß sie es absichtlich herbeigeführt hätten. Das kann bei der Gartenarbeit passieren, in der Badewanne oder beim Liebesakt, ja selbst im Traum. Jeder, der diesen Vorgang schon erlebt hat, ist davon fasziniert: es ist, als ob sich die bisher verstreuten Einzelteile wie von selbst plötzlich zu einem ganzheitlichen Muster ordnen würden. Und verbunden ist damit meist ein starkes Gefühl: Das ist es! Das stimmt, das macht Sinn! Aus der unendlichen Anzahl möglicher Muster, in denen die einzelnen Teile geordnet sein könnten, ragt genau dieses Muster heraus.

Der Volksmund kennt den Unterschied, wenn er davon spricht, jemand sähe vor lauter Bäumen den Wald nicht. Die Bäume sind die Einzelinformationen, der Wald ist das daraus erwachsende Muster. Und sosehr beide Betrachtungsebenen am richtigen Ort und zur richtigen Zeit Sinn machen können, sosehr wissen wir intuitiv, daß es die *Muster* sind, die das Menschsein ausmachen. Wir haben mehr davon, eine Symphonie von Beethoven als Muster, als Ganzheit zu erleben, statt in ihr nur die zufällige Aneinanderreihung von einzelnen Noten zu sehen ...

Mit dem Stichwort *Intuition* kommen wir der Sache schon näher. Sie kennen zweifellos die Situation, wo Sie ein Problem von vorn bis hinten und wieder zurück in seine Einzelteile zerlegt haben und trotzdem einer Lösung nicht nähergekommen sind. Und plötzlich ist er da, der intuitive Geistesblitz, das Gefühl, das wär's nun aber. Wenn Sie ehrlich mit sich selber sind, wissen Sie auch genau, daß Sie Ihre Entscheidungen oft genug nicht aufgrund einer rational-analytischen Betrachtungsweise treffen, sondern «aus dem Gefühl heraus», also intuitiv.

Während wir über die rational-analytische Entscheidungsweise, also über den Weg des Auseinandernehmens von Einzelteilen, die dann wieder zusammengebaut werden, nicht zuletzt dank des Computers bereits eine Menge wissen, erscheint die andere Weise, wo plötzlich wie aus dem Nichts intuitiv ein neues, sinnvolles ganzes Muster entsteht, ohne daß wir zuvor systematisch geteilt hätten, nach wie vor geheimnisvoll. So geheimnisvoll, daß auf der einen Seite obskure Erklärungsversuche wie «Channeling», also der Empfang von Botschaften verschwommener «geistiger Wesen», Hochkonjunktur haben, während auf der anderen Seite Generationen von Wissenschaftlern die Tatsachen, denen sie einen wesentlichen Teil ihrer Erkenntnisse verdanken, ohne weiteres Nachdenken übergangen haben. Das kann nicht erstaunen, hätte doch eine ernsthafte Beschäftigung mit diesem intuitiv-ganzheitlichen Weg der Erkenntnisgewinnung zwangsläufig eine Revision ihres sonstigen rational-analytischen Weltbildes erfordert. Und wer läßt sich schon gerne seine festen Weltbilder ins Wanken bringen?

Auf die Dauer aber läßt sich eine derartige Irritation nicht verdrängen. Irgendwann wird der Druck der Frage danach, was hier eigentlich geschehe, übermächtig. Ein einzelner mag solche Fragen erfolgreich ein Leben lang verdrängen, eine Gemeinde von Wissenssuchenden wird sie zwangsläufig irgendwann stellen.

So weit sind wir jetzt. Der Schlüssel liegt auf der Hand – es handelt sich um das menschliche Gehirn. Erstaunlich lange haben die Wissenschaftler all ihre Arbeitsinstrumente untersucht und verfeinert, während sie ihr wichtigstes Instrument, ihr Gehirn nämlich, dabei völlig außen vor gelassen haben. Auch dafür gibt es eine Erklärung: Je mehr wir uns auf das Wunder unserer Gehirne einlassen, desto stärker weichen bis dahin für selbstverständlich gehaltene Grenzen auf, vor allem die Trennungslinie zwischen Natur und Geist. Zweifellos ist unser Gehirn ein Stück Natur, aber ebenso zweifellos geht es darin auch um eine andere Ebene, jene des Geistes. In welcher Beziehung stehen im Gehirn Natur und Geist zueinander? Welche Seite dominiert die andere stärker? Gibt es überhaupt diese saubere Trennung von Natur und Geist? Alles Fragen, die einen Abschied von bisherigen einfachen Vorstellungen bewirken, in denen alles schön in festen Schubladen Platz hatte.

An dieser Stelle haben Sie gerade einen Königspfad der Bewußtseinserweiterung kennengelernt: das Fragen. Auch das habe ich bei der Meinungsforschung gelernt: Der Computer beantwortet alle Fragen, auch so sinnlose wie die nach der Existenz eines Zusammenhangs zwischen Geburtenhäufigkeit und dem Vorkommen von Störchen. Er antwortet darauf mit einem klaren Ja, was kein Beweis dafür ist, daß der Storch die Kinder bringt ... Doch der Computer ist nicht in der Lage, *eine sinnvolle Frage zu stellen*. Das kann nur der Mensch. So erfahren wir, daß am Anfang jeder Erkenntnisgewinnung eine Frage steht, müssen aber bei der Frage passen, woher denn die Fragen kommen.

Unsere Prägung des *So ist es – und nicht anders!* läßt sich nicht so einfach abschaffen. Das menschliche Bewußtsein, in evolutionären Maßstäben gesehen ohne Zweifel noch sehr in einer kindlichen, bestenfalls pubertären Entwicklungsphase steckend, braucht offenbar noch immer Trennungslinien. Wenn die alten versagen, schafft es sich neue.

Das derzeit schönste Beispiel für diese Tendenz ist die Lehre von den beiden *Gehirnhälften*. Nachdem nicht mehr zu übersehen ist, daß unser Bewußtsein auf zweierlei Arten arbeitet, nämlich eben einerseits rational-analytisch, also systematisch zergliedernd und wieder zusammensetzend, und andererseits intuitiv-ganzheitlich, was in der Fachsprache *Wahrnehmung in Gestaltform* heißt, mußte diese Trennung doch auch wieder festzuschreiben sein.

Belege dafür fanden sich in der Gehirnforschung. In der Tat weisen die evolutionär neuen Teile des menschlichen Gehirns eine deutliche Zweigliederung auf, eben eine Teilung in eine linke und eine rechte Hälfte. Aufgrund von Unfällen oder gezielten medizinischen Eingriffen (vor allem bei schweren Fällen von Epilepsie) kann die Verbindung zwischen diesen beiden Gehirnhälften getrennt werden. Das wiederum ermöglicht es, das Funktionieren der beiden Gehirnhälften getrennt zu betrachten. Auf solchen, zahlenmäßig natürlich nicht ins Gewicht fallenden Einzelbeobachtungen fußt im wesentlichen die ganze Lehre von den beiden Gehirnhälften, die in kurzen Jahren schon beinahe Allgemeingut geworden ist.

Was besagt diese Lehre? Ihr Kernstück heißt: Unsere beiden Gehirnhälften arbeiten auf unterschiedlichem Wege. Die linke besorgt das rational-analytische Denken, die rechte die ganzheitliche und gefühlsgeladene Wahrnehmung, also das, was wir als Intuition bezeichnet haben.

Das ist logischerweise eine starke Vereinfachung eines Forschungsgebiets, das durchaus interessante Differenzierungen aufzuweisen hat. Das Interessanteste daran sind aber die Schlußfolgerungen, die diese «Erkenntnis» außerhalb der eigentlichen Gehirnforschung nach sich gezogen hat. Und da ist meistens nichts anderes zur Kenntnis genommen worden als die klare Trennungslinie zwischen den beiden Funktionsweisen des Gehirns.

Frontlinien laden dazu ein, Partei für die eine oder andere Seite zu ergreifen. Und genau dies ist mit dem Modell der beiden Gehirnhälften geschehen. Für welche Seite man Partei ergreift, ist natürlich eine Frage des Standpunktes. Es gibt ausreichende Hinweise darauf, daß im Laufe der menschlichen Geschichte das Gewicht der linken Gehirnhälfte, um für einen Moment bei dieser Sprachregelung zu bleiben, gewachsen ist. Rationalisten begrüßen dieses Phänomen logischerweise, während es eine vernehmbarere Gegenpartei gibt, die entschieden für eine Aufwertung der rechten Gehirnhälfte plädiert und in einer stärkeren Nutzung der intuitiv-gefühlsmäßigen Fähigkeiten unseres Gehirns die einzige Rettung für unsere bedrohte Welt sieht.

Diese Argumentation hat zweifellos etwas für sich. Wo ein Pol zu sehr dominiert, ist es sinnvoll, eine Aufwertung des Gegenpols zu fordern. Es entbehrt aber nicht einer gewissen Komik, daß dieses Plädoyer für die rechte Gehirnhälfte, also für das Ganzheitliche, nicht künstlich Zergliedernde, ausgerechnet auf einem Bild fußt, das eben dieses in extremer Form tut: künstlich zergliedern.

Mittlerweile können es nämlich alle wissen, die es wissen wollen, daß wir wieder einmal mehr einem voreiligen Mythos aufgesessen sind. Unser Gehirn arbeitet nicht so simpel, wie es das Bild der beiden Gehirnhälften vorgaukelt. Wohl ist es möglich, ganz einfache Leistungen des Gehirns in der einen oder anderen Hälfte zu lokalisieren. Wenn wir den Prozeß des Zergliederns genügend weit treiben, gibt es Belege für eine gewisse Arbeitsteilung der beiden Gehirnhälften. Doch sobald wir anfangen, uns mit den wirklich interessanten Leistungen des menschlichen Gehirns zu beschäftigen, also zum Beispiel mit der Sprache, dem Erinnern, dem Vorausplanen, der kreativen Schöpfung neuer Ideen oder Bilder oder gar der Liebe, bricht das Modell zusammen. Ganz offensichtlich sind bei all diesen höheren Gehirnfunktionen beide Gehirnhälften beteiligt. Die Verbindungsbrücke zwischen den beiden Hälften, das *Corpus Callosum*, ist der meistbeschäftigte Teil des menschlichen Gehirns. Oder anders gesagt: Die wirklich interessanten Leistungen des Gehirns sind das Ergebnis eines *optimalen Zusammenspiels* der beiden Gehirnhälften.

Der Mythos der *zerebralen Dominanz* führt zu einer Bewußtseinsverengung – das wird schon in dieser verräterischen Formulierung deutlich. Dominanz der einen Hälfte ist immer nur auf Kosten der anderen möglich. Echte Bewußtseins*erweiterung* setzt die Einsicht in die Künstlichkeit und damit nur begrenzte Tauglichkeit der Grenzziehung voraus.

So gesehen ist die derzeit modische Aufforderung, die linke Gehirnhälfte ruhen zu lassen und der rechten mehr Spielraum zu geben, auch wieder nicht mehr als der neueste Stand des Irrtums. Dagegen ist nichts einzuwenden, solange die *Relativität der momentanen Position* bewußt bleibt. Daß dem nicht so ist, zeigt jede nähere Auseinandersetzung mit dem, was unter dem Etikett *alternatives Bewußtsein* derzeit auf dem Markt feilgeboten wird. Zu oft wird da hinter dem nebligen Schleier der Betonung von Ganzheit eine scharf gezogene Trennungslinie sichtbar.

Ein schönes Beispiel dafür ist die Ökologie-Bewegung. Wir Menschen müßten uns wieder stärker als Bestandteil der Natur empfinden und dürften nicht mehr so stark das natürliche Gleichgewicht der Natur stören, heißt es da. Als Hinweis auf eine Geisteshaltung, von der wir uns zu stark entfernt haben, ist diese

Botschaft brauchbar und nützlich. Aber sie fußt auf einer künstlich gezogenen Trennungslinie.

Die Trennungslinie verläuft in diesem Denken zwischen Natur und Mensch. Hier die harmonische, gute Natur, die ohne menschliche Eingriffe wundervoll funktionieren würde, da der böse Mensch, der die Natur künstlich verändert.

Auch das ist eine Chimäre. Nicht nur, weil die wenigsten, die das Hohelied der unberührten Natur singen, sich bewußt sind, daß auch ihr Bild von Natur bereits das Bild einer künstlichen, einer von Menschen mitgestalteten Natur ist. Und auch nicht nur, weil das Bild von der harmonischen, stabilen, friedlichen Natur schlicht falsch ist. Es gibt nicht *die* natürliche Umwelt, es gibt nur verschiedene Umwelten, die sich gegenseitig beeinflussen und damit auch ständig verändern.

In diesem Spiel der freien Kräfte ist – und genau dies wird übersehen – der Mensch eine von vielen. Er ist ein Produkt der biologischen Evolution, und das, was er mit seiner Umwelt tut, um ihm ein einfacheres und angenehmeres Leben zu ermöglichen, ist genauso *natürlich* wie alles andere, was die Evolution auf diesem Planeten hervorgebracht hat. Der Mensch verfolgt, indem er seine Umwelt zu verändern sucht, eine natürliche, von der Evolution vorgesehene Strategie, wenn auch zugegebenermaßen in extensivem Ausmaß. Ob die menschliche Art dies erfolgreich tut, wird sich erst noch erweisen müssen. Es wird von der *Art* abhängen, mit der wir die Möglichkeiten unseres Bewußtseins nutzen. *Daß* wir es tun, ist nichts als natürlich und kein Grund, ein schlechtes Gewissen zu haben, das mehr und mehr Grundlage ökologischen Handelns zu werden scheint. Ohne diesen Ballast könnten wir vermutlich besser überlegen, welchen intelligenten Beitrag wir zum subtilen Zusammenspiel von Mensch und Umwelt leisten können, der beiden Seiten Gewinn bringt.

Die vorherrschende Ökologiedebatte geht stark vom Bild eines Nullsummen-Spiels aus: Was der eine gewinnt, muß der andere verlieren. Seine Gültigkeit erhält dieses Bild von der Existenz einer scharfen Trennungslinie. Gehen wir statt dessen vom Bild zweier Systeme aus, die sich überschneiden und gegenseitig beeinflussen, dann wird auch ein Spiel denkbar, in dem sich beide Systeme gegenseitig befruchten und anregen, so daß beide vom

Zusammenspiel profitieren. Das gilt für das Verhältnis zwischen Natur und Mensch ebenso wie für das Zusammenspiel beider Gehirnhälften.

Das Ziehen von Trennungslinien gehört zum menschlichen Bewußtsein. Selbst wenn wir es wollten, was allerdings keinen Sinn ergeben würde, wir könnten diese Eigenschaft nicht abschaffen. Somit bleibt uns nur ihre *sinnvolle* Nutzung. Wenn wir einmal von der Fiktion herunter sind, der Einsatz dieser Fähigkeit des menschlichen Bewußtseins sei entweder *immer* oder aber *gar nie* sinnvoll, können wir anfangen zu überlegen, bei welcher Gelegenheit eine Trennungslinie sinnvoll ist und bei welcher nicht. Dann werden wir auch der *Relativität* jeder Trennungslinie gewahr: Sie ist immer nur unter bestimmten Voraussetzungen und damit immer nur vorläufig sinnvoll und brauchbar. So verliert sie ihren starren, undurchdringlichen Charakter, wird durchlässig, weich und fließend.

Das für mich schönste Symbol für diese Betrachtungsweise von Trennungslinien ist das chinesische Bild von *Yin und Yang*. Natürlich waren auch die Chinesen den Weg des Zergliederns gegangen, und natürlich waren sie zum Schluß bei einer elementaren Zweiteilung gelandet: null und eins, dunkel und hell, Yin und Yang.

Diese Erkenntnis haben sie nun in ein Bild umgesetzt, einen Kreis, der für jede Art von Sein steht, in dem die eine Hälfte schwarz und die andere weiß ist. Wäre unsere abendländische Kultur auf diese Idee gekommen, dann hätte sie das Bild wohl so gezeichnet:

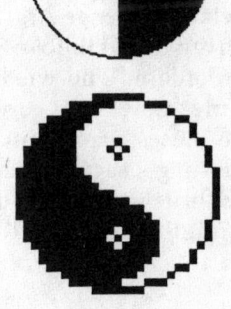

Klare Trennungslinie, klares *Entweder-Oder*!
Tatsächlich sieht das Yin-Yang-Symbol aber so aus:

Die Trennungslinie ist geschwungen, wirkt dadurch fließender, relativer, durchlässiger. Teile, die schwarz sein «sollten», werden so weiß, und umgekehrt. Doch das Verständnis für das subtile Zusammenspiel der beiden Pole reicht noch tiefer. Es wird symbolisiert durch die beiden gegenteilig gefärbten kleinen Kreise mitten in den großen Flächen. Jeder Pol enthält also das Gegenteil in sich, als Symbol dafür, daß in einem Prozeß stetigen Wandels aus Schwarz Weiß werden kann und umgekehrt. Kein starres *Entweder-Oder* also, kein für ewige Zeiten festgelegtes *So ist es – und nicht anders!* Der gegenwärtige Zustand erscheint als relativ, als vorläufig. Die Wirklichkeit schwingt zwischen den beiden Polen, in stetigem, veränderlichem Fluß.

Ein solches Bild ist ein echtes Geschenk, ein Angebot und eine Herausforderung an jedes Bewußtsein, das der ihm natürlich innewohnenden Tendenz zur eigenen Erweiterung folgen möchte. Doch Bewußtseinserweiterung wird auch durch das Yin-Yang-Symbol nicht automatisch mitgeliefert, wie der mancherorts getriebene Umgang mit ihm deutlich macht. Die Rede ist von seiner Nutzung als Symbol für die Polarität *weiblich–männlich*.

Yin bedeutet in der chinesischen Tradition in der Tat weiblich und Yang männlich. Über den Bedeutungsgehalt dieses schillernden Begriffspaars wird noch zu philosophieren sein, für den Moment genügt es, die Begriffe so vage zu verwenden, wie wir sie alle mit kleinen Unterschieden gelernt haben.

Die Einsicht, die Wirklichkeit habe eine weibliche und eine männliche Seite, hat wie bei der Geschichte mit den Gehirnhälften erst einmal zu einer Frontenbildung geführt. Und weil kaum zu übersehen ist, daß die männliche Seite in der Menschheitsgeschichte seit langem deutlich dominierte und dominiert, was dieser Welt eine Menge Ärger eingebrockt hat, ist es nur naheliegend, sich auf die weibliche Seite zu schlagen und für diese mehr Raum zu fordern. Und wieder läuft das alte Band: starre Front, Nullsummen-Spiel statt gegenseitige Befruchtung und Bereicherung. Daß dieses Kapitel nicht heißt «Yin *oder* Yang», sondern «Yin *und* Yang», sagt zu diesem Thema eigentlich schon alles.

Einen Schritt weiter sind die *Androgynisten*. So bezeichne ich eine bestimmte modische Richtung des Nachdenkens über das

Verhältnis von weiblich und männlich. Sie plädieren bei ihrem androgynen Menschenbild (das Wort ergibt sich aus der Zusammensetzung der beiden griechischen Wörter für männlich und weiblich) für eine Verbindung der beiden Seiten. Doch indem sie die Grenze zwischen Yin und Yang aufheben, schaffen sie ein neues starres Gesetz. Ihre Vorstellung der Zusammensetzung von weiblich und männlich ist in zweifacher Hinsicht starr: Sie soll für jedes Individuum gelten, und sie soll über die Zeit hinweg Gültigkeit haben. Was so herauskommt, ist nicht etwa eine Synthese von weiblich und männlich, sondern ein Zwitter, ein geschlechtsloses Etwas. Während eine Synthese der beiden Seiten das Ganze voller und reicher macht, also auf ein höheres Energieniveau bringt, steht der Zwitter für ein energetisch armes Gebilde, in dem sich die beiden Seiten gegenseitig Kraft rauben statt zu geben.

Das ist einmal mehr Bewußtseinsverengung statt -erweiterung. Das Yin-Yang-Symbol hat uns zum Schluß dieses Kapitels noch einmal deutlich gemacht, daß Bewußtseinserweiterung einen stetigen Antrieb voraussetzt, hinter die Dinge zu gucken, weiterzufragen, Lösungen immer nur als vorläufig und nicht als endgültig zu betrachten, weil wir sonst in der Illusion, eine Trennung überwunden zu haben, schon der nächsten aufgesessen sind. Das wirft die Frage auf, woher diese Antriebskraft zu nehmen sei, wenn wir sie nicht stehlen wollen. Das nächste Kapitel wird zeigen, daß wir sie schon haben.

Die Antriebskraft dahinter:

8. Lob der Neugier
oder
Es ist Platz genug

Und die Seele unbewacht
Will in freien Flügen schweben,
Um im Zauberkreis der Nacht
Tief und tausendfach zu leben.

Hermann Hesse

«Warum zum Kuckuck legt dieser Kerl eigentlich soviel Wert auf Bewußtseinserweiterung?» Diese Frage scheint mir an dieser Stelle durchaus berechtigt – und ich werde sie im Laufe dieses Kapitels noch einmal zu beantworten suchen, ehe ich dann danach auf die praktische Realisierbarkeit und auf die vielerorts schon vorhandenen Ansätze zu Bewußtseinserweiterung eingehe.

Die Frage ist nicht einfach zu beantworten, und doch müssen Sie, selbst wenn Sie noch keine eigenen Worte dafür finden, im Verlaufe der bisherigen Lektüre schon das Vorhandensein einer Antwort gespürt haben – denn warum sonst sollten Sie bisher gelesen haben und auf die Fortsetzung neugierig sein?

Vor allem dürften Sie schon darauf gekommen sein, daß das, wofür ich hier ein bißchen die Werbetrommel rühre, kein Zustand ist, sondern ein Prozeß. Zumindest für mich selbst beim Schreiben dieses Buches. Es ist nämlich keineswegs so, daß ich mich mit einem fixfertigen Konzept dessen, was ich schreiben wollte, an den Computer gesetzt hätte. Vielmehr hatte ich, als ich mit Schreiben anfing, zwar eine vage Vorstellung davon, wohin

150

die Reise gehen könnte, doch die Überraschungen, die sich mir unterwegs boten und bieten, überwiegen das Wiedererkennen von Bekanntem bei weitem.

Dieses Buch folgt nicht der Devise vieler Bücher, möglichst schnurgerade von der Ausgangsthese zur Schlußfolgerung zu gelangen. Es strömt in seinem Ideenfluß vielmehr dahin, macht dort eine Biegung und da eine neue und läßt dabei mancherorts ein Geflecht von Seitenarmen entstehen. Es ist damit die sprachliche Umsetzung jenes seltsamen mathematischen Gebildes namens *fractal*, das in seinem spiralförmigen Fließen bei der grafischen Umsetzung auf dem Computerbildschirm wirkt wie das nackte Chaos, um bei näherem Zusehen doch eine sinnvolle Ordnung aufzuweisen, alldieweil es überall an den wuchernden Rändern immer wieder in einer geheimnisvollen Figur endet, die an ein Apfelbaum-Männchen erinnert. In unserem Falle hat dieses Männchen einen Namen: Bewußtseinserweiterung.

Den Prozeß der Bildung eines fractals kann man nur auslösen, um sich dann hinzusetzen und abzuwarten, was geschieht. Genauso komme ich mir vor. Das Buch schreibt sich gleichsam von selbst. Dabei spielen, wenn das Bild denn stimmen würde, die Leistungen der rechten Gehirnhälfte offensichtlich eine entscheidende Rolle. Geheimnisvolle Intuition! Da liegen die einzelnen Puzzlesteine oft lange Zeit herum, wohl sich zu ersten Haufen formend, aber noch kein ganzes Bild ergebend. Dann taucht irgendwo unter dem Teppich ein zusätzliches Steinchen auf. Man hat sein Fehlen nicht mal bemerkt, doch jetzt, wo es da ist, ordnet sich das ganze Puzzle plötzlich von selbst. Im Falle unseres Gehirns stellt sich die Frage: Woher kommt der Antrieb zu diesem ordnenden Prozeß? Und wer oder was weiß, welches Muster Sinn macht, ausgewählt aus Myriaden anderer Möglichkeiten?

Ich habe gelernt, eine solche Frage nicht frontal anzugehen – man nähert sich einer Antwort auf Umwegen oft besser. Und dabei geht die Intuition gelegentlich seltsame Wege. Einen solchen Weg möchte ich Ihnen hier schildern.

Mein Gehirn hatte gerade angefangen, sich auf dieses Kapitel einzustellen, als das fehlende Puzzlestück sich von außen einstellte. Es hat keinen Sinn, bewußt danach zu suchen, man kann nur offen sein für alle Anregungen, die einem im Laufe des Tages oder der Nacht begegnen. Ist man offen genug, macht das Gehirn an der richtigen Stelle von selber «klick!». (Sie sehen, ich fange an, den Rat jedes Verlegers zu befolgen, wonach sich ein Thema nur verkaufen läßt, wenn auch die Frage aller Fragen – *how to do it* – beantwortet wird.)

In der Geschichte, die ich hier erzählen will, war der Anstoß von außen ein Film über *Gandhi*. Hier ein Zitat und dort noch eines, und danach nochmaliges Angucken dessen, was ich eigentlich gesehen hatte – und schon war klar, was in diesem Kapitel zu stehen hat.

Was war denn das entscheidend Neue an Gandhis Ideen – oder zumindest am Mythos, der daraus gestrickt wurde? Auf den ersten Blick erscheinen Gandhis Ideen wie eine Neuauflage des altbekannten Phänomens *Utopie*. Eine Utopie ist die Beschreibung eines erwünschten Zustandes. Aber weil sie sich auf einen *Zustand* fixiert, auf ein starres, unbewegliches Bild, hat jede Utopie schon die Chance ihrer Realisierung verfehlt. Sie übersieht die fließende Natur aller Wirklichkeit. Sie stellt irgendwo in den leeren Raum der Zukunft ein fixes Bild, das oft genug noch aus der Vergangenheit stammt, und hofft, die Wirklichkeit der zukünftigen Entwicklung werde das Bild schon irgendwann einholen. Kein Wunder, daß der Strom der Realität dann eigentlich immer meilenweit an diesem Bild vorbeifließt.

Die Rolle der Utopisten spielen im Gandhi-Drama die professionellen indischen Politiker. Sie entwickeln die Utopie eines Indien ohne fremde Besatzer, das sich dann, dieses einzigen Unterschieds wegen, von selbst zum Paradies wandelt. Die Realität hat aus dieser Utopie gemacht, was sie immer war – einen knochentrockenen Gedanken ohne einen Funken Leben.

Ebenso leblos war der Zukunftsentwurf der britischen Kolonialherren, obwohl diese zum Gegenteil der Utopie griffen, nämlich zur Verlängerung des bisher Geschehenen in die Zukunft. Lineare Extrapolation heißt das etwas hochgeschraubt. Es handelt sich dabei um nichts anderes als die faule Ausrede jedes Denkfaulen: *Es ist bisher gutgegangen, also wird es in Ewigkeit weiter gutgehen* Die Geschichte hat auch über diese Haltung ihr klares Urteil gesprochen.

Gandhi war weder Utopist noch Realist im britischen Sinne. Er war ein *Visionär*. Einen Visionär zeichnet aus, daß er sich des fließenden Charakters der Wirklichkeit bewußt ist. Beide Entwicklungsstränge, derjenige des Denkbaren und derjenige des Wünschbaren, sind Flüsse in der Zeit, die einem fractal gleichen. Ihr Verlauf läßt sich nicht mit Sicherheit vorauswissen, doch er läßt sich voraus*ahnen*. Die Vision ist dann der Ort, wo die beiden Ströme zusammenfließen. Natürlich ist auch das kein Ort von Stabilität und Sicherheit, sondern einfach ein weiterer Fluß mit Wirbeln und Strömungen, in dem man sich immer wieder aufs neue orientieren muß. Das ist kein einfacher Prozeß, aber eine echte Vision enthält mehr Chancen zu ihrer Realisierung als Utopien und lineare Extrapolationen zusammen.

Gandhi hat diese Gesetzmäßigkeiten erkannt. Als echter Visionär handelte er nicht mit Zuständen, sondern mit Prozessen. Er hatte sehr ausgeprägte Vorstellungen darüber, wie die Welt ein besserer Ort werden könnte, doch er war ebenso geschickt darin, mit den Realitäten seiner Umwelt umzugehen, sie spielerisch in die gewünschte Richtung zu lenken. Daß dabei manches herauskam, was ihn tief betrübte, wiegt wenig angesichts dessen, was er mit diesem visionären Denken in Bewegung gesetzt hat.

So obszön es klingen mag: Er ist als einzelner Mensch, der mit seinen Visionen Bewegung in erstarrte Fronten gebracht hat, in diesem Jahrhundert nur mit einem zu vergleichen, nämlich mit Adolf Hitler. Auch Hitler war ohne Zweifel ein Visionär im geschilderten Sinne. Der Unterschied liegt in der Richtung der Visionen. Hitler bezog seine aus vergangenen Mythen, wollte untergegangene Kräfte der Menschheitsgeschichte wiederbeleben. Gandhis Visionen zielten vorwärts, in die Richtung des noch nicht Gekannten, noch nicht Gewagten. Während Hitler die Kraft für seine Visionen aus einem erschreckend verengten Bewußtsein bezog, war die Triebfeder von Gandhis Visionen die Kraft, die aus einem Stück Bewußtseinserweiterung fließt.

Gandhi ging es um einen Prozeß, nämlich um die Überwindung von Grenzen zwischen den Menschen. Er sah nicht ein, daß die simple Tatsache der Zugehörigkeit zu einer bestimmten menschlichen Rasse ausreichen sollte, um alle Menschen dieser Rasse in eine bestimmte, minderwertige Schublade zu stecken und damit einen Rechtfertigungsgrund für eine miese Behandlung dieser Menschen zu gewinnen. Das galt für ihn in seinen Jahren in Südafrika für die Trennung zwischen Weißen und Farbigen ebenso wie später in Indien für die Grenze zwischen Briten und Indern, aber auch zwischen Moslems und Hindus.

Den Schlüsselsatz spricht er im Film zu einem weißen südafrikanischen Polizeibeamten, der ihn gerade wieder mal verhaftet: *Eines Tages wirst du erkennen, daß Platz für alle da ist.* Noch befinden wir uns in der Situation des weißen Polizisten, der Angst hat, der Platz für ihn würde zu eng. Die Weltbevölkerung wächst unaufhörlich, wir wachsen näher zusammen – und da ist sie wieder, die Urangst, die auch Hitler handeln ließ: die Angst, der Raum würde knapp.

Von dieser Angst kann uns nur eine Einsicht erlösen, also ein Schritt auf dem unendlichen Weg der Bewußtseinserweiterung. Diese Einsicht lautet, daß wir uns den Platz mit der Ziehung künstlicher Grenzen ebenso künstlich selber eng machen. Wenn wir die starren Grenzen unseres Egos nicht mehr für verteidigenswerte Bollwerke halten, sondern für einen Platz, an dem gegenseitig befruchtender Austausch möglich wird, dann ist in der Tat plötzlich Platz für alle da. Die Auflösung von bisher starren Grenzen und ihre Transformation in Stätten des gegenseitigen Austausches ist eine andere Formulierung für Bewußtseinserweiterung. Wenn die Menschheit nicht zusammenwächst zu einer Schicksalsgemeinschaft, die den ganzen Planeten umfaßt, hat sie kaum Chancen zum Überleben und schon gar keine Aussicht auf eine befriedigende Qualität des Erlebens. Es führt also kein Weg daran vorbei: Wir werden eins – *nur* durch Bewußtseinserweiterung. Was zu beweisen war.

Nur, wie macht man das? Utopisten stellen die Frage nach dem *Was nun?* auch gelegentlich – und sie haben immer schon eine fertige Antwort bereit. Nicht so ein Visionär wie Gandhi. Immer wieder zieht er sich zurück, macht sich frei von alten Antworten und schafft damit Platz für neue. Als eine glühende Verehrerin aus England ankommt und sich sogleich ins Getümmel des nächsten Protestmarsches stürzen will, gibt er ihr eine unvergleichliche Antwort: *Erst wird gesponnen, dann wird marschiert!* Diese Priorität bezieht sich vordergründig auf eine sehr kluge Idee Gandhis, der sich auch über die ökonomischen Wurzeln des indischen Elends Gedanken gemacht hat und zum Schluß kam, daß Indien nur eine Chance habe, wenn es sich auf seine Tradition der Selbstversorgung besinne, am schönsten symbolisiert im Gewand aus selbstgesponnenem Stoff. Doch das Wort «spinnen» hat im Deutschen einen doppelbödigen Gehalt. Es bezeichnet auch eine bestimmte Art geistiger Tätigkeit, die nicht eben hoch bewertet wird. Aber wie viele Denker, die das Bewußtsein der Menschheit durch neue Einsichten ein Stück erweitert haben, galten erst einmal als Spinner?

Bewußtseinserweiterung bewegt sich nie auf bekannten, ausgetretenen Pfaden, sie erschließt immer Neuland, ist zuerst, an den Maßstäben des Alten gemessen, immer «nur» Spinnerei. Aber nur wenn dieser Prozeß dem Handeln vorangeht, besteht eine Chance, wirklich neue Ufer zu erreichen. Die Geschichte ist voll von Utopisten, die zu früh losstürmten und damit das Gegenteil ihrer sicher oft ehrenwerten Absichten erreichten.

Das ist kein Plädoyer für Passivität. Wenn dem Prozeß der Bewußtseinserweiterung Raum zur Entfaltung gegeben wird, kommt irgendwann die echte Bereitschaft zum klugen Handeln von selbst. Die Geschichte Gandhis bietet dafür ausreichend Gelegenheit zum Lernen am Modell.

Sich in diesen Prozeß einzuklinken, sich von ihm wie ein Wellenreiter tragen zu lassen setzt natürlich ein großes Stück Vertrauen voraus. Gandhi hat dieses Vertrauen verkörpert. Aber worauf hat er eigentlich vertraut?

Er selbst nannte diese Kraft «Gott» oder die «Kräfte der Liebe und des Guten». Beides sind nicht unbedingt Mythen, die in unserer nüchternen westlichen Kultur noch besondere Kräfte zu entfesseln versprechen. Wir brauchen einen neuen Mythos, der die Kraft benennt, auf die wir vertrauen können.

Noch einmal liefert Gandhi einen Schlüssel. Das Stichwort, das in unserem Bewußtsein untrennbar mit dem Namen Gandhi verknüpft ist, heißt *Gewaltlosigkeit*. Das hieß für ihn, wie wir aus der Geschichte der von ihm inspirierten Bewegung wissen, keineswegs kraftloses, passives Resignieren. Für Gandhi war Gewaltlosigkeit vielmehr das wirksamste Mittel in der Auseinandersetzung mit Gewalt in all ihren Formen, zu der neben roher

Brutalität wirtschaftliche Ausbeutung ebenso gehört wie die Behandlung von Menschen als Angehörige einer niedrigeren Klasse oder Kaste.

Diese Auseinandersetzung wurde als *Kampf* verstanden, der nur zu gewinnen war, wenn man dafür die wirksamste Form von Energie mobilisierte.

In dieser Situation auf die *Kräfte der Liebe* zu setzen ist kein Zeichen von Schwäche, sondern von *Intelligenz*. Gewalt gewinnt ihre Energie aus Enge, Starre, Unduldsamkeit, Phantasielosigkeit, aus Dummheit also. Will man ihr mit denselben Waffen begegnen, so wird man nur erfolgreich sein, wenn man sich auf noch mehr Dummheit einläßt – und damit noch mehr Gewalt erzeugt. Logische Schlußfolgerung: Wer sich auf den Kampf gegen Gewalt mit den Mitteln eben dieser Gewalt einläßt, wird ihre Kraft vergrößern statt verkleinern. Der Kampf ist also verloren, ehe er begonnen hat. So handelt nur ein eingeengtes Bewußtsein.

Ein Bewußtsein, das über die ihm künstlich gesetzten Grenzen hinausgreift, ist schöpferisch, ist liebevoll, ist intelligent – das pure Gegenteil von Gewalt. Und nur wer der Kraft der Gewalt eine Energie gegenüberstellt, die ganz andere Qualitäten aufweist als die zu bekämpfende, wird erfolgreich sein. Das hat Gandhi erkannt und erfolgreich umgesetzt, denn seine Erfolge sind die Erfolge einer schöpferischen Intelligenz. Und genauso, wie Gewalt eine nicht zu leugnende Kraft in unserer Wirklichkeit ist, ist es auch diese andere Energie mit ihren ganz gegensätzlichen Qualitäten.

Haben wir es also einfach mit dem alten Kampf zwischen Gut und Böse zu tun? Das ist eine verkürzte, auf menschliche Moralbegriffe eingeengte Betrachtungsweise, aber sie liefert uns einen wichtigen Hinweis darauf, daß es sich tatsächlich um *zwei entgegengesetzte* Kräfte handeln könnte. Die eine zerstört, die andere baut auf. Und wenn wir für einen Moment erkennen können, daß wir nicht wie die Kinder allem ein Gesicht und einen Namen geben müssen (Gott und Teufel zum Beispiel) und daß unsere gelernten Maßstäbe von «richtig» und «falsch» nichts als Kunstgebilde sind, dann bekommen wir den Blick frei dafür, daß diese beiden entgegengesetzten Kräfte in unserem ganzen Universum am Werk sind – im inneren Reich unseres Bewußtseins und in der äußeren Welt des ganzen Kosmos – was immer wieder auch eine Erinnerung daran ist, wie wenig sich diese beiden Aspekte trennen lassen ...

Wir sind diesen beiden Kräften auch in diesem Buch schon mehrfach begegnet. Wir haben am Anfang einen Streifzug durch die Geschichte der Evolution unternommen, von ihren ersten Anfängen bis zu dem, was wir als komplexeste Anordnung von Materie kennen – dem Drei-Pfund-Universum unseres Gehirns. Die eine Kraft hat die Menschheit dabei wohl studiert und in Worte fassen können, denn sie entspricht genau dem rational-analytischen Denken. Sie heißt in der Sprache der Physiker *Entropie* und bezeichnet jene Kraft, die aller Materie einen Trend nach unten gibt. Würde in unserem Universum ausschließlich die Entropie walten, so wäre bald alle Materie im Zustand der größten denkbaren Unordnung, und die vorhandene Energie würde überall auf dem gleichen, tiefen Niveau ruhen. Die Entropie ist also die Kraft des Zergliederns, des Auflösens, des Zerstörens, der Dunkelheit.

Es gibt deswegen keinen Grund, diese Kraft zu verdammen, nicht nur, weil sie sich darum kaum kümmern würde, sondern weil wir alle aus einfacher Naturbeobachtung lernen können, daß es keine Schöpfung ohne Zerstörung gibt, kein Wachsen ohne Zerfall, kein Leben ohne Tod. Die Entropie ist der eine Pol einer Schwingung, die immer zwischen zwei Polen tanzt und diese damit untrennbar miteinander verbindet.

Das heißt aber auch, daß es den Gegenpol geben muß. Er ist schwerer zu fassen, läßt sich nicht in ein ausschließlich analytisches Denken pressen. Und doch hat gerade dieses Denken in den letzten paar Jahrzehnten unübersehbare Belege für seine Existenz gebracht. Die Rede ist einmal mehr von der Geschichte der Evolution. Je mehr wir darüber mit Hilfe wissenschaftlicher, also analytischer Arbeit unseres Bewußtseins erfahren, desto klarer wird, daß in der Evolution eine Kraft am Werk sein muß, die weit über analytische Erfaßbarkeit hinausreicht.

Denn die Geschichte der Evolution ist eine Geschichte von Prozessen, die das pure Gegenteil von Entropie verkörpern. Einfachste Atome haben sich zu komplexeren Atomen geformt und diese wiederum zu immer komplexeren Molekülen, also Atom-

verbindungen. Schon in den Weiten des Kosmos, die uns kalt und unbelebt erscheinen, war diese Kraft so erfolgreich, daß sie die Grundbestandteile des uns bekannten Lebens produziert hat.

Und auf unserem wunderschönen Planeten ging diese Entwicklung stürmisch weiter. Moleküle schlossen sich zu Zellen zusammen, Zellen zu immer komplexeren Organen und Organismen. In all diesen Schritten der Evolution lassen sich dieselben Vorgänge beobachten: Aus einfachen Einzelteilen werden komplexe Ganze, aus einem tiefen Niveau der benötigten Energie werden immer energiereichere Systeme. Und immer wieder kam es vor, daß diese Zunahme von Komplexität und Energie etwas völlig Neues geschaffen hat. So war es, als das Leben entstand, und so war es auch, als das menschliche Bewußtsein geboren wurde. In beiden Fällen wurde jeweils eine *neue Ebene* erreicht, auf der die Entwicklung zu mehr Komplexität, mehr Energie und damit auch mehr Freiheit munter weiterging. Auch das menschliche Bewußtsein ist nicht da stehengeblieben, wo es angefangen hat, sondern hat sich weiter und weiter entwickelt.

Es gehört schon eine gehörige Portion Ignoranz dazu, die in diesen ganzen Prozessen waltende Kraft entweder schlicht zu ignorieren oder sie als «reinen Zufall» abzutun. Und der Bedarf an Ignoranz steigt, denn die Hinweise mehren sich, daß die biologische Evolution keineswegs so stark von den Prinzipien des blinden Zufalls und des brutalen Überlebenskampfes geleitet worden ist, wie man uns das eine Zeitlang weiszumachen suchte. Ganz offensichtlich waren Kooperation und *friedlicher* Wettbewerb ebenso wichtig, so daß immer mehr ernsthafte Forscher zum Schluß kommen, es gebe so etwas wie eine evolutionäre *Richtung,* ja gar *Absicht,* aber doch auf jeden Fall eine starke Kraft, die in eine Richtung drängt, die wir immer besser erkennen können.

Evolutionärer Drive wird diese Kraft manchmal genannt oder auch *élan vital.* Beide Bezeichnungen sind mir noch zu vage, zu ungerichtet. Doch weil jeder Mythos an Kraft gewinnt, wenn er sinnvoll benannt werden kann, mache ich hier einen Taufvorschlag für die Kraft des Schöpferischen, die in uns und um uns so unübersehbar am Werke ist: *Eros.*

Wenn wir dem tiefen, kraftvollen Sinn dieses Wortes näherkommen wollen, müssen wir uns erst einmal durch einen ganzen

Berg von historischem Schutt wühlen. Wie sehr der Begriff auf den Hund gekommen ist, zeigt sich am widerwärtigsten in seiner Verwendung als «Eroscenter». Wenn Eros ausgerechnet im Puff gesucht wird, am Ort, wo Sexualität auf dem tiefstmöglichen Energieniveau stattfindet, dann war wohl eher die Entropie am Werk als *Eros*.

Dasselbe gilt, wenn Eros schlicht als ursprünglich griechische und dann römische Gottheit betrachtet wird. Aus Eros wurde im Lateinischen *Cupido* oder *Amor*, ein niedliches Engelchen mit Pfeilen, die einen schon mal ordentlich kratzen können, aber letztlich doch eine ziemlich harmlose Waffe bilden. Auch das kann noch nicht das kraftvolle Symbol für die schöpferische Kraft sein, das wir suchen.

Doch dann findet sich in einem simplen Taschenlexikon ein wichtiger Hinweis: *ursprünglich als ordnendes Urprinzip der Weltentstehung gedacht* ... Da haben wir die starke Kraft («Urprinzip»), die schöpferisch wirkt («Weltentstehung»), indem sie das Gegenteil der Entropie bewirkt («ordnend»). Als der Psychologen-Urvater Sigmund Freud seine starken philosophischen Momente hatte, nannte er die beiden Urkräfte der menschlichen Seele *Thanatos* (die griechische Bezeichnung für die Kraft des Todes) und eben *Eros*. Liegt es da nicht nahe, in einer Zeit, in der wir besser wissen als Freud, daß die menschliche Seele denselben Gesetzen gehorcht wie die Welt um sie herum, bei diesem offenbar ursprünglich genau in unserem Sinne gebrauchten Namen zu bleiben?

Bei genauerer Betrachtung ist nicht zu übersehen, daß das Wort *Eros* etwas von seiner ursprünglichen Kraft behalten hat. Jeder halbwegs gesunde Mensch wird im Laufe seines Lebens merken, daß Erotik ein viel weiteres Feld umfaßt als Sex, daß Sex ohne Erotik zur Turnübung verkommt. Ein erotisches Prickeln spricht auch den Körper an, aber eben nicht nur, es berührt auch unseren Geist, unsere Seele. Sex ohne Liebe ist denkbar, Erotik nicht – auch wenn das Wort «Liebe» sicher noch viel mehr strapaziert worden ist als der auch schon bedauernswerte Eros.

Doch gerade wenn wir, einem gedankenlosen Sprachgebrauch folgend, Erotik auf das Feld der sexuell getönten Beziehung zwischen zwei Menschen einengen, kommen wir dem Wesen von

Eros näher. Wir wissen alle aus eigener Erfahrung, daß Eros eine *Anziehungskraft* ist. Zwei bisher Getrennte versuchen, indem sie Eros folgen, sich auf eine wie auch immer geartete Weise zu vereinigen, zu verbinden. Eros ist also die Kraft, die dazu drängt, getrennte Teile zu einer höheren Ordnung zusammenzufügen.

Wenn wir den Blick einmal freibekommen für diese *Essenz* von Eros, dann erblicken wir seine Kraft überall. Zum Beispiel in den strotzenden Knospen eines Frühlingsbaumes. Und natürlich auch bei Menschen. Jeder Handwerker, der liebevoll mit einem Werkstück umgeht, jede Mutter, die ihrem Kind liebevoll hilft, ein Stück neues Wissen zu verdauen, jeder Künstler, der seiner Schöpfung liebevoll auf die Welt hilft, hat eine erotische Beziehung zu dem, was sie/er ist und was sie/er tut. Eros hilft dabei, bisher getrennte Teile zu einem größeren Ganzen zu verbinden – und diese Kraft ist es auch, die die Energien wachsen läßt, die dabei im Spiel sind. Diese Energie ist bei den Menschen, durch die Eros strömt, sichtbar und spürbar als Kraft, als Ausgeglichenheit, als Spaß, Freude und Lust. Oder, um es mit Goethe zu sagen: *Es ist eine unaussprechliche Glückseligkeit, wenn Gesinnungen und Empfindungen zwischen zwei Wesen wechseln, ohne irgend anzustoßen, zurückgehalten oder geschreckt zu werden.*

Bewußtseinserweiterung, dies dürfte klargeworden sein, ist ein erotischer Prozeß, ist die für uns Menschen am unmittelbarsten erfahrbare Ausdrucksweise der universalen Kraft Eros. Sie bedeutet die Verbindung von bisher Getrenntem, fördert den Aufbau immer komplexerer und damit freierer Systeme, und sie bewirkt eine Anhebung des Energieniveaus in Form von Liebe, Schönheit, Freude und Lust.

Und damit haben Sie auch die letztlich allein überzeugende Begründung dafür, warum mir soviel an der Sache liegt: *Bewußtseinserweiterung macht Spaß!*

An dieser Stelle taucht unweigerlich die in Zeiten der hemmungslosen Verehrung von *Machern* naheliegende Frage auf: «Das ist ja alles ganz schön, aber wie wecke ich jetzt Eros in mir? Was tue ich, um dieser Kraft mehr Einfluß zu geben?» Die Antwort auf diese Frage klingt entweder brutal: Du *kannst* rein gar nichts tun! Oder sie enthält eine tröstliche Botschaft: Du *brauchst* nichts zu tun. Alles eine Frage der Wahrnehmung.

Und genau darum geht es. Sie erinnern sich vielleicht an den Teil dieses Buches, wo es darum ging, sich im Bild von den Wellen und Interferenzen auszumalen, wovon wir eigentlich reden, wenn wir von Bewußtsein sprechen. Damals kam ich zum Schluß, die eigentliche Bestimmung des menschlichen Bewußtseins, der Kern des individuellen Ichs, sei die Beobachtung, das heißt die Wahrnehmung. Das läßt sich wunderschön theoretisch ableiten, aber der beste Beleg ist erneut eine Erfahrung: Alle, die den Zustand kennen, in dem wir reine Beobachter sind, in denen wir nicht mehr beurteilen und damit Grenzen ziehen müssen, in denen alles, was wir erfahren und erleben, Sinn macht und damit dieselbe Daseinsberechtigung hat, weiß auch, daß es keinen Gemütszustand gibt, der mehr vom seligen Zustand heiterer Gelassenheit enthält. Wer diesen Zustand auch nur ein einzigesmal kennengelernt hat, hat in sich ein tiefes Wissen darüber, daß in dieser Richtung das liegen muß, was wir als Menschen erreichen können.

Von dieser Warte aus werden die Dinge ganz einfach. Von da aus sehen wir das Walten der beiden Kräfte Entropie und Eros (im Bild des doppelten Bewußtseinstrichters als abwärts- und aufwärtsstrebende Kraft symbolisiert). Und an diesem Ort des eigentlichen menschlichen Daheimseins erfahren wir, daß wir mit unserem Willen keine dieser beiden Kräfte umbiegen oder wekken können – sie sind einfach da. Aber, wie wir im Bild des Schleusenwärters gelernt haben, können wir das Wirken dieser Kräfte sehr wohl erleichtern oder behindern.

Hier hört das Bild auf, symmetrisch zu sein. Den Fluß der Entropie-Kraft brauchen wir nicht zu erleichtern, sie wirkt auch so ausreichend. Und wenn wir sie behindern wollen, verstärken wir meist nur ihre Gewalt. Das war das, was Gandhi erkannt hatte. Wir können ihr nur das ganz andere der Kraft von Eros entgegensetzen.

Deren Fließen behindern wir andauernd, und das bekommt ihr nicht gut. Diese Kraft ist sehr wohl darauf angewiesen, daß wir ihr möglichst wenig Dämme bauen. Immer dann, wenn sich in uns eine Grenze aufzulösen beginnt, wird ein solcher Damm kleiner.

Und diese Energie birgt glücklicherweise noch ein Geheimnis – und das ist dann auch schon *das ganze Geheimnis*. Sie fließt nämlich immer dann stärker und kraftvoller, wenn wir sie zur Kenntnis nehmen, sie wahrnehmen, sie uns bewußt machen. Auch dafür steht Gandhi, doch dieser Zauber ist nicht auf herausragende Menschen beschränkt, er gilt für alle. Niemand kann uns diese Fähigkeit, *Eros wahrzunehmen und damit fließen zu lassen*, beibringen. Aber wir können sie lernen.

Wo wir dabei anfangen, ist unerheblich. Wir können zum Beispiel damit anfangen, das Wirken von Eros «außen» wahrzunehmen, in der langen Geschichte der Evolution vom Urknall bis heute. Am nächsten liegt uns dabei naturgemäß die Geschichte des menschlichen Bewußtseins. Ich gehöre nicht zu denen, die in dieser Geschichte nichts anderes sehen als einen linearen Fortschritt – zu deutlich sind die vielen Rückschläge auf diesem Weg. Und dennoch sehe ich die Auswirkungen von Eros in der Ausweitung des menschlichen Bewußtseins. Wir haben angefangen, bis an die Ränder von Kosmos und Zeit zu sehen, wir haben wunderbare religiöse und philosophische Entwürfe sowie Werke in allen möglichen Künsten hervorgebracht, unser Wissen hat sich in einem kaum vorstellbaren Maße erweitert – und oft genug auch vertieft. In einem Zeitraum, der mit Maßstäben der biologischen Evolution gesehen extrem kurz ist, hat sich das Bewußtsein der Menschheit enorm erweitert.

Was trieb und treibt die Menschen an zu diesem Prozeß? Der Drang zu wissen, Neues zu erfahren, bestehende Grenzen zu überwinden, Forschergeist – oder eben, banaler und damit menschlicher formuliert, die *Neugier*. Keine andere Kraft kann die Geschichte menschlicher Bewußtseinserweiterung besser erklären als diese oft verkannte Eigenschaft. Neugier ist ja weit mehr, als unbedingt wissen zu wollen, was hinter Nachbars Vorhang so alles passiert. Neugier ist eine neutrale Antriebskraft, die nichts anderes will, als den Raum unseres Bewußtseins auszuweiten. In welche Richtung diese Ausweitung geht, ist ihr relativ egal. Das kann eine Vermehrung von Faktenwissen sein oder die Einsicht in bisher unbekannte Zusammenhänge, es kann sich um die Erforschung des Weltraums handeln oder der inneren, seelischen Räume, und sie kann sich im Anlegen eines Gartens ebenso äußern wie in der Schaffung eines Kunstwerks. Wo Neugier ein Werkzeug von Eros ist, handelt es sich um eine kreative, um eine schöpferische Kraft. Wahre Neugier weiß, daß genug Platz für alles da ist, was dem beobachtenden Bewußtsein auch immer unterkommen mag. Der Raum unseres Bewußtseins ist prinzipiell unbegrenzt, oder es wird doch zumindest noch lange, lange dauern, bis die Menschheit diese Grenzen erreicht. Nur das kleine Kind, das mitten in den Bergen aufwächst, wundert sich noch darüber, daß hinter den Bergen auch Leute wohnen.

Unsere Angst davor, hinter dem nächsten Berg lauere ein Ungeheuer, das den weiteren Weg versperrt, resultiert ausschließlich daraus, daß wir unsere bisherigen Erfahrungen mit Begrenztheit zu sehr verallgemeinern. Es gibt noch eine Menge Raum da draußen. Unsere Sprache weiß hier Bescheid: Wenn wir lernen, lernen wir immer *dazu*. Das bisher Gelernte braucht deswegen nicht zu verschwinden. Es kann seinen Platz behalten. Alles, was geschieht, ist, daß wir diesen Platz nicht mehr für den Nabel der Welt halten, daß wir begreifen, daß es nichts gibt, was für sich Bedeutung hätte, sondern daß alles seine Bedeutung erst in der Beziehung mit anderem bekommt. Das ist der tiefere Sinn des Wortes *Relativität*.

Wenn wir noch einen Moment beim Blick nach draußen bleiben, sehen wir natürlich auch, daß es sicher *individuelle* Grenzen gibt, zumindest dann, wenn wir Bewußtsein mit Wissen gleichsetzen. Noch vor wenigen hundert Jahren konnte ein entsprechend ausgestattetes Gehirn so ziemlich über das ganze Wissen verfügen, das es damals gab. Heute ist das selbst für das größte Genie ein Ding absoluter Unmöglichkeit. Doch das ist alles andere als ein Grund zum Verzweifeln. Das Wissen, das die Menschheit als Ganzes ansammelt, ist für die einzelnen nicht verloren. Zum einen erreicht es die einzelnen dennoch, wenn auch auf indirektem Wege (Sie brauchen nicht zu wissen, wie ein Computer funktioniert, um mit ihm arbeiten zu können). Und zum anderen haben wir heute Möglichkeiten wie nie zuvor, an ein bestimmtes Wissen zu gelangen, wenn unsere ganz individuelle Ausprägung von Neugier dies wünscht. Und die Summe dieser individuellen Neugier ergibt für die Menschheit insgesamt ein Ganzes, das wieder einmal mehr ist als die Summe der Teile. Auch das heißt: *Wir werden eins.*

Auf der Suche nach dem Wirken von Eros ist der Blick nach außen hilfreich. Doch noch ergiebiger ist ein Blick nach innen. Nicht in Form von Nabelschau – man erfährt bekanntlich eine Menge über sich selbst, wenn man sich andere Menschen genau ansieht. Und doch führt kein Weg daran vorbei, daß nichts uns so viel über das Bewußtsein lehrt wie der Blick in das eigene.

Diesen Blick zu lernen ist ein lebenslanger Job, genauso wie Bewußtseinserweiterung bis an das Ende unseres Lebens und vermutlich darüber hinaus andauert. Im nächsten Teil dieses Buches möchte ich Ihnen aus eigener Erfahrung ein paar Etappen dieses Weges beschreiben. Ich tue dies nicht etwa, weil ich davon ausgehe, Sie würden genau denselben Weg zurücklegen. Nach allem, was ich bisher über die Individualität von solchen Prozessen ausgesagt habe, wäre dies auch ein schlechter Witz. Wo alles relativ ist, kann es keine dogmatische Allgemeingültigkeit geben. Es ist eines der größten Geschenke unseres Zeit, daß immer mehr Raum für echte Individualität entsteht.

Das Wort «Individuum» bedeutet übrigens interessanterweise ebenso wie Atom das «Unteilbare». Wir haben auf der Suche nach dem konstanten Ich herausgefunden, daß es tatsächlich etwas in uns gibt, was unteilbar und konstant erscheint – den *Beobachter*. Im unendlichen Netz, das das Bewußtsein auf allen Ebenen bildet, vom Bewußtsein eines Elementarteilchens über unser eigenes bis hin zu den Ebenen, die wir nur erahnen können, gibt es Knotenpunkte. Jeder dieser Punkte hat einen einzigartigen Ort in diesem Netz. Weil nur von diesem Ort das Ganze auf diese ganz bestimmte Weise wahrgenommen werden kann, weil kein anderer diesen Ort einnehmen kann, macht die Existenz des unteilbaren Individuums Sinn.

Unteilbar heißt nicht unwandelbar. So, wie sich das Ganze ständig wandelt, wandelt sich auch das Individuum. Aus einem Punkt wird eine Linie – keine Gerade, sondern ein verschlungener Pfad mit vielen Krümmungen. Und jeder dieser Pfade kann wieder nur von dem Individuum begangen werden, zu dem er gehört. Bewußtseinserweiterung ist also das Individuellste, was sich vorstellen läßt.

Nein, der Grund dafür, eigene Erfahrungen zu beschreiben, liegt darin, daß es hinter allen Unterschieden auch Gemeinsamkeiten im Prozeß von Bewußtseinserweiterung gibt ... Sie haben zum Beispiel mit einer ganzen Anzahl anderer Menschen die Gemeinsamkeit, daß Sie dieses Buch bis hierher gelesen haben – obwohl es nun weiß Gott nicht auf einfachste Weise von A nach B führt. Was hat Sie und all die anderen dazu angetrieben?

Da wir nicht mehr in Zeiten leben, wo man ein Buch unbedingt gelesen haben muß, können wir davon ausgehen, daß Sie es freiwillig getan haben. Oder anders formuliert: Sie haben die Kraft in sich zugelassen, die Sie hat lesen lassen. Da ich nicht davon ausgehe, daß Sie zu den Menschen gehören, denen es Spaß macht, sich selber zu quälen, schließe ich, daß bei aller geistigen Anstrengung, die diese Tätigkeit erfordert hat, der Spaß, der aus befriedigter Neugier kommt, überwogen haben muß.

Und damit haben Sie schon einen ersten Ansatzpunkt für das Wirken von Eros in Ihnen gefunden, diesmal in Form der Neugier. Ich bin mir ganz sicher, daß Sie noch eine ganze Menge davon finden werden. Die nächsten Kapitel wollen nicht mehr, als Ihnen ein paar Hinweise darauf zu geben, wo es sich lohnen könnte, die Augen offen zu halten. Wenn Ihre Augen dadurch etwas geübter geworden sind, werden Sie auch leichter erkennen, was ich Ihnen im letzten Teil des Buches zeigen möchte: daß es nämlich stimmt: *Wir werden eins – durch Bewußtseinserweiterung, und Bewußtseinserweiterung macht Spaß.*

Teil 4: Bewußtseinserweiterung konkret:

VOM IRRENHAUS ZUR EKSTASE

Shine on, you crazy diamond!
Come on, You ... and shine!

(Strahle weiter, du verrückter Diamant!
Los komm, Du ... und erstrahle!)

Pink Floyd

Zu den faszinierendsten Errungenschaften moderner Technik gehört für mich die Möglichkeit, bisher Unsichtbares sichtbar zu machen. Das gilt für die Welt des ganz Großen, für den Blick weit hinaus ins All und von da zurück zu unserem verletzlichen blauen Planeten ebenso wie für die Welt des ganz Kleinen.

Dazu gehören zum Beispiel die fotografischen Aufnahmen von der Entstehung des menschlichen Lebens im Mutterleib. Reihen wir die Bilder vom Moment der Zeugung bis zur Geburt aneinander und lassen sie wie einen Film im Zeitraffer ablaufen, wird ein seltsames Phänomen sichtbar: Die Entwicklung der menschlichen Frucht ähnelt nämlich in erstaunlichem Maße der Entwicklung des Lebens auf der Erde.

Am Anfang sehen wir ein einzelliges Lebewesen, das im Laufe seines Wachstums immer mehr Zellen bekommt, spezialisierte Organe entwickelt und so den Prozeß der Differenzierung nachvollzieht, den das Leben insgesamt auf seinem Weg zu immer komplexeren Formen durchlaufen hat. Es gibt Entwicklungsstadien des Embryos, die an Fische erinnern, dann an Amphibien, an

Reptilien, an erste einfache Säugetiere. Die Evolution von Leben, die Milliarden von Jahren gedauert hat, wird in ein paar Wochen und Monaten noch mal nachgespielt, gleichsam als stetige Erinnerung daran, daß wir Menschen nicht aus dem Nichts kommen, sondern denselben Mustern folgen, die überall um uns herum zu finden sind.

Das ist nur die eine Seite des Wachsens eines kleinen Menschen im Mutterleib. Ziemlich früh setzt nämlich auch die Individualisierung ein, und wenn das Baby auf die Welt kommt, ist es bereits ein unverwechselbares Individuum, einzigartig in seiner Art.

Diese Ähnlichkeit von Mustern ist ein Phänomen, dem wir immer wieder begegnen, wenn wir offen sind für die ganze Bandbreite unserer Wirklichkeit. Sie erinnern sich an das Beispiel der Meinungsforschung: Man kann genaue Wahrscheinlichkeiten für das Auftreten eines bestimmten Merkmals bei einem einzelnen Menschen errechnen, doch die tatsächliche Existenz dieses Merkmals hängt von einer Größe ab, für die wir noch keinen besseren Namen als *Zufall* gefunden haben. Genau dasselbe Prinzip ist auf der Ebene der kleinsten Elementar-«Teilchen» zu finden.

Oder nehmen wir die Astrologie. Man kann davon halten, was man will, man kann zu Recht skeptisch gegenüber dem sein, was heutzutage häufig unter diesem Stichwort auf dem Markt ist – doch unabhängig davon gibt es genügend Hinweise auf eine rätselhafte Verknüpfung irdischer Schicksale mit der Konstellation der Planeten in unserem Sonnensystem, so als ob die gleichen Muster auf der planetaren Ebene und in einem menschlichen Lebenslauf zu finden wären.

Wenn Ihnen das schon zu esoterisch klingt, nehmen Sie ein Muster wie die *Spirale*. Sie finden dieses Muster in der Form von Galaxien ebenso wie in einem Schneckenhaus oder im menschlichen Gehörgang. Und übertragen auf eine weniger materielle Ebene gleicht unser Leben oft genug einer Spirale: Wir drehen uns scheinbar im Kreis, doch wenn wir an den Ausgangspunkt zurückkehren, befinden wir uns auf einer anderen Ebene.

Man mag hier einwenden, diese seltsame Übereinstimmung von Mustern im Großen wie im Kleinen sei schlicht darauf zurückzuführen, daß wir Menschen gar keine anderen Muster erkennen könnten als die, die wir in uns selber kennen. Der Einwand läßt sich nicht widerlegen und ist ein klarer Hinweis darauf, daß es nicht *die* Wahrheit gibt, sondern nur *unsere* Wahrheit. Aber nachdem es nun mal für uns keine andere gibt, ist es auch wenig sinnvoll, anderen nachzutrauern. Für unsere Wahrheit gilt, daß die Entwicklung des Universums bis hin zur menschlichen Existenz so oft genau die «richtigen» Entscheidungen getroffen und andere, ebensogut denkbare Wegverzweigungen ausgelassen hat, daß es einem schwindlig werden könnte beim Gedanken, wie es auch hätte kommen können. Wie der Kosmologe *Freeman J. Dyson* es formuliert: *Wenn wir ins Universum hinausblicken und erkennen, wie viele Zufälle schon in Physik und Astronomie zu unserem Wohl zusammengearbeitet haben, dann scheint es fast, als habe das Universum in gewissem Sinne gewußt, daß wir kommen.*

Ein ganzes riesiges Universum also nur zum Zwecke, die Existenz des Menschen zu ermöglichen? Das ist ein Frage, die offen bleiben muß, solange wir keine andere intelligente Lebensform kennengelernt haben. Bisher waren alle Versuche, Verwandte in den Weiten des Alls zu suchen, erfolglos. Das will noch nicht viel heißen, denn erstens suchen wir erst seit ein paar Jährchen, und zweitens suchen wir vermutlich auf den falschen Funkfrequenzen. Wirklich intelligentes Leben würde nämlich kaum die langsamen Radiowellen zur Kommunikation benutzen, sondern hätte eher eine Technologie entwickelt, die überlichtschnelle Kommunikation ermöglicht. Immerhin sind auch menschliche Wissenschaftler dem Phänomen von «Kommunikation» ohne die Beschränkung der Lichtgeschwindigkeit auf der Spur, wenn auch vorläufig nur auf der allerkleinsten Ebene der Elementarteilchen.

Überlassen wir also für den Moment diese Fragen dem Reich, in das sie gehören – der Spekulation. Tatsache ist, daß die Evolution des uns bekannten Universums ein Bewußtsein wie das unsere hervorgebracht hat. Daß dies keineswegs in einem Schritt geschah, wissen wir. Und wir haben auch das Walten jener faszinierenden Kraft gesehen, die wir *Eros* getauft haben: Materie ordnete sich zu immer komplexeren Mustern, und parallel dazu erweiterte sich Bewußtsein. Auch wenn wir davon ausgehen, daß bereits ein Atom über Bewußtsein verfügt, ist es doch ein langer Weg von dieser Form von Bewußtsein über das von Felsen, Bäumen und Tieren bis zum vorläufigen Stand des menschlichen Bewußtseins. Dieser Weg mag eine Menge Schleifen und Abwege beinhalten. Eine grundlegende Tendenz allerdings ist nicht zu übersehen: Bewußtsein ist dabei immer differenzierter, immer komplexer und immer freier geworden. Die Geschichte der Evolution vom Urknall bis heute ist eine Geschichte der Bewußtseinserweiterung.

Dasselbe gilt auch, wenn wir den Blick auf die Entwicklung des menschlichen Bewußtseins konzentrieren. Die Geschichte der Menschheit ist eine Geschichte der Bewußtseinserweiterung – nicht im Sinne eines linearen Fortschritts ohne Irrungen, Rückschläge und Verwirrungen, aber dennoch mit einer klar erkennbaren Tendenz zur Erweiterung. Ich halte nichts von der Suche nach dem sagenhaften Atlantis, nach einem Zustand der Menschheit, in dem alles bereits hell und licht und erleuchtet war. Die Geschichte der Menschheit ist nicht rückwärts abgelaufen.

Das sehen wir am besten, wenn wir zum Anfangsbild dieser einführenden Bemerkungen zurückkehren: So, wie jeder einzelne Mensch am Anfang seiner Existenz die Geschichte der Entwicklung des irdischen Lebens nachvollzieht, so ist auch der Prozeß des Erwachsenwerdens eine Wiederholung der Entwicklungsgeschichte des menschlichen Bewußtseins. Wie das Bewußtsein der Menschheit in den grauen Vorzeiten ein weitgehend magisches war, so ist auch das Bewußtsein des Kleinkinds am Anfang rein magisch. Und die Bedeutung von *Riten* beim etwas größeren Kind entspricht genau einem weiteren Entwicklungsschritt der Menschheit. So geht die Entwicklung des kindlichen Bewußtseins weiter, bis es schließlich da ankommt, wo die Menschheit als Ganzes gerade steht. Natürlich gibt es einzelne Fälle, in denen diese Position nicht erreicht oder aber überschritten wird (denken wir an herausragende menschliche Gestalten wie Buddha, Jesus, Mozart, Einstein oder Gandhi), aber beim Großteil der Menschen können wir diese erstaunliche Parallele zwischen der individuellen und der kollektiven Entwicklung sehr schön beobachten. Für beide Ebenen gilt: Die Kraft von *Eros* tendiert zur Erweiterung von Bewußtsein.

Dieses Phänomen ist heute eindrücklicher denn je sichtbar. Ich schreibe dieses Buch im Alter von ungefähr 37 Jahren. Die längste Zeit der Menschheitsgeschichte wäre die Wahrscheinlichkeit, daß ich überhaupt dieses Alter erreiche, nahe Null gewesen, denn die mittlere Lebenserwartung lag bei ungefähr 30 Jahren. Ich habe also das enorme Privileg, die Vorteile des Älterwerdens auskosten zu können. Älterwerden beinhaltet eine Riesenchance zur Bewußtseinserweiterung, denn ich kann den wachsenden Umfang meiner Erfahrung dazu nutzen, die unendliche Vielfalt von Erfahrungsmöglichkeiten und damit die Relativität jeder einzelnen Erfahrung zu erkennen.

Doch mein Privileg besteht nicht nur in der Möglichkeit, mehr Erfahrungen zu sammeln, als mir dies zu anderen Zeiten je möglich gewesen wäre. Auch das kollektive *Wissen* der Menschheit hat einen nie gekannten Grad erreicht, und meine Möglichkeiten, dieses Wissen anzuzapfen, sind freier und unbehinderter denn je.

Wenn wir also zurückblicken, kommen wir kaum umhin zu anerkennen, daß unsere kollektiven und individuellen Möglichkeiten zur Bewußtseinserweiterung gewachsen sind. Natürlich ist der Blick zurück nicht der einzig mögliche. Aber er kann uns ein Gefühl dafür vermitteln, daß wir mitten in einem Prozeß stecken, der keineswegs zu Ende ist. Der Antrieb zur Bewußtseinserweiterung ist so stark, daß dieser Prozeß weitergehen wird – auf kollektiver wie auf individueller Ebene.

Weil ich also in mir das Wirken derselben Kraft spüre, die ich außen, im ganzen Universum und in der ganzen Menschheit, wiederfinde, ist meine persönliche Erfahrung mit dem Prozeß von Bewußtseinserweiterung ein Spiegel, in dem diese Kraft nicht nur für mich, sondern auch für Sie sichtbar wird. Das ist meine Legitimation dafür, Ihnen etwas über meine Erfahrungen mit dieser Kraft zu erzählen. Dahinter steckt natürlich eine Überzeugung, die ich Ihnen nicht vorenthalten darf, nämlich der Glaube daran, daß meine individuelle Existenz ebenso wie Ihre oder die jedes Menschen eine Bedeutung hat.

Diese Überzeugung ist nicht ganz selbstverständlich, wie das folgende Zitat des Astronomen *Fred Hoyle* zeigt: *Wir sind hier in diesem ganz und gar phantastischen Universum und haben kaum eine Ahnung davon, ob unser Dasein wirklich eine Bedeutung hat.* Ich gehe vollkommen einig mit dieser Aussage: Wir können es schlicht nicht wissen. In einer solchen Situation der Wahl zwischen zwei Möglichkeiten, von denen keine einen stärkeren Wahrheitsgehalt aufweist – einfach weil wir nicht wissen können, welche wahrer ist –, pflege ich mir anzugucken, welche Möglichkeit ästhetisch und intellektuell befriedigender ist, oder, deutlicher formuliert, welche mir mehr bringt. In diesem Falle kann ich zwar ohne weiteres die Existenz des Gefühls absoluter Bedeutungslosigkeit angesichts der Weiten des Alls akzeptieren, doch für den täglichen Gebrauch erscheint es mir sehr viel sinnvoller und befriedigender, davon auszugehen, *meine* Existenz hätte eine Bedeutung – und damit logischerweise auch *Ihre*.

Auf dieser Basis werde ich Ihnen anhand meiner persönlichen Erfahrung berichten, was Bewußtseinserweiterung bedeutet. Als Einstieg möchte ich Ihnen ein Bild beschreiben. In manchen östlichen Traditionen wird die Wirklichkeit als ein Diamant mit einer unendlichen Vielzahl von Facetten gesehen. (Da haben Sie übrigens schon wieder ein schönes Beispiel dafür, daß wir frei sind in der Wahl unseres Blickwinkels: Während die einen an einen schwarzen, staubigen Haufen denken, wenn sie «Kohlenstoff» hören, haben andere das Bild des Diamanten vor sich. Beides ist richtig, aber das eine ist befriedigender ...)

Sie können sich in Gedanken diesen Diamanten vorstellen. Zunächst liegt es nahe, den Diamanten von außen zu betrachten. Jede Facette bricht und reflektiert das Licht auf ihre Weise. Je mehr Facetten Sie wahrnehmen, desto prächtiger wird das Bild. Das ist Bewußtseinserweiterung durch den Blick von außen, durch *Einsichten*. Das ist die eine Art, Bewußtseinserweiterung zu beschreiben.

Sie können sich aber auch als winzigen Beobachter im Inneren des Diamanten vorstellen. Auch dann wird jede Facette, durch die das Licht hereinströmt und die Sie wahrnehmen, ein Stück Bewußtseinserweiterung bedeuten. Das ist der Weg der *Erfahrung*.

Zwischen beiden Perspektiven besteht kein Konkurrenzverhältnis, sie können sich im Gegenteil enorm befruchten. Je mehr Facetten Sie wahrnehmen, ob von außen oder von innen, desto heller wird der Diamant der Wirklichkeit erstrahlen. Mein Diamant hat individuelle Facetten, ebenso wie Ihrer. Aber je mehr Sie sich darauf einlassen, desto stärker werden Sie spüren, daß es immer derselbe ist.

Das wissende Bewußtsein:

9. Der Erleuchtung ist die Wahrheit egal
oder
Wie statt was

*Interesse ist
die intellektuelle Form
von Liebe.*

Thomas Mann

Es ist schon abenteuerlich: Kaum hatte ich mich darauf eingerichtet, in etwas ruhigeres Fahrwasser zu kommen und endlich ordentlich etwas *über* Bewußtseinserweiterung zu schreiben – fein säuberlich getrennt nach innen und außen, nach Einsicht und Erfahrung –, kommt schon die nächste Woge des Flusses (meines Ideenflusses? des Stroms meiner Bewußtseinserweiterung?) und trägt mich weiter, löscht die im Ufersand gezogenen Trennungslinien aus, läßt mich einmal mehr ahnen, daß Bewußtseinserweiterung nicht planbar ist.

Mein Versprechen, Ihnen diesen geheimnisvollen Prozeß durch die Schilderung eigener Erfahrungen etwas anschaulicher zu machen, kann ich trotzdem einlösen. Schließlich ist dieses Buch das Guckloch, durch das Sie einen Einblick in mein Bewußtsein gewinnen können. Wenn Sie also etwas davon mitbekommen, wie mein Bewußtsein sich im Prozeß des Schreibens dieses Buches selbst zeigt, dann ist das die beste Art, etwas über meine Erfahrungen mit Bewußtseinsveränderung zu erfahren.

Als ich meiner geliebten Lebensgefährtin und kritischen Erstleserin erzählte, einmal mehr hätte ich ein fertiges Konzept davon, wie es mit dem Buch weiterginge, über den Haufen geschmissen, erinnerte sie sich an einen Satz aus dem letzten Kapitel, in dem ich erzählte, daß ich oft genug, wenn ich mich zum Schreiben an den Computer setze, nicht eine vorgefertigte Vorstellung realisiere, sondern daß es eher so sei, daß sich das Werk mit vielen Überraschungen selber schöpfe. Sie bezweifelte, ob man den Leserinnen eine Aussage zumuten könne, die sinngemäß laute: *Wenn ich mich an den Computer setze, weiß ich nicht, was ich schreiben will.* Denn, so fuhr sie fort, Sie als Leserin müßten sich doch etwas verarscht vorkommen und sich fragen, warum ich es denn, wenn ich schon nicht wüßte, was ich schreiben wolle, nicht besser gleich lassen würde.

An der Verheimlichung dieses Aspekts der Entstehungsgeschichte des vorliegenden Buches hindert mich meine ausgeprägte Ehrlichkeit. Dies ist nicht etwa ein Hinweis auf meine moralische Überlegenheit. Angewöhnt, soweit es irgendwie geht, ehrlich zu sein, habe ich mir nicht etwa, weil ich gerne ein moralisch einwandfreier Mensch sein möchte, sondern ganz einfach, weil ich damit die besten Erfahrungen gemacht habe. Es bringt einfach mehr. So auch in diesem Fall.

Der Verweis darauf, daß dieses Buch wie von selbst entsteht, in auch für mich immer wieder überraschenden Sprüngen und Kurven, entspricht nicht nur den Tatsachen. Er gibt mir vielmehr die Möglichkeit, noch einmal praktisch auf die Frage zurückzukommen, was eigentlich Bewußtsein ist und wie es arbeitet und spielt. Nur wenn wir wissen, wovon die Rede ist, wenn wir von Bewußtsein sprechen, können wir auch den Sinn des Begriffs Bewußtseinserweiterung verstehen.

Abgesehen von einem ziemlich abstrakten Hinweis habe ich mich bisher erfolgreich davor gedrückt, Ihnen eine Definition von Bewußtsein zu liefern. Das hat seinen guten Grund, denn Definitionen erinnern mich immer daran, wie die Goldjäger seinerzeit ihre Claims abgesteckt haben: Sie zogen eine Grenze in den Sand und meldeten so ihren Anspruch an, das markierte Stück Land auszubeuten. Beim menschlichen Bewußtsein aber handelt es sich nicht um ein Stück festes Land, sondern um einen fließenden Strom. Man kann auch mitten in einem Strom eine künstliche Grenzlinie ziehen und das im Claim enthaltene Wasser zu seinem Eigentum erklären – aber um welches Wasser handelt es sich? Schon während die Grenzziehung noch läuft, ist das Wasser längst weitergeflossen ...

Ein Wort wie «Bewußtsein» läßt sich also nicht definieren, nur umkreisen. Zweifellos steckt in ihm der Begriff des Wissens. Und damit sind wir wieder am Anfang und können uns fragen, was ein Satz wie: *Ich weiß (nicht), was ich schreiben will*, bedeuten könnte.

Der Satz hätte im Alltagsverständnis dieselbe Bedeutung, wenn wir ihn etwas umformulieren würden: *Mir ist (nicht) bewußt, was ich schreiben will.* Uns ist bewußt, was wir wissen. Bewußtsein ist so ziemlich dasselbe wie die Gesamtheit unseres Wissens. Das ist keineswegs die ganze Wahrheit, aber ein Stück davon, das näherer Betrachtung wert ist.

Seit einige Grundzüge des psychologischen Denkens Allgemeingut geworden sind, gewinnt unser Bild von *Bewußtsein* Konturen durch die Abgrenzung zum vermeintlichen Gegenteil, zum *Unbewußten* oder *Unterbewußtsein*. Wenn mir jemand weh getan hat, versuche ich herauszufinden, ob er das *bewußt* oder *unbewußt* getan hat. Nicht daß das Ergebnis viel an meinem Schmerz ändern würde – aber irgendwo scheint es doch eine gewisse Entschuldigung zu sein, wenn jemand «nur» unbewußt handelt. Für das, was man bewußt macht, hat man nach heutiger Auffassung die Verantwortung zu übernehmen, während man für die Streiche des eigenen Unterbewußtseins nicht soviel kann. Diese Auffassung schlägt sich auch in unserem Rechtssystem nieder: Wessen Bewußtsein getrübt war, etwa durch Alkohol oder durch eine hochgradige emotionale Erregung, gilt vor Gericht als vermindert schuldig und straffähig.

Diese Art zu denken ist so selbstverständlich geworden, daß sie kaum einmal hinterfragt wird. Dabei entpuppt sie sich schon beim ersten Lüftchen einer kritischen Frage als ziemlich wackeliges Gedankengebäude. Eine solche Frage könnte etwa lauten: Wie können wir jemals sicher sein, daß nicht *alle* unseren bewußten Gedanken und Handlungen *immer* vom Unterbewußtsein gesteuert werden? Da definitionsgemäß dieses Unterbewußtsein oder Unbewußte nicht bewußt ist, da wir also laut Definition gar nicht wissen *können*, was da vorgeht, können wir die Frage nicht logisch sauber beantworten. Wäre es aber so, wie die Frage vermutet, wäre unser ganzes Bewußtsein nicht mehr als ein Wurmfort-satz des Unbewußten, kaum der Mühe wert, es als selbständige Einheit zu definieren.

Erinnern Sie sich an Yin und Yang? Unsere gewohnte Art, mit der Unterscheidung von bewußt und unbewußt umzugehen, ent-spricht der harten westlichen Tour: eine klare Trennungslinie zwischen Weiß und Schwarz zu ziehen. Weiß wäre in diesem Falle alles was bewußt ist – die Welt der logischen, klaren Gedan-ken. Und Schwarz wäre das Unbewußte, am besten ausgedrückt in den Trugbildern irrlichternder nächtlicher Träume.

Nur, so einfach ist es nicht. Die ganzen Psychotherapien, so unterschiedlich sich ihre einzelnen Schulen auch gebärden mögen, haben im Grunde dasselbe Ziel: etwas aus dem Dunkeln des Unbewußten zu «heben», es ins Licht des Bewußtseins zu holen und dadurch anders mit ihm umgehen zu können. Daß dies da und dort mit Erfolg geschieht, zeigt deutlich, daß der Übergang zwischen Bewußtem und Unbewußtem fließend ist, daß sich die Grenzen dazwischen verschieben können.

Doch so weit brauchen wir gar nicht zu gehen. Wir sind ja immer noch an der Entstehungsgeschichte dieses Buches. Hier geht es offensichtlich nicht (oder doch hoffentlich nicht nur) um irgendwelche Neurosen, sondern um Gedanken. Denken ist die Tätigkeit, die wir am ehesten mit Bewußtsein gleichsetzen. Denken ist der ständige innere Dialog in unserem Gehirn. Alles, was wir denken, können wir grundsätzlich auch aussprechen, denn die Scham oder Furcht, die uns daran hindern, einen Gedan-ken auch zu äußern, sind keine grundsätzlichen Hindernisse. Denken ist also eng mit Sprache verknüpft, es handelt sich um die ständige Verarbeitung von Informationen auf einer sprachlichen oder doch zumindest vorsprachlichen Ebene.

Denken knüpft immer Verbindungen zwischen Wissen. Damit ist Wissen gleichsam der Grundstoff, auf dem unser bewußtes Denken aufbaut. «Bewußtes Denken» – ist das nicht doppelt gemoppelt? Gäbe es demnach auch ein unbewußtes Denken? Die Antwort ist, so seltsam es klingen mag, ein eindeutiges Ja.

Davon können Sie sich leicht überzeugen. Sie kennen sicher die Situation, in der Sie anfangen zu erzählen: Weißt du noch, damals auf dieser griechischen Insel, du weißt schon, die große da oben rechts im Ionischen Meer, da hat uns doch der Herr, na, wie hieß er schon wieder, weißt du, der uns das über diesen Dingsbums erzählt hat, diesen verrückten Maler ...

Sie wissen, daß Sie die Namen eigentlich wissen müßten, aber Sie kommen beim besten Willen nicht drauf. Nun tun Sie das, was bei uns als Gipfel einer bewußten Leistung gilt: Sie *wollen* es wissen. Zu diesem Zweck spannen Sie die Muskulatur Ihrer Stirn so weit an, bis die berühmte Denkerfalte erscheint. Sie geben sich alle Mühe – doch passieren tut gar nichts.

Und dann, ein bißchen später, Ihre Gedanken sind längst ganz woanders, fällt es Ihnen plötzlich ein, wie die Insel und der Mann und der Maler hießen. Das Wissen war also nicht einfach weg, es hatte sich nur versteckt im Reich des Unbewußten. Sie konnten es dort nicht einmal mit der größten Anstrengung hervorholen. Die Sache scheint also auch nicht nach dem Modell eines Suchscheinwerfers zu funktionieren, wie es in manchen Modellen vom Bewußtsein auftaucht: Demnach wäre unser Wissen eine nächtliche Landschaft im Dunkeln. Unser Bewußtsein wäre dann der Suchscheinwerfer, mit dem wir nie das Ganze beleuchten können, wohl aber einen Ausschnitt hell machen. Wenn dem so wäre, dann wären wir jedenfalls nicht in der Rolle desjenigen, der den Strahl des Suchscheinwerfers mit seinen Händen führt. Eher wären in unserem Beispiel die Namen flinken Hasen gleich, die von selbst ins Licht hüpfen, wenn ihre Zeit gekommen ist.

Wer aber bestimmt diese Zeit? Das Spiel mit den vergessenen Namen funktioniert so regelmäßig, daß wir kaum von Zufall reden können. Ich sehe es eher so: Damit, daß wir in unseren bewußten Gedanken registriert haben, daß etwas fehlt, setzen wir so etwas wie ein automatisches Suchprogramm in Gang. Damit dieses läuft, brauchen wir uns gar nicht anzustrengen. Bewußte Anspannung hat im Gegenteil einen eher hinderlichen Effekt. Außerhalb unserer bewußten Gedanken läuft nun dieses Suchprogramm. Ist es erfolgreich abgeschlossen, meldet sich das Unbewußte beim Bewußtsein und liefert ihm die Ergebnisse.

Ist dem so, kommen wir nicht darum herum, auch dem Unbewußten die Fähigkeit des Denkens zuzugestehen. Und damit löst sich eine weitere Grenze zwischen «bewußt» und «unbewußt» in Luft auf. Die Frage, wer hier eigentlich wen steuert, wird immer uninteressanter. Ganz offensichtlich handelt es sich um zwei Ebenen desselben Phänomens, die in ausgeklügelter Art und Weise zusammenarbeiten.

Das können Sie übrigens beim Autofahren schön beobachten. Niemand, der je selber ein Auto gesteuert hat, glaubt noch daran, es sei möglich, die Ratschläge der Verkehrserziehungsfilme zu beherzigen und *die ganze Zeit* konzentriert und bewußt beim Fahren und beim Verkehr zu bleiben. In keinem autofahrenden Kopf werden sich während der ganzen Fahrt nur Gedanken an Geschwindigkeit, Abstände und Straßenlage einstellen. Bei jedem schweifen die Gedanken immer wieder ganz woanders hin.

Und trotzdem kracht es vergleichsweise selten. Sie kennen den Grund: Sobald irgendeine kritische Situation auftaucht, schalten Ihre Gedanken blitzschnell von Tante Lisa zum Verkehr. Irgendein Teil Ihres Gehirns hat tatsächlich die ganze Zeit den Verkehr beobachtet und bringt dann, wenn es nötig wird, zuverlässig die Dimension der bewußten Wahrnehmung ins Spiel. Die Aufmerksamkeit für den Verkehr hüpft also je nach Bedarf zwischen «bewußt» und «unbewußt» hin und her.

Die Schlußfolgerung ist unumgänglich: Wir gewinnen kein Verständnis von Bewußtsein, wenn wir es einfach als das Gegenteil von «unbewußt» definieren. Das Mißverständnis liegt darin, daß wir «Bewußtsein» und «Unterbewußtsein», wie schon der Name sagt, als zwei *Orte* betrachten. Das sind sie nicht. «Bewußt» und «unbewußt» sind vielmehr zwei *Arten*, in denen das Bewußtsein arbeitet und spielt. Beide Arten sind nicht zu trennen, sie arbeiten sich gegenseitig in die Hände und bilden so *zusammen* das, was wir als menschliches Bewußtsein erleben.

Und damit gewinnt auch die Aussage: *Ich weiß nicht, was ich schreiben will,* eine neue Bedeutung. Präziser müßte sie nämlich heißen: *Ich weiß nicht bewußt ...* Da ich nicht daran glauben kann, irgendein Wesen im Himmel würde mir per «channeling» meine Einfälle durchkabeln, muß ich davon ausgehen, mein Bewußtsein wüßte sehr wohl, was es schreiben wolle, lasse jedoch einen größeren Teil der Arbeit, die bei der Verknüpfung des vorhandenen Wissens zu Ideen und Gedanken zu erledigen ist, von jenem Subunternehmer erledigen, der es mehr auf die unbewußte Tour treibt.

Genauso läuft es offensichtlich bei der Arbeit an diesem Buch. Mein Bewußtsein gibt sich gleichsam selbst einen Kick, indem es die Ideen und Gedanken, um die es im nächsten Kapitel gehen wird, für eine Weile bewußt überdenkt. Damit ist die Startenergie vorhanden, die nötig ist, um den Prozeß des Ordnens, Gliederns und Verknüpfens auf die unbewußte Art in Gang zu bringen. Während also ganz andere bewußte Gedanken vorbeiziehen, arbeitet es in mir so lange, bis es wieder Zeit ist, bewußt an das Thema zu denken. Dieses Spiel kann eine ganze Weile hin und her gehen, bis ich plötzlich weiß, daß die Sache jetzt reif ist, sie in den Computer zu füttern.

Woher ich das weiß? Jedenfalls nicht auf der Ebene bewußter Gedanken von der Art: «Jetzt ist schon wieder eine Woche vorbei, deshalb ist es Zeit, weiterzukommen.» Dieses «ich weiß» ist eher in den Grenzbereichen zwischen der bewußten und der unbewußten Spielart meines Bewußtseins anzusiedeln. Es handelt sich um ein intuitives Wissen, in dem sich bewußte und unbewußte Anteile zu dem vermählen, was wir als *Gewißheit* bezeichnen. Die Energie, die ich als *ich will* wahrnehme, spielt dabei durchaus mit, aber sie wäre allein nie in der Lage, den Fluß meiner Gedanken am Laufen zu halten. Und so entsteht für mich unweigerlich der Eindruck, der Prozeß der Entstehung dieses Buches sei ein weitgehend eigenständiges Ereignis, bei dem meine Rolle im wesentlichen darin besteht, den Fluß nicht aufzuhalten, sondern ihn zu *beobachten*.

Es ist nur logisch, daß diese Reduktion der Rolle des «Ich» erst mal deutlich am Ego kratzt. Läßt man sich von diesem Gefühl aber nicht unterkriegen, und schaut man genauer hin, dann wird die Rolle des *Beobachters eines sich selbst organisierenden Prozesses* erstaunlich attraktiv. Sie ermöglicht es, eine Menge über das Wesen unseres Bewußtseins zu lernen. Ja, ohne sie ist ein tieferes Verständnis des Wesens von Bewußtsein und Bewußtseinserweiterung gar nicht denkbar. Sind wir damit auf ewige Zeiten zur Rolle völliger Passivität verurteilt? Dieser Eindruck könnte entstehen, wenn wir uns unter Beobachter einen Zuschauer vor dem Fernsehschirm vorstellen, der nur die Bilder auf der Mattscheibe an sich vorüberziehen lassen kann, ohne die Möglichkeit, in Art und Ablauf der Bilder eingreifen zu können.

Das Fernsehen der Zukunft wird anders aussehen. Mit Hilfe der Computertechnologie wird es möglich sein, die Handlung auf dem Bildschirm zu verändern. Wenn ich bei «Dallas» eine romantische Stimmung programmiere, wird J. R. Ewing zum Schmusekätzchen, wenn mir mehr nach Action zumute ist, darf er das ganze Repertoire fieser Tricks ausleben. Vorgegeben ist dann nicht mehr ein ganzer Film, sondern einzelne Versatzstücke, die beliebig kombinierbar sind – sei es nach dem reinen Zufallsprinzip oder mit einer bestimmten Absicht.

So ähnlich läuft es auch mit diesem Buch. Ich hätte natürlich meinen alten Plan durchziehen und über Bewußtseinserweiterung nach fein säuberlich getrennten Schubladen reden können, jede Schublade mit den für sie vorgesehenen Daten und Ideen auffüllend. So schreibt man normalerweise ein Buch, und das Ergebnis kann unserem Ordnungssinn durchaus entsprechen. Es hat nur nichts mit dem Leben zu tun. Und weil Leben Bewußtseinserweiterung ist, würde diese Art, meinen Gedankenfluß in ein Korsett zu pressen, haarscharf am Thema vorbeischreiben. Wovon weder Sie noch ich etwas hätten.

Lassen Sie uns nach diesem turbulenten Ausflug in einen real existierenden Prozeß von Bewußtseinserweiterung einen Schritt zurücktreten und uns noch einmal mit dem Begriff des Wissens beschäftigen. Bewußtsein ist zumindest auch Wissen, und Bewußtseinserweiterung kann ein Ergebnis der Vermehrung von Wissen sein. Wenn wir akzeptieren, daß Wissen weit mehr ist als das, was uns gerade bewußt durch das Gehirn zieht, wenn wir uns vergegenwärtigen, daß eine Ausweitung unseres Wissens immer bewußte und unbewußte Komponenten hat, wird die Beschäftigung mit den Kräften, die uns dazu antreiben, unser Wissen auszuweiten, zu einem Königspfad zu einem besseren Verständnis von Bewußtseinserweiterung.

Sichtbar werden diese Kräfte am besten dort, wo das menschliche Bewußtsein noch in relativ unverformtem Zustand zu sehen ist: bei den Kindern. Jedes normale Kind beginnt, kaum hat es sprechen gelernt, zu fragen, nach dem Was und Wie und Warum. Warum tun sie das? Sicher nicht aus demselben Grund, aus dem wir Erwachsene etwas lernen, wenn wir etwas erreichen wollen. Wenn wir Auto fahren wollen, gehen wir in die Fahrschule. Zu einem solchen zweckorientierten Verhalten ist ein kleines Kind nicht in der Lage. Der ständige Wissensdurst eines Kindes scheint direkt aus ihm zu kommen, aus seinem Bewußtsein.

Ich erinnere mich daran, wie ich lesen gelernt habe. Da tauchten sie immer wieder auf, diese seltsamen Zeichen, und die Erwachsenen schienen etwas damit anfangen zu können. So fragte ich nach der Bedeutung der Buchstaben und konnte schnell einzelne Wörter lesen. Dann mußte ich einige Wochen liegend im Krankenhaus verbringen, und dort lernte ich, ganze Bücher zu lesen. Einen Druck von außen gab es für beide Lernschritte nicht, sie kamen früher als vorgesehen. Der Drang zu lernen kam aus mir, aus dem vagen Gefühl heraus, damit würde sich mir eine neue Welt erschließen. Und wie sie das tat! Für Stunden konnte mein Bewußtsein ganz woanders sein als in einem tristen Krankenhausbett, in einer Welt, die ebenso real war wie die angebliche Wirklichkeit, in einem Reich, das ich ohne hinderliche Einschränkungen nach freien Stücken durchstreifen konnte.

Vielleicht bin ich einfach mit den Genen eines intellektuellen Eierkopfs auf die Welt gekommen und damit eine Ausnahme, aber wenn ich mir die heutigen Kinder betrachte, glaube ich das eigentlich nicht. Vielmehr scheint mir in solchen Momenten ein Prinzip unseres Gehirns sichtbar zu werden, das Prinzip von Eros. Es geht dabei ganz offensichtlich nicht darum, ein *bestimmtes* Wissen zu erwerben, etwa wie bei Tieren das zum Überleben unbedingt erforderliche Wissen. Die Kraft hinter der kindlichen Neugier ist offen und ungebunden, sie verbindet sich mit allem Wissen, was zur Verfügung steht: Früher haben sich die Kinder für Spielautos und Puppen interessiert, heute interessieren sie sich für Autos, Puppen *und* Computer.

In den seltenen Momenten, in denen wir uns klarmachen, *wieviel* Wissen ein Kind in kürzester Zeit erwirbt, bekommen wir eine Ahnung von Bewußtseinserweiterung. Das Wissen expandiert, erschließt neue Räume, einem offenbar ganz natürlichen Triebe folgend. Im Kleinkindalter setzt die Verfügbarkeit geistiger Fähigkeiten natürliche Schranken, doch innerhalb dieser Grenzen wuchert das Bewußtsein frei in alle Richtungen.

Dann wird dieser Strom kanalisiert und in zementierte Flußbetten geleitet – und das tut ihm nicht immer gut. Tatort ist das, was wir Schule nennen. Was vorher reine Lust war, wird nun zur Pflicht. Wo vorher das Kind gefragt hat, weil es selber spürte: *Ich weiß, daß ich nicht weiß*, sagt ihm jetzt die Schule: *Wir wissen, daß du nicht weißt*. Bei glücklichen Kindern wie mir wird dadurch der Strom des natürlichen Wissensdurstes nicht wesentlich gebremst, doch der negative Beiklang, den das Wort *lernen* bei den meisten von uns seit Schultagen hat, spricht Bände.

Weil mich mit fortdauernder Schulzeit der dort gebotene Stoff immer weniger interessierte, freute ich mich auf die Universität. Dort, so hoffte ich, würde ich endlich dem faszinierenden Phänomen *Wissenschaft* begegnen, jenem, das Wissen schafft. Ich stellte mir die Universität als eine Art *Kirche der Wahrheitssucher* vor, nichts und niemandem anderen verpflichtet, als ihrem ewig fragenden Forschergeist nachzugehen. Mein Gott, war ich naiv!

Nicht daß ich in den Wissenschaften nicht echte Forschergeister kennengelernt hätte. Doch bei den meisten Wissenschaftlern war die Neugier irgendwann gestoppt worden, hatte das Fragen eines Tages aufgehört. Der Rest war Langeweile. Kein Wunder, daß viele Akademiker geistig enger erscheinen als manch ein weniger Gebildeter.

Die Einrichtungen, die sich die Menschheit geschaffen hat, um Wissen zu vermitteln, nutzen den Strom der natürlichen Neugier und Wißbegierde also nicht sehr effektiv aus – fast so, als hätte sie das biblische Gebot *Du sollst nicht begehren* mißverstanden und würde es statt auf die materielle Ebene, wo es hingehört, auch auf die geistige übertragen. Und trotzdem konnten auch diese Bremsanstalten bei einzelnen den Fluß nie ganz zum Versiegen bringen.

Ein schönes Lernfeld dafür sind für mich die Berge. Ich bin, wie viele andere auch, sehr gerne in den Bergen. Dieser Spaß ist in geschichtlichen Dimensionen gesehen eine sehr junge Erscheinung. Lange Zeit galten die Berge als eine Region, vor der man sich zu fürchten hatte, in die kein Mensch freiwillig gegangen wäre. Die nötige Antriebskraft zur Erforschung der Berge lieferte erst die wissenschaftliche Neugier. Die ersten Alpinisten zogen los, um zu erfahren, wie es da oben aussieht. Sie wollten ihr Wissen um die Welt erweitern und sammelten eifrig Daten –

Notizen von Beobachtungsinstrumenten, Beschreibungen, Skizzen.

Heute braucht keiner mehr selbst in die Berge zu gehen um zu erfahren, wie es da aussieht. Dafür gibt es Bücher, Bilder und Filme zuhauf. Und trotzdem gehen mehr Leute in die Berge als jemals zuvor. Was ist heute das Motiv? Von den extremsten Bergsteigern kommt die auf einen Punkt gebrachte Antwort: Um zu erfahren, wie es sich da oben *anfühlt.*

Eine Übersetzung dieses Satzes könnte etwa so lauten: Ich weiß, daß da oben andere Bedingungen herrschen als mitten in der Zivilisation. Ich bringe diese andere Umgebung mit meinem Bewußtsein zusammen und beobachte, was durch diese Begegnung mit meinem Bewußtsein passiert.

Hier sind wir unversehens auf einen entscheidenden Punkt gestoßen: Wissen ist nicht gleich Wissen. Es gibt verschiedene Ebenen von Wissen. Oft denken wir nur an die unterste, die Ebene der *Daten.* Daten stellen wir uns vor wie kleine Informationskügelchen, die wir in den Sack unseres Wissens packen können. Wir reden davon, Wissen *anzuhäufen.* Am meisten wüßte dann jener, der das ganze Telefonbuch seiner Stadt auswendig kann.

Daß daran etwas nicht stimmen kann, sagt uns unser Gefühl. Wir halten das Auswendiglernen eines Telefonbuchs zu Recht für eine ziemlich sinnlose Angelegenheit. Das kann der Computer schneller und besser.

Auch unser Gehirn enthält eine Menge solcher Telefonnummern – wörtlich und im übertragenen Sinne. Aber darin erschöpft sich die Leistung unseres Bewußtseins noch nicht. Es knüpft nämlich *Verbindungen* zwischen den einzelnen Daten und kann in diesen Verbindungen *Muster* erkennen. Muster sind wie Daten Informationen, doch es handelt sich um Informationen einer höheren Ordnung. Jedes Muster kann wieder mit anderen Mustern verknüpft werden und ergibt so ein neues Muster auf der nächsthöheren Ebene. Und so fort – Sie kennen das von unserem Modell von Bewußtsein.

Damit das alles nicht zu abstrakt wird, möchte ich Ihnen an einem Beispiel schildern, was gemeint ist. Sie kennen vielleicht das Kartenspiel «Rommé». Wenn nicht, hier die ganz einfachen Regeln: Jeder Spieler erhält eine bestimmte Anzahl Karten, zu denen im Laufe des Spiels neue kommen, während andere abgehen. Ziel des Spiels ist es, möglichst viele geordnete Anordnungen von jeweils mindestens drei Karten aufzubauen. Geordnet ist entweder eine Reihe derselben Farbe (Karo 6, 7 und 8) oder drei Karten desselben Werts mit unterschiedlichen Farben (drei Zehnen). Jede Karte können wir hier als Einzelinformation betrachten. Stellen Sie sich vor, Sie hätten unter anderem eine Viererreihe der Farbe Herz in der Hand (As, König, Dame, Bube), ebenso einen Kreuz-Buben. Nun nehmen Sie den Karo-Buben auf. Und schon ergibt sich ein neues Muster: Den Herz-Buben brauchen Sie als vierten in der Reihe dort nicht, zusammen mit den beiden anderen ergibt er jetzt drei Buben, also eine neue geordnete Anordnung. Diese geordneten Anordnungen sind Muster. Und eben haben Sie gesehen, wie Daten und Muster zusammenspielen: Einzelne Daten können aus einem Muster heraus- und in ein neues hineinfallen (der Herz-Bube), andere Muster haben gleichsam nur noch auf ein weitere Information gewartet (der Karo-Bube).

Und das Spiel geht weiter: Wenn ich, wie in der verschärften Version dieses Spiels vorgesehen, ein Blatt in der Hand habe, das nur noch aus solchen geordneten Reihen besteht, habe ich gewonnen. Meine Karten, die Daten, haben über das Muster «geordnete Reihe» ein neues Muster aufgebaut: daß ich gewonnen habe. Dieses Muster wiederum konnte nur in der Beziehung zu den Mustern meiner Mitspieler entstehen: Wir vergleichen die Muster und stellen fest, daß meines vollständiger ist.

Wissen besteht also immer aus Daten und Mustern, wobei Muster wieder zu Daten werden, aus denen die Muster der nächsthöheren Ebene aufgebaut werden (stellen Sie sich das stammbaumartige Gebilde unseres Bewußtseinsmodells vor: auch dort werden Kinder zu Eltern, besetzen im Stammbaum beide Positionen).

Dasselbe Prinzip des Aufbaus immer komplexerer Muster aus einfacheren Grundformen finden wir bekanntlich auch im Reich der Materie, von den Atomen bis zum menschlichen Gehirn. Wenn unser Gehirn ein immer komplexeres Wissen aufbaut, dann führt es einfach die gute alte Tradition weiter, die schon zu seiner Entstehung geführt hat. Der einzige Unterschied ist, daß wir uns auf einer anderen Ebene befinden, jener von Bewußtsein. Und an diesem Ort kann jede(r) auch ohne lange Studien beobachten, wie die Kraft Eros, die aus Einfachem Komplexes entstehen läßt, wirkt.

Wie entstehen neue Wissensmuster? Durch Fragen. Fragen ist eine zutiefst unterschätzte Kunst. Antworten sind es, die wir wollen, Fragen haben wir schon genug! Das gilt auf der Ebene der einzelnen Menschen ebenso wie für die Wissenschaften oder Religionen. In beiden Fällen geht es angeblich um *die Wahrheit*. Was ist die Wahrheit?

Das ist eine jener scheinbar so harmlosen Fragen, bei deren Beantwortung man leicht ins Stottern gerät. Aber ungefähr so sieht unser Bild von der Wahrheit sicher aus: Die Wahrheit ist ein ferner, noch unentdeckter Kontinent. Wir können sie *suchen*, wir können sie *entdecken*. Sie ist auf jeden Fall schon da und läßt sich nicht davon beeindrucken, daß wir bisher zu dumm waren, sie ganz zu erforschen.

Die Forschungsmethode besteht im wesentlichen aus Fragen. Jedesmal, wenn wir wieder auf eine richtige Frage gestoßen sind, haben wir uns der Wahrheit angenähert. Genauso wie die Wahrheit schon existiert, gibt es bereits auch die Zugänge zu ihr in Form von *richtigen Fragen*.

So ungefähr stellen wir uns die Wahrheit vor, und das ist von Diktaturen aller Art immer ausgenutzt worden. Man brauchte nicht einmal mehr die Antworten zu diktieren, es genügte, wenn man die Fragen vorgab. Der Rest ergab sich von alleine. Denn tatsächlich nehmen wir die Antwort in gewissem Sinne mit jeder Frage schon vorweg: Eine Frage stellt bereits den Zusammenhang her, den sie beobachten will, und schließt damit andere Zusammenhänge aus. Wenn ich im Bioladen nach dem Preis einer Kaffeesorte frage, bekomme ich keinen Vortrag über die Produktionsbedingungen in Nicaragua, sondern eine Zahl als Antwort. Wenn mich Nicaragua interessiert, muß ich danach fragen.

Welches ist nun die richtige Frage, welche führt mich näher zur Wahrheit? Es bedarf keiner weiteren Worte darüber, daß es keinen Unterschied geben kann, weil es in diesem Fall *die* Wahrheit nicht gibt. Und das gilt keineswegs nur für den Kaffee: Es gibt nicht *die* Wahrheit, weil es nicht *die* richtigen Fragen gibt. Wir schaffen uns die Wahrheit vielmehr ständig neu durch Fragen, die alle ihre Berechtigung haben.

Daß dem so sein muß, hätte man am Beispiel der Wissenschaften schon lange sehen können. Würde des Bild der fixen Wahrheit, der wir uns annähern, nämlich stehen, dann müßten die noch offenen Fragen immer weniger werden. Das Gegenteil ist der Fall. Wohl gab es beispielsweise in der Physik gegen Ende des letzten Jahrhunderts Stimmen, die allen Ernstes annahmen, bis auf ein paar unschöne noch offene Kleinigkeiten seien alle Fragen der Physik beantwortet. Als man sich näher mit diesen «Kleinigkeiten» befaßte, explodierte die Physik förmlich – aber eben nicht nur an Wissen, sondern auch an Fragen.

So ging es jeder Wissenschaft. Jede beantwortete Frage rief zehn neue offene Fragen auf den Plan. So paradox es klingt: Je mehr wir wissen, desto bewußter werden wir auch der Tatsache, wieviel wir nicht wissen. Und es gibt keinen Grund anzunehmen, das würde in der künftigen Geschichte der Menschheit einmal anders sein.

Wenn es also gar nicht das Ziel unseres Lernens sein kann, die Wahrheit zu entdecken, worin liegt dann der Sinn unseres ungestillten und unstillbaren Wissensdurstes? Offenbar *im Prozeß selbst.* Die Vermehrung von Wissen, die Bildung immer neuer, immer komplexerer Muster ist Selbstzweck, ist für ein menschliches Bewußtsein so lebensnotwendig, wie jene geheimnisvolle Kraft, die wir *Leben* nennen, für alles Lebendige notwendig ist. Ein Bewußtsein, das nicht mehr fließt, das erstarrt ist, ist tot. Diese Art von nichtbiologischem Tod finden wir immer wieder in uns und in unseren Mitmenschen – als Erinnerung daran, daß Leben Fließen heißt, im organischen Leben wie in unserem Bewußtsein.

Biologen nennen die geheimnisvolle Kraft, die wir Eros getauft haben, gerne die *Fähigkeit zur Selbstorganisation.* Ein Hochhaus müssen wir , wenn es gelingen soll, nach einem guten Plan bauen; ein Baum, dessen Lebensfunktionen und Informationsprozesse um ein Vielfaches komplexer sind als der jeden Hochhauses, wächst von selbst – organisiert sich selbst. Ähnliches finden wir übrigens schon auf Ebenen unterhalb des biologischen Lebens: So kristallisieren manche Flüssigkeiten ganz von selbst zu den immer gleichen Mustern aus. Und selbst auf der Ebene der reinen Zahlen, umgesetzt auf den Computerbildschirm, organisieren sich die Fractals immer wieder zu Gebilden, an deren Rändern die Mandelbrotmännchen lächeln.

Selbstorganisation scheint also auf allen Stufen der Evolution am Werke zu sein – wie könnte sie da auf der nächsten Stufe, derjenigen unseres Bewußtseins, plötzlich fehlen? Denken Sie noch mal an das Beispiel des Autofahrens: Die unzähligen Daten, die dabei laufend in unser Bewußtsein strömen, organisieren wir keineswegs die ganze Zeit bewußt und mit Willensanstrengung. Sie organisieren sich vielmehr selber, und in den meisten Fällen sogar sehr erfolgreich. Wir haben allen Grund, dieser in uns wirkenden Kraft zu vertrauen.

Dieses Vertrauen schließt auch ein, daß wir getrost darauf bauen können, unser Bewußtsein beschaffe sich das für den Weitergang der selbstorganisierenden Prozesse nötige Wissen *von selber*. Die Erweiterung von Wissen ist keine Verpflichtung, der wir mit Verbissenheit und Anstrengung gerecht werden müßten. Sie ist ein Prozeß, der von selbst abläuft, der sich selber organisiert und steuert. Aus der unendlichen Anzahl von möglichem Wissen greift sich unser Bewußtsein das heraus, womit es etwas anfangen kann. (Überlegen Sie mal ein paar Stunden nach der Lektüre einer Zeitung oder Zeitschrift, was Sie von allem Gelesenen gespeichert haben. Es wird wenig sein, aber die Auswahl wird Sinn machen.)

Diese Wahl ist jedesmal eine Entscheidung, die andere Alternativen ausschließt. Dies ist deshalb nötig, weil Wissen prinzipiell unbegrenzt ist, nicht aber unser Bewußtsein. Uns sind also natürliche Grenzen gesetzt – wir können nicht *alles* wissen, ja, müßte man realistischerweise hinzufügen, nicht einmal sehr viel. Ist damit die Evolution von Bewußtsein zu einem Endpunkt gekommen, ehe sie richtig angefangen hat?

Nur dann, wenn wir unser Fragenspektrum auf die Ebene des einzelnen Menschen einengen. Damit erfassen wir jedoch nur einen Teil des menschlichen Bewußtseins. Dieses ist ja nicht nur in den Gehirnen der einzelnen Menschen enthalten, schön abgeschirmt hinter Knochenplatten, es findet sich auch in Gesprächen, Büchern, Filmen, Kunstwerken, Sitten und Gebräuchen.

Menschliches Bewußtsein hat längst ein Eigenleben entwickelt, das es vom Träger Gehirn teilweise unabhängig gemacht hat.

Wie ist dies möglich geworden? Durch die Entwicklung eines effizienten Systems von Informationstransport – Sprache. Wissen besteht aus einem komplexen Geflecht von Informationen und Informationsmustern, ist also reine Information. Information lebt vom *Austausch* von Informationen, und dafür braucht Information einen Träger, ein *Medium*.

Information wird auch zwischen Pflanzen und Tieren ausgetauscht, aber die jeweiligen Informationsmittel sind materieller Art, ihre Trägerkapazität beschränkt. Materielle Informationsträger (etwa ein Buch), brauchen mehr Platz als stärker immaterielle wie etwa eine Computer-Magnetplatte. Entsprechend mehr Informationen können mit dem immateriellen Medium transportiert werden.

Sprache ist nichts anderes als ein immaterielles und daher sehr offenes und leistungsfähiges Informationsmedium. Sprache hat derzeit nicht überall Hochkonjunktur, sie fällt bei manchen Propheten in die Rubrik derjenigen Eigenschaften unseres Bewußtseins, die wir zu intensiv benutzen. Das ändert nichts daran, daß unser Bewußtsein ohne Sprache auf der Stufe von Schimpansen stehengeblieben wäre.

Sprache hat sich so erfolgreich als Medium für die Kommunikation *zwischen* bestätigt, daß wir sie auch weitgehend als Medium für die Kommunikationsprozesse *innerhalb* unseres Bewußtseins einsetzen. Denken ist letztlich nichts anderes als ein unaufhörliches lautloses Selbst*gespräch*. Und Sprache hat weiterhin expansive Tendenzen: Wir reden heute über mehr Dinge denn je. War es noch vor einer Generation verpönt, über *Gefühle* zu reden, so ist es heutzutage schon fast ein sozialer Zwang, Sätze wie diese zum besten zu geben: *Also weißt du, ich muß dir jetzt einfach mal sagen, wie unheimlich es mich irgendwie immer wieder verletzt, wenn du mir sagst, du würdest für mich fühlen wie für einen kleinen Bruder ...*

Sprache ist also ein sehr wirksames Kommunikationsmittel – in unseren Köpfen und zwischen ihnen. Und auch wenn die gesprochene oder geschriebene Sprache sicher ein wichtiger Teil davon ist, dürfen wir nicht übersehen, daß die Menschheit eine ganze Reihe weiterer Sprachen hervorgebracht hat: die Sprachen der Bilder, der Musik, des Tanzes, der Mathematik. Und selbst innerhalb der verbalen Sprache hat die Sprache einer technischen Beschreibung eine andere Qualität als jene eines Gedichts. Wir verfügen also über ein ganzes Instrumentarium von sprachlichen Medien, das uns in seiner Gesamtheit hilft, unser Wissen zu erweitern.

Wenn wir mit Hilfe von Sprachen Informationen mit anderen Menschen austauschen, lösen wir einen Prozeß mit unübersehbaren Folgen aus. Wären wir zusammen mit einem einzigen Menschen allein auf der Welt, wäre dieser Prozeß noch einigermaßen leicht zu überblicken. In einer Welt aber, in der immer stärker alle mit allen reden können, fließt Information ständig weiter, wird dabei verändert, bildet mit schon vorhandener Information zusammen neue Muster.

Dasselbe Prinzip können wir in unserem Gehirn erkennen. Dessen erstaunliche Leistungsfähigkeit beruht ja nicht darauf, daß wir besonders leistungsfähige Gehirnzellen hätten. Sie ist vielmehr ein Ergebnis unserer Fähigkeit des *Informationsaustauschs* zwischen den einzelnen Gehirnzellen. Mit der schlichten Zahl der zur Verfügung stehenden Kommunikationspartner (Gehirnzellen) ist die Anzahl der möglichen *Verbindungen* zwischen ihnen ins Unendliche gewachsen. Aus diesem dichten, in seinen Möglichkeiten zweifellos noch keineswegs ausgeschöpften Geflecht von Verbindungen erwächst unser Bewußtsein.

Genau dasselbe geschieht derzeit mit der Menschheit als Ganzes. Wir sind dabei, das Geflecht zwischen den einzelnen Kommunikationspartnern immer dichter zu knüpfen. Unsere Welt wird mehr und mehr zu einem einzigen Datennetz. Dazu nutzen wir alle Möglichkeiten: Telefon und Telefax, Schriftstücke und Bücher, Computer und Filme.

Wie schnell dieser Prozeß der «Verkabelung», also des Aufbaus eines technischen Verbindungsnetzes zwischen den Menschen, abläuft, habe ich selbst noch miterleben können. Ich bin in einer evolutionären Nische aufgewachsen, in der es in meinen ersten Lebensjahren noch kein Telefon gab. War eine sehr wichtige Botschaft zu übermitteln, so wurde das Telefon des Nachbarn benutzt. Heute kann sich kaum noch jemand vorstellen, ohne

Telefon auszukommen, der Besitz eines solchen (wie anderer Kommunikationsmittel) wird sogar Sozialhilfeempfängern zugestanden – ein Medium ist innerhalb weniger Jahrzehnte zu einem selbstverständlichen Grundrecht geworden.

Die Existenz eines solchen Kommunikationsmediums erhöht ganz natürlich die Menge der transportierten Informationen. Wir greifen heute auch bei Belanglosigkeiten sofort zum Telefon. Und das gilt natürlich für alle vorhandenen Medien. Entsprechend gewachsen ist die Menge unseres vorhandenen Wissens. Das gesamte Wissen der Menschheit verdoppelt sich alle paar Jahre, Tendenz steigend.

Vor hundert Jahren wurden zum erstenmal Radiowellen erzeugt. Wäre zu jener Zeit ein Besucher aus dem All gekommen, der nur auf der Frequenz von Radiowellen «hören» kann, er wäre in einer absolut stillen Gegend des Universums gelandet. Heute würde ihm ein Riesenkonzert entgegenschallen. Und bei diesem Konzert wird wohl eine Menge Lärm, aber auch viel schöne Musik erzeugt.

Das Wissen der ganzen Menschheit wächst durch diesen Prozeß der Vernetzung immer schneller, so schnell, daß wir mit einem einzelnen Verstand kaum noch nachkommen. Aber auch eine einzelne Gehirnzelle hat wohl bestenfalls eine Ahnung davon, was im ganzen Gehirn los ist.

Hat also die Menschheit als Ganzes angefangen, die Suche nach der Wahrheit zu übernehmen? Da es die Wahrheit nicht gibt, ist die Frage müßig. Wenn wir unsere Ansprüche mäßigen, bekommen wir aber den Blick frei für eine unübersehbare Tatsache: Wir sind jener Teil des Universums, der dieses *betrachtet*. Das können wir nur sehr begrenzt als einzelne tun, doch als Ganzes haben wir bereits beachtliche Einsichten gewonnen – und bei der zunehmenden Vernetzung zu einem *globalen Gehirn* (den Ausdruck verdanke ich, wie manche Anregung zu diesem Buch, dem englischen Evolutionsforscher Peter Russell) können wir erwarten, daß sich diese Einsichten weiter vertiefen werden.

Wie kommt das Universum auf die Idee, als Teil seiner selbst ein Beobachtungsorgan auszubilden? Wir wissen es nicht, können es vielleicht nie wissen – aber wir können erkennen, daß sich das Universum viel Mühe gegeben haben muß, um so etwas wie uns zu schaffen. Solche Sätze mögen ungewohnt klingen und von der Überheblichkeit des Menschengeschlechts zeugen. Sie sind bei liebevollerer Betrachtung jedoch ein ausgezeichnetes Beispiel dafür, was kollektive Bewußtseinserweiterung heißen kann.

Die Idee stammt aus den Naturwissenschaften und wird dort *anthropisches Prinzip* genannt (vom griechischen Wort für Mensch). Am Anfang stand wie immer ein Frage. Sie ging von der Beobachtung aus, daß es uns Menschen als Betrachter des Universums offensichtlich gibt, und wurde dann so formuliert: Wie muß ein Universum aussehen, das eine intelligente Lebensform wie uns ermöglicht und hervorbringt?

Eine solche Frage kann mit einem Gedankenspiel beantwortet werden: Wenn unser Universum und seine physikalischen Gesetze etwas anders aussähen, könnte es uns dann immer noch geben? Wie viele Entscheidungen für einen anderen Weg als den, den sie nach unseren Beobachtungen gegangen ist, hätte die Evolution fällen können, ohne daß unsere Existenz unmöglich geworden wäre?

Die eindeutige und überraschende Antwort: Die Evolution seit dem Urknall hätte sich kaum einen Seitensprung erlauben können, ohne unsere Existenz ein für allemal auszuradieren. Das ist ein Stück gesichertes Wissen, auch wenn sofort neue Fragen auftauchen, etwa warum die ganze Entwicklung ausgerechnet diesen Pfad gegangen ist, obwohl ihr grundsätzlich eine Menge Abzweigungen offen gewesen wäre.

Damit wird nicht nur durch die Vermehrung von Wissen und durch das Auftauchen neuer Fragen Bewußtseinserweiterung geschaffen, sondern auch durch die Konsequenzen dieses Gedankens. Es mag für uns einzelne im Alltagsstress ziemlich unerheblich sein, ob wir das Produkt einer zufälligen Auslese sind, eine von unzähligen Formen intelligenten Lebens, oder eine doch ziemlich seltene, weil unwahrscheinliche Form des Beobachtens dieses Universums. Für uns als Menschheit ist der Unterschied beträchtlich. Wenn es nicht viele globale Gehirne gibt wie das unsrige, das eben erst richtig anfängt, zu einem Gehirn zusammenzuwachsen, dann kann sich das Universum, das All (vielleicht auch Gott) nicht durch viele Augen selber betrachten. Um so größer ist *unsere* Verantwortung.

Das globale Gehirn. Liegt in dieser Vorstellung nicht eine Portion Selbstüberschätzung und Anmaßung? Nur solange wir das Gehirn als das Kontrollorgan des Körpers mißverstehen. Natürlich regelt unser Gehirn in unglaublich komplexen Prozessen die Aufrechterhaltung des Lebens in unserem Körper – so, wie es auch jedes Tiergehirn tut. Gaia, unser Planet Erde, hat diese Aufgabe der Kontrolle durch das Prinzip der Selbstorganisation sehr gut gelöst. Sie braucht dazu kein globales Gehirn als Steuerungs- oder Kontrollorgan. Die bisherigen Versuche der Menschheit, diese Rolle zu übernehmen, brachten denn auch eher stümperhafte Ergebnisse.

Was mit unseren Gehirnen und mit deren Vernetzung zum globalen Gehirn neu dazu gekommen ist, ist die Fähigkeit der Betrachtung. Diese Fähigkeit hat die Erde als untrennbar mit dem ganzen Kosmos verbundene Heimat des Menschen hervorgebracht. Es liegt nahe, sie ihr wieder zur Verfügung zu stellen. Damit erfüllt die Menschheit die ihr zugedachte Aufgabe. Die Erweiterung unseres Wissens ist eine Erweiterung des Wissens des Universums. Bewußtseinserweiterung ist Bestandteil des evolutionären Spiels, der Sinn unserer Existenz.

Als ich einmal überraschend nach meinem Lebensmotto gefragt wurde (wer hat schon so was?), kam ganz spontan aus mir die Antwort, deren Sinn weit über die individuelle Ebene hinausreicht: *gucken, was läuft.* Durch unser Interesse treten wir in Verbindung mit allem um uns herum. Durch Interesse entstehen neue, komplexere Muster. Interesse ist Ausdruck jener verbindenden und aufbauenden Kraft, die wir Eros genannt haben. *Interesse ist die intellektuelle Form von Liebe.*

Und wie diese bringt Interesse Licht ins Leben. Die eine Wahrheit, wenn es sie gäbe, müßte eine feste und damit eher lichtundurchlässige Sache sein. Haben wir uns von dieser Feststellung einmal verabschiedet, haben wir erkannt, daß wahres Interesse uns zu einer Unzahl von Lichtquellen führen kann, dann wissen wir auch, daß Erleuchtung nicht ein Zustand sein kann, sondern nur das Unterwegssein in einem Fluß.

10. Die Pappkameraden der Evolution
oder
Der Lift saust rauf und runter

Es kommt nicht so sehr darauf an,
das Bestehende zu bejahen
Als das,
was werden will.

Reiner Frei

Solange wir wie bisher Bewußtseinserweiterung ausschließlich auf der Ebene des Wissens, also auf der Ebene sprachlich vermittelbarer Information betrachten, ist es nicht zu übersehen, daß wir uns in einer Phase ausgesprochener Bewußtseinserweiterung befinden. Das gilt für viele einzelne, vor allem aber auch für die Menschheit als Ganzes.

Es mag nicht sehr beeindruckend klingen, wenn die Rede davon ist, das gesamte Wissen der Menschheit verdopple sich ungefähr alle sieben Jahre. Natürlich ist dies eine Schätzung, aber anhand von Hinweisen wie der Zahl der wissenschaftlichen Publikationen läßt sich eine derartige Schätzung recht präzise vornehmen. Was bedeutet sie aber?

Wir sind es im allgemeinen nicht gewohnt, in solchen Zahlen zu rechnen. Wir wissen zwar, daß daraus eine Kurve gezeichnet werden kann, die zweifellos ansteigt. Aber in der Regel stellen wir uns diese Kurve ziemlich flach vor, mit einer immer etwa gleichen Steigung. Die tatsächliche Kurve aus der Fortschreibung einer solchen Zahl sieht anders aus: Sie beginnt ziemlich flach und wird dann in einem Bogen immer steiler, bis sie fast senkrecht hochzischt.

Um eine solche Kurve handelt es sich bei der Wissensvermehrung. Nach fünfzig Jahren ist bereits das Vierundsechzigfache des Anfangswissens vorhanden, nach hundert Jahren gar das rund Achttausendfache! Innerhalb von drei bis vier Generationen ist das Wissen der Menschheit geradezu explodiert. Und die Entwicklung beschleunigt sich noch. Man schätzt, daß die Hälfte aller Wissenschaftler, die jemals auf der Erde gelebt haben, heute am Leben ist und arbeitet. Versucht man sich da vorzustellen, wie es weitergehen könnte, wird einem erst einmal ziemlich schwindlig. Wenn das Bewußtseinserweiterung sein soll, dann bitte lieber nicht.

Woher kommt das Unbehagen, ja die Angst vor den Konsequenzen einer solchen Entwicklung? Der erste Grund ist, daß Wissen für sich allein genommen immer wertneutral ist, aber jederzeit mit verschiedenen *Zwecken* in Verbindung gebracht werden kann. Immer da, wo aus Wissen Technik wird, also aktive Verwendung, kommt zusätzlich die Art des Zwecks ins Spiel. Und da es keineswegs nur erfreuliche Zwecke gibt, wächst natürlich mit der Zunahme des Wissens auch die Gefahr seiner Verwendung für gar nicht erfreuliche Ziele. Angesichts des Phänomens, daß fast die Hälfte aller heutigen Forscher für militärische Zwecke arbeitet, kann man sich manchmal tatsächlich wünschen, es gäbe weniger Forscher. Besser wäre es vermutlich, das vorhandene Potential für bessere Zwecke zu nutzen – Aufgaben gäbe es genug. Für effiziente Hilfsorganisation in Katastrophenfällen oder die Reparatur von Umweltschäden könnte militärische Organisationserfahrung durchaus genutzt werden.

Das Problem mit dem Militär ist nicht dessen grundsätzliche Nutzlosigkeit. Diese Institution verfügt wie die meisten anderen, die wir hervorgebracht haben, über ein Potential, das dem Ganzen nützen könnte – zur richtigen Zeit, am richtigen Ort. Wird eine Armee aber ohne erkennbaren Nutzeffekt zu einer eigentlichen Belastung für das eigene Land, dann wirkt sie weder am richtigen Ort noch zur richtigen Zeit. Als Teil eines Ganzen hört das Militär auf, einen sinnvollen Platz einzunehmen, wenn es sich gegen dieses Ganze zu wenden beginnt, sich auf dessen

Kosten mästet und zum Beispiel andere Staatsaufgaben schlicht beiseite drückt.

Hier haben wir auf der sozialen Ebene ein Phänomen beschrieben, das wir auch auf der biologischen kennen: *Krebs*. Wie Sie wissen, ist Krebs unkontrollierbares Wachstum und Vermehrung von Zellen. Das befallene Organ, das bis dahin brav seine Rolle im Zusammenspiel aller Organe gespielt hat, macht sich auf Kosten der anderen breit, nimmt ihnen Platz und Energie weg. Das krebswuchernde Organ wird statt zur Stütze des ganzen Organismus zur Belastung, die so stark wird, daß der Organismus stirbt. Die Krebszellen leben also eine Zeitlang wie die Made im Speck, doch ihr Ende naht früher als nötig, weil sie aus dem Gleichgewicht des Ganzen ausgeschert sind und nur noch auf sich geachtet haben. Krebs ist also kein Zeichen von Intelligenz, wenn wir darunter mehr als den Gewinn kurzfristiger Vorteile verstehen.

Wenn man die Bilder von wucherndem Krebsgewebe neben diejenigen einer wild wachsenden Großstadt legt, sind die Parallelen verblüffend. Die Menschheit hat von der Tendenz her auf diesem Planeten statt die Rolle des Gehirns jene des Krebsgewebes übernommen. Noch lebt das Ganze, noch haben wir folglich die Chance zu erkennen, daß wir schon unsere ganze Intelligenz brauchen werden, um einen Platz im Ganzen des Lebens auf diesem Planeten zu finden, der uns auf Dauer trägt und ernährt.

Und dazu soll ausgerechnet Bewußtseinserweiterung gut sein, das explosionsartige Wachstum von Wissen? Erinnert nicht diese Entwicklung ebenfalls fatal an ein Krebsgeschwür? Alles wird doch durch das Anwachsen unseres Bewußtseins immer komplizierter, unüberschaubarer. Die Gefahr, daß sich die einzelnen Teile verselbständigen, wächst doch dadurch.

Hier wird das Denken in parallelen Mustern überspitzt. Tatsächlich erinnern die Wachstumsmuster unseres Wissens an das Wachsen von biologischem Krebsgewebe. Der Unterschied besteht darin, daß wir uns im einen Fall auf einer materiellen Ebene befinden, auf einer zwangsläufig begrenzten Ebene also. Innerhalb der Grenzen unserer Haut ist nur begrenzt Platz, so daß unmäßiges Wachstum eines Organs die anderen buchstäblich zerdrückt. Dasselbe gilt für den Platz auf unserem Planeten, auch er ist limitiert und bietet keiner unbegrenzten Anzahl Menschen Platz.

Wissen aber kennt solche Grenzen nicht. Neues Wissen braucht das alte nicht zu verdrängen, es sei denn, es handle sich um abgestorbenes, totes Wissen. Ansonsten aber läßt neues Wissen das alte einfach in einem neuen Licht erstrahlen. Es ist Platz genug. Dies gilt für die einzelnen Menschen, die heute schon über ein Wissen verfügen, das vor ein paar tausend Jahren absolut undenkbar gewesen wäre. Und es gilt erst recht für die Menschheit als Ganzes.

Wenn wir die einzelnen Bäume nicht mehr auseinanderhalten können, beginnen wir den Wald zu sehen. So organisiert sich unser Bewußtsein selbst: Wenn die Komplexität auf der einen Informationsebene zu groß geworden ist, fangen wir an, auf der nächsten Ebene ein Muster zu erkennen. Komplexität ist also nicht unbedingt ein Problem, sondern vielmehr ein Anstoß, die *Essenz* darin zu sehen.

Mit der zunehmenden Vernetzung der Menschheit kommt es dabei immer mehr zu Arbeitsteilungen. Die einen beschäftigen sich mit der ganzen Komplexheit einer Sache, für die anderen genügt es, die zentrale Botschaft darin wahrzunehmen. Nehmen Sie das Bild Ihres Fernsehgeräts. Es handelt sich um eine hochkomplexe Angelegenheit, Punkt für Punkt auf dem Schirm mit der richtigen Farbe anzusteuern, so daß die Punkte zusammen ein richtiges Bild ergeben. Sie brauchen sich um diesen ganzen Kram als Zuschauer aber nicht zu kümmern und können sich ganz auf den Genuß der Bilder konzentrieren.

Würden wir uns auf diese Fähigkeit zur Selbtsorganisation unseres Bewußtseins verlassen, so gäbe es keinen Grund zur Angst vor Komplexität. Das tun wir aber nicht. Irgendwo in uns wirkt die Illusion, wir müßten unablässig steuern und kontrollierend eingreifen, weil sonst der ganze Laden im Chaos versacken würde. Wir halten uns für die Lenker – und da ist Komplexität allerdings vom Übel. Weil wir in der Tat nur ein paar Informationen zur selben Zeit verarbeiten können, wird das Steuern problematisch, wenn wir in einer Informationsflut versinken.

Aber sind wir wirklich die Lenker? Selbst hinter den Lenkrädern unserer Autos sind wir nur sehr bedingt diejenigen, die das

Geschehen kontrollieren. Einen Gutteil der Kontrolle haben die Autobauer schon vorgegeben, einen anderen die Straßenbauer. Und darüber hinaus scheinen rätselhafte Kräfte zu walten. Wußten Sie etwa, daß zu Beginn des Autozeitalters die Zahl der Unfälle pro gefahrenen Kilometern deutlich höher lag als heute? (Natürlich gibt es heute absolut mehr Unfälle, weil es sehr viel mehr Autos gibt, aber *relativ* gesehen ist es genau umgekehrt.) Zu erwarten wäre das Gegenteil: Je dichter der Verkehr, je komplexer und unüberschaubarer das Ganze, desto häufiger sollte es krachen. Offenbar aber haben wir gelernt, ohne daß es uns jemand beigebracht hätte, mit zunehmender Komplexität immer bessere Steuerungsfähigkeiten zu entwickeln. Auch da hat die Selbstorganisation also funktioniert.

Könnte denn der Trend zu Wissensvermehrung überhaupt gestoppt werden? Versucht worden ist es immer wieder, in der Realität und in der Phantasie. Das vielleicht schönste Beispiel ist die auch verfilmte Geschichte *Fahrenheit 451* (das ist die Temperatur, bei der Papier zu brennen beginnt). Geschildert wird eine Diktatur, in der der Besitz von Büchern streng verboten ist. Werden doch welche gefunden, so rückt eine zweckentfremdete Feuerwehr aus und verbrennt sie. Wie alle gute Science fiction ist auch diese Idee nicht aus der Luft gegriffen. Von der heiligen Inquisition bis zu den Nazis reicht die Liste der «Vorbilder», die Bücherverbrennungen betrieben haben, und die Ayatollahs vom Vatikan bis Teheran würden noch heute liebend gerne, wenn sie könnten. Die Begründung dafür, warum Bücher als allgemein zugängliche Form gespeicherten Wissens gefährlich sind, liefert in der Geschichte der Feuerwehrhauptmann: Bücher zeigen eine mögliche Alternative zur (oft genug tristen) Realität, sie fördern den Individualismus, und – jetzt kommt's – sie machen ganz allgemein *irre*.

Zuviel Wissen bringt einen ins Irrenhaus, und die Grenzen zwischen Genie und Wahnsinn sind sehr fließend – der Volksmund wußte es schon immer. Und in der Tat, da ist was dran. Ich habe mich in letzter Zeit intensiver mit der Gehirnforschung beschäftigt, und da stößt man schon auf Probleme, die den Geist verwirren können. Der hauptsächliche Knackpunkt besteht in der Frage des *Verhältnisses zwischen Materie und Geist.*

Für einen knallharten Vertreter der klassischen Naturwissenschaften ist die Antwort klar: Die Wirklichkeit besteht aus Materie und Energie. Alles andere, also auch die ganzen Inhalte unseres Bewußtseins, sind sekundärer Natur, sind *Produkte* eines Systems aus Materie und Energie. Unser ganzes Bewußtsein ist konkret das Produkt unseres Gehirns, so, wie die Verdauung ein Produkt unseres Magen-Darm-Traktes ist. Eins zu null also für die Materie.

Hier müßte allerdings der Schiedsrichter eingreifen und das Tor für ungültig erklären. Laut eigener Einschätzung ist die naturwissenschaftliche Gehirnforschung nämlich heute nicht weiter als die Physik kurz vor Galilei. Damals hatte gerade erst die Kopernikanische Wende stattgefunden, das heißt, man hatte die Erde vom Mittelpunkt des Universums zu einem gewöhnlichen, um die Sonne kreisenden Planeten degradiert. Doch es gab noch nicht einmal die klassische Physik eines Newton, geschweige denn die Quantenmechanik oder die Relativitätstheorie. Stimmt der Vergleich, dann steckt die Gehirnforschung noch nicht einmal in den Kinderschuhen, sondern allenfalls in Babyschühchen.

Dennoch hat die Vorstellung der sekundären Natur von Bewußtsein einige gewichtige Zeugen. Zum einen hat die Entwicklung der Computer gezeigt, daß mit der geeigneten Anordnung von Materie und Energie beachtliche geistige Leistungen produziert werden können. Der Vergleich ist allerdings mit Vorsicht zu genießen. Um mit dem Leistungspotential unseres Gehirns gleichzuziehen, das immerhin in einer Hand Platz hat, müßte man einen Computer bauen, der hundert Stockwerke hoch ist und die Fläche des riesigen US-Bundesstaates Texas bedecken würde. Alle Gleichsetzungen zwischen Gehirn und Computer hinken also gewaltig.

Die zweite Stütze für das Modell von der dominierenden Materie sind die Erkenntnisse über die engen Zusammenhänge zwischen dem elektromagnetischen oder biochemischen Zustand unseres Gehirns und den Empfindungen, die wir dabei haben. Das Fehlen bestimmter chemischer Stoffe kann Depressionen verursachen. Die elektrische Reizung bestimmter Gehirnpartien erzeugt Affekte wie Wut oder Angst. Das sind nur zwei Beispiele von vielen. Sie kennen das übrigens, wenn Sie nicht gerade lebenslang abstinent sind: Nach ein paar Gläsern Alkohol fühlen Sie sich anders als zuvor. Die Veränderung der Chemie in Ihrem Gehirn hat Ihr Bewußtsein beeinflußt.

Zahlreich sind aber auch die kritischen Fragen an dieses Modell. Wie soll es etwa ein Phänomen wie außersinnliche Wahrnehmung erklären? Man kann ruhig davon ausgehen, daß die meisten Berichte über Hellsehen, Telepathie und ähnliche Erscheinungen bei näherem Zusehen eine ganz natürliche Erklärung haben. Doch es bedarf schon dicker Scheuklappen, um nicht zu sehen, daß es tatsächlich rätselhafte Phänomene gibt, die bis heute keine naturwissenschaftliche Erklärung gefunden haben.

Ein anderer Einwand verweist auf die zahlreichen Forschungsergebnisse, die eindeutig den Einfluß unseres geistigen Zustandes auf unsere körperliche Gesundheit belegen. Ausgeglichene Menschen etwa verfügen über ein besser funktionierendes Immunsystem als stressgeplagte. Und wie zweifelsfrei feststeht, kann der Glaube tatsächlich buchstäblich Berge versetzen: Wenn jemand fest daran glaubt, er habe ein hochwirksames Medikament geschluckt, so können sich erstaunliche Heilerfolge einstellen – auch wenn in der Pille nichts anderes als Zucker war.

Nun könnte man ein Phänomen wie «Ausgeglichenheit» natürlich einfach wieder als Produkt der Gehirntätigkeit bezeichnen, womit der Vorsprung des materiellen Ansatzes gesichert wäre. Aber woher weiß das Gehirn eigentlich, daß es ausgeglichen ist, daß es ihm gutgeht? Woher kommt eine Vorstellung wie «Schönheit», wenn es die in der Evolution als Vorstellung bisher offensichtlich nicht gegeben hat? Alles nur Zufall? Der Verweis auf den Zufall scheint mir hier eher das zu sein, was er meistens ist – ein Eingeständnis, daß wir etwas schlicht (noch) nicht wissen.

Also doch das Gegenmodell verwenden? Demnach ist die Wirklichkeit Bewußtsein, und die ganze materielle Welt nichts als ein Traum. Oben sitzen gleichsam die ganz großen Geister, und unten haben sich ein paar weniger große Geister aus unerfindlichen Gründen in die Bande der Materie fesseln lassen. So ungefähr sieht das esoterische Weltbild aus – und wie Sie spüren, befriedigt mich auch das weder intellektuell noch ästhetisch.

Wenn denn schon alles von oben nach unten, vom Geist in Richtung Materie, gesteuert wird, wie kommt es dann, daß die untere Ebene, die Materie in Form von Gehirn, so offensichtlich Einfluß auf unser Bewußtsein, auf den Geist also, ausübt? Und wenn auf der Ebene reinen Bewußtseins ohnehin alles viel weiser und bequemer ist, was macht dann die Existenz von Materie für einen Sinn?

Schließen wir also am besten einen Kompromiß? Lassen wir die Existenz beider Ebenen zu, gehen wir davon aus, Geist und Materie würden eine friedliche Koexistenz des Nebeneinanders leben und sich allenfalls mal freundlich hallo sagen? An der Vorstellung gefällt mir, daß die Idee aufgegeben worden ist, die eine oder andere Seite müßte unbedingt gewinnen. Das macht zumindest den Kopf frei für die alles entscheidende Frage, ob es sich denn wirklich um zwei *getrennte* Phänomene handeln müsse.

Diese Frage kann nur jemanden erstaunen, der es gewohnt ist, *kalt* und *warm* als zwei getrennte Phänomene zu sehen. Wie uns das Wichtelmännchen beigebracht hat, handelt es sich hier um eine Fiktion. Temperatur läßt sich mit einer *Skala* messen (dem Thermometer), so daß die einzige saubere Aussage darüber die ist, eine bestimmte Temperatur liege auf der Thermometerskala so und soviel über oder unter einem Bezugspunkt (etwa dem Nullpunkt). Ob diese Temperatur nun kalt oder warm zu nennen ist, hängt ausschließlich von unseren Beurteilungskriterien ab. Einem Grönländer kommt warm vor, was einen Tropenbewohner frösteln läßt.

So ähnlich stelle ich mir das mit dem Bewußtsein auch vor. Bewußtsein wäre dann eine Skala von Null bis unendlich und ist auf allen Ebenen der uns bekannten Realitäten (und vermutlich weit darüber hinaus) anzutreffen. Das gilt schon für die «unterste» (die Gänsefüßchen erinnern daran, daß Bilder wie oben und unten immer nur Hilfsmittel unserer Vorstellung sind) Realität, die physikalische. Auf dieser Ebene treffen wir ja nicht nur Materie und Energie, sondern auch Informationen in Form der Naturgesetze. Woher wissen die physikalischen Elemente (Teilchen und Kräfte), welchen Gesetzen sie gehorchen müssen? Das ist eine Frage, die Ihnen kein Naturwissenschaftler beantworten kann, wenn er nicht bereits auf dieser Ebene die Existenz von Bewußtsein akzeptiert. Die Teilchen und Kräfte «haben» ein Bewußtsein davon, wie sie sich zu verhalten haben. Ebensogut kann man sie und ihr Verhalten als *Ausdruck von Bewußtsein* sehen.

Dasselbe gilt für die weiteren Ebenen der Evolution. Wohl können die Naturwissenschaften mittlerweile ziemlich gut erklären, wie Leben aufgrund physikalischer Gesetze funktionieren *kann*. Doch diese Erklärungen versagen, wenn es darum geht, warum Leben *tatsächlich* entstanden ist. Muß es nicht auch da ein Bewußtsein (stellen Sie sich der Einfachheit halber einen Plan vor) gegeben haben, das schon *vorher* da war?

Diese Frage ist noch immer geprägt von der Existenz zweier getrennter Phänomene, von denen das eine stärker ist als das andere und es deshalb steuert. Um von dieser Vorstellung loszukommen, ist es sinnvoll, sich ein anderes Bild zu verdeutlichen. Demnach gäbe es verschiedene *Ebenen von Wirklichkeit,* zum Beispiel die physikalische Ebene, die chemische, die biologische, die Ebene unseres Bewußtseins und vielleicht darüber noch Ebenen höheren Bewußtseins. Eine Torte mit ihren verschiedenen Schichten ist ein ganz brauchbares Bild.

Nun nehmen Sie ein Messer und schneiden die Torte in der Mitte durch. Das Messer schneidet senkrecht zu den einzelnen Tortenschichten. Und Sie können jetzt bei jeder Schicht sehen, was der Schnitt freigelegt hat. Den Tortenschichten entsprechen natürlich die Realitätsebenen, dem Messer, oder besser, dem Schnitt das Prinzip Bewußtsein. In jeder Realitätsebene legt Bewußtsein bestimmte Formen und Muster frei. Ob dieses kosmische Messer ewig schneidet, können wir nicht wissen, weil wir keine Ahnung davon haben, was ewig heißt. Es gibt ja in allen gängigen Modellen der Entstehung unseres Universums keine Hinweise darauf, daß es «vor» dem Urknall überhaupt so etwas wie Zeit gegeben hat. Auch die Zeit entstand erst in jenem Moment.

Spekulationen darüber, ob es Bewußtsein vor Materie gegeben habe, sind also ebenso müßig wie die Streitereien über das Erstgeburtsrecht von Henne und Ei. Tatsache ist, daß innerhalb der Raum-Zeit-Dimensionen, die wir überblicken können, Bewußtsein auf allen Ebenen der Wirklichkeit anzutreffen ist. Darüber hinaus gibt es eine offensichtliche Tendenz, die mit der Zeit immer differenziertere, komplexere Bewußtseinsformen entstehen ließ. Es gibt keinen Grund zur Annahme, dieser Prozeß hätte mit uns ein Ende gefunden.

Da wir mit den Erkenntnissen aus einer bestimmten Ebene der Wirklichkeit nie vollständig voraussagen können, was auf der nächsthöheren geschehen wird, gibt es keine exakten Prognosen dafür, wie sich Bewußtsein auf der Ebene eines globalen Gehirns zeigen wird. Aber gespannt darauf können wir ruhig sein ...

Was ist eben passiert? Ein Konflikt in unserem Bewußtsein, jener zwischen Materie und Geist, ist aufgelöst worden, indem wir von einer höheren Ebene aus gesehen haben, daß es sich keineswegs um unversöhnliche Kontrahenten handelt. Materie und menschliches Bewußtsein sind auf unterschiedlichen Ebenen Ausprägungen desselben Prinzips Bewußtsein. Wie Sie sehen, ist unsere Sprache noch ziemlich stammelnd, wenn sie über solche Bereiche redet. In einem Fall meint «Bewußtsein» unser menschliches Bewußtsein, im anderen ein universales Prinzip.

Und dennoch läßt sich mit Sprache auch über derartige metaphysische Fragen kommunizieren. Ja wir sind immer besser in der Lage, Aussagen eines Denksystems in die Sprache eines anderen zu *übersetzen.* Ist das etwa die bewußt geplante Entscheidung der Menschheit? Entsprechende Versuche zur Durchsetzung einer einfachen und logischen künstlichen Universalsprache («Esperanto») sind kläglich gescheitert. Dagegen ist es offensichtlich, daß sich von selbst das Englische als Universalsprache durchgesetzt hat. Das liegt sicher an der offenen und flexiblen Struktur dieser Sprache, was ihr etwa gegenüber dem im Formalistischen erstarrten Französisch einen entscheidenden evolutionären Vorteil verschafft hat. Und wieder sehen wir, daß sich die Evolution auch auf der Ebene des menschlichen Bewußtseins, der *kulturellen Evolution* also, ganz gut selbst organisiert, ohne daß wir viel dazu beitragen müßten.

Der Falle des Irrenhauses, die sich auftut, wenn sich zwei oder mehr geistige Prinzipien auf derselben Ebene ineinander verkeilen, entgeht man also spielerisch, indem man eine neue Ebene aufsucht. Darüber gleich mehr. Erst haben wir uns mit einer dritten Falle zu beschäftigen, der wir leicht begegnen können, wenn sich unser Wissen erweitert. Diese dritte Angstquelle ist die Angst vor *Beschleunigung*. Daß der ganze Entwicklungsprozeß immer schneller abläuft, sehen wir täglich um uns herum. Am besten vielleicht am Wachstum der Weltbevölkerung: Brauchte die Menschheit Hunderttausende von Jahren, um zur Größe von einer Milliarde zu wachsen, so ist der nächste Verdoppelungsschritt von fünf auf zehn Milliarden innerhalb von ein paar Jahrzehnten zu erwarten.

Es ist, als hätten wir uns in einen Schlitten gesetzt, der einen Eiskanal heruntersaust, und bekämen im Wissen darum, daß es kein Aussteigen gibt, gewaltiges Ohrensausen. Kein Platz, alles nicht mehr zu überblicken und schon gar nicht zu kontrollieren – und das auch noch mit wachsendem Tempo! Vielleicht sollten wir uns bequem hinsetzen, guten Halt fassen und anfangen, die Fahrt zu genießen. Schließlich ist zu erwarten, daß die Bahn irgendwo wieder ausläuft.

Das ist vom Wachstum der Weltbevölkerung zu erwarten. Ginge sie noch längere Zeit nach der Art der Kurve des Informationswachstums hoch, so wäre das Ende des Planeten absehbar. Doch es gibt auch Kurven, die flach beginnen, dann eine Zeitlang sehr steil steigen, um wieder in einen ganz flachen Verlauf einzumünden.

Eine solche Kurve finden wir, wenn wir etwa um die zehnte Woche herum der Entwicklung des Embryos im Mutterleib zusehen und dabei auf das Wachstum des Gehirns achten. Es gibt da eine ganze Zeit nur vereinzelte Zellen. Dann kommt es zu einer explosionsartigen Vermehrung, die wieder abflacht, wenn die Zahl von ungefähr zehn Milliarden Gehirnzellen erreicht ist. Von diesem frühen Zeitpunkt an wächst das Gehirn nicht mehr durch eine Zunahme der einzelnen Zellen, sondern ausschließlich durch das Wachsen des Verbindungsnetzes zwischen diesen Zellen.

Etwas Ähnliches könnte uns auch passieren. Vielleicht ist die Zahl von zehn Milliarden ein Richtwert dafür, wieviel Einzelelemente es braucht, um eine so komplexe Struktur wie unser Gehirn zu ermöglichen. Seltsamerweise braucht es etwa dieselbe Anzahl Moleküle, um eine lebende Zelle zu bilden. Könnte es sich da nicht auch um eine magische Zahl für die Weltbevölkerung handeln?

Es wäre kurzsichtig, solche Zahlenspiele als unwissenschaftlichen Humbug abzutun. Selbst in der Physik gibt es einige seltsame Zahlen, die in allen möglichen Zusammenhängen immer wieder auftauchen, ohne daß klar wäre, warum es sich immer um dieselbe Zahl handelt. Die seltsame Übereinstimmung zeigt immerhin, daß es sich bei zehn Milliarden um eine Größe handelt, bei der Quantität in Qualität umschlägt. Was heißt das? Nehmen Sie Wasser von 90 Grad Celsius und kühlen Sie es langsam ab. Eine Zeitlang sinkt das Thermometer und sinkt, ohne daß etwas Entscheidendes passiert: Es handelt sich immer noch um Wasser. Plötzlich aber, wenn Sie zum Nullpunkt des Thermometers kommen, wird aus Wasser Eis – eine qualitative Veränderung hat stattgefunden.

Um einen solchen kritischen Schwellenwert scheint es sich bei der Zahl von zehn Milliarden zu handeln (solche Zahlen haben immer einen beträchtlichen Unschärfebereich, das heißt, es können auch fünf oder zwölf Milliarden sein). Immer wenn sich diese Zahl von Einzelelementen miteinander verbindet, entsteht etwas Neues: Aus Molekülen eine lebendige Zelle, aus Gehirnzellen ein selbstbewußtes Gehirn. Und nun vielleicht das globale Gehirn?

Wirklich voraussagen kann man so etwas nicht, weil das, was entsteht, tatsächlich neu und damit nicht vorhersehbar ist. Jemand, der nur Moleküle studiert hat, kann nicht verstehen, warum aus zehn Milliarden von ihnen plötzlich eine lebende Zelle mit ganz neuen Eigenschaften und Möglichkeiten wird. Und aufgrund des Studiums einzelner Zellen kann man nicht die gewaltigen Möglichkeiten des menschlichen Gehirns vorhersagen. Aber der Gedanke hat etwas Bestechendes an sich.

Eine einzelne Gehirnzelle der frühen Generation würde wohl, wenn sie das könnte, in der Phase der explosionsartigen Vermehrung ihrer Artgenossen auch Platzangst bekommen, Angst um die Ernährung und Angst davor, den Überblick zu verlieren. Doch dann wird sie Teil des ganzen Gehirns, vielfältig verbunden mit vielen anderen Teilen, und empfängt, verarbeitet, gibt weiter und speichert die Informationen, die ihr zufließen, im Vertrauen darauf, daß das Ganze schon richtig funktionieren werde. Sie kann sich im Rahmen ihres Verbindungsnetzes ein Bild von dem Ausschnitt des Ganzen machen, den sie überblickt, und sie kann in diesem Rahmen auch Verantwortung übernehmen – immer in der tröstlichen Gewißheit, daß sie Teil eines Ganzen ist, das mehr Fähigkeiten hat als die Summe seiner Teile und sich ganz gut selbst organisieren kann.

Wäre dies nicht eine wunderschöne, Energien frei machende Vision von der Menschheit und der Rolle des einzelnen darin? Getragen von diesem Vertrauen würden sich Krebs, Komplexität und Beschleunigung als Pappkameraden der Evolution entpuppen, vor denen wir keine Angst zu haben brauchen.

Was aber, wenn sich die Bevölkerungsspirale und die Wissensspirale doch immer schneller drehen? Die Angst sitzt in uns, sie läßt sich auch mit Philosophie nicht einfach wegtherapieren. Also sehen wir sie uns noch einmal etwas genauer an. Unsere Sprache wählt nicht zufällig in beiden Fällen (Bevölkerung und Wissen) das Bild der *Spirale*. Eigentlich ist es ein sehr schönes Bild: Folgen wir einer Spirale, so drehen wir uns anscheinend im Kreis und kommen immer wieder an denselben Orten vorbei, doch mit jeder Umdrehung landen wir doch an einem etwas anderen Ort. Wenn wir der Spirale von innen nach außen folgen, kommen wir mit jeder Drehung zum nächstäußeren Kreis.

So ungefähr verläuft die Wissensspirale. Sie dreht sich immer schneller im Kreis, und doch werden wir immer weiter nach außen getragen. Und jetzt kommt die Angst vor der Zentrifugalkraft, die uns, wenn wir nicht gewaltig aufpassen, irgendwohin ins Nichts schleudern könnte, wo wir uns verlieren müßten.

Doch halt! Das Bild hat seine Grenzen, auch wenn wir uns dessen kaum jemals bewußt sind. Die Grenze besteht darin, daß wir uns unwillkürlich eine *zweidimensionale* Spirale vorstellen, die dann etwa aussieht wie eine aufgeringelte Schlange, innen der Kopf und außen der Schwanz. *Dieses* Bild liegt unseren Ängsten vor der zu schnellen Spirale zugrunde, die uns in das Irresein der Auflösung im Nichts schleudern könnte.

Ganz anders sieht das Bild aus, wenn uns klar wird, daß es auch *dreidimensionale* Spiralen gibt. Unsere ganze Erbinformation ist

«Bildung ist …

... zu wirklichem Dasein gewachsenes Bewußtsein. Der gebildete Mensch sieht Welt und Dinge nicht chaotisch und nicht isoliert, sondern in bestimmt gegliederten Perspektiven», schreibt Karl Jaspers.

Zu den Perspektiven unserer Lebensplanung gehört denn auch die bewußte finanzielle Vorsorge – damit wir immer Spaß am Dasein haben.

auf Fäden enthalten, die sich spiralförmig ringeln, und wenn Ihnen dieses Bild der sogenannten Doppelhelix nichts sagt, denken Sie einfach an eine Wendeltreppe. Bei dieser braucht nichts enger oder weiter zu werden, und doch handelt es sich offensichtlich um eine Spirale.

Wenn wir ein dreidimensionales Bild auf zwei Dimensionen zusammenquetschen, geht Information verloren. Eine flachgedrückte Wendeltreppe zeigt nur noch das Bild eines einfachen Kreises. Um deshalb auch in der flachen Darstellung noch das Spiralige an einer Spirale zeigen zu können, verwenden wir den Trick mit der zusammengerollten Schlange. Exakt dieser Trick führt uns aber in die Irre. In einer zweidimensionalen Spirale herumzusausen erzeugt leicht Angst, während die Vorstellung, auf einer Wendeltreppe nach oben zu steigen, wegen der zu erwartenden Aussicht ihre unbestreitbaren Reize hat.

Wie kommt unser Bewußtsein auf einen solchen Trick, mit dem es sich doch eigentlich nur selber reinlegt? Der vermeintliche Trick ist Ausdruck eines ziemlich grundlegenden Prinzips unseres Bewußtseins: Der Tendenz zum *zweidimensionalen Denken*. Das können wir ganz wörtlich verstehen. Wir haben die Zeiten, in denen wir ganz selbstverständlich davon ausgingen, die Erde sei eine flache Scheibe (also ein zweidimensionales Gebilde), noch keineswegs überwunden.

Sicher, die Vorstellung von der Erde als Kugel hat sich seit einigen Jahrhunderten durchgesetzt, und seit ein paar Jahren haben wir sogar Bilder, die diese Tatsache beweisen. Aber was sind schon ein paar hundert Jahre angesichts der Hundertausende von Jahren, in denen sich unser Bewußtsein entwickelt hat? Die allermeiste Zeit ihrer Geschichte hat die Menschheit auf einer flachen Ebene gelebt – und so etwas prägt.

Ganz ausgeschlossen war die vertikale dritte Dimension sicher nie. Sie ist für den Menschen im Abstand von seinen Augen zum Boden erfaßbar, oder auch, wenn er auf Bäume oder Hügel klettert. Richtige Berge wurden allerdings nicht bestiegen, so daß die dritte Dimension sich für die Menschen höchstens in ein paar hundert Höhenmetern äußerte – sehen wir von Ausnahmen wie den Tibetern ab. Verglichen mit den riesigen Distanzen der Erdoberfläche ist das ein Klacks. Kein Wunder, daß die beiden ersten

Dimensionen (jene der Fläche) das Bild von der Wirklichkeit sehr viel stärker prägten als die dritte.

Es leuchtet ein, daß eine so grundlegende Erfahrung die Art prägt, mit der abstraktere Gedanken gedacht werden. Man übertrug das zweidimensionale Prinzip auf den Himmel (die Sterne klebten an einer Art kuppelförmigem Tuch), aber auch auf das Nachdenken über die Natur der Wirklichkeit. Das hat Folgen: In einer flachen, zweidimensionalen Wirklichkeit können zwei verschiedene Gegenstände nicht denselben Platz einnehmen. (Wenn zwei Autos ineinanderkrachen, hat sich dieses Prinzip wieder einmal bestätigt.) Daraus nun allerdings abzuleiten, dieses Prinzip gelte immer, war etwas kurz gedacht. Zwei Flugzeuge können sehr wohl gleichzeitig über demselben Bodenpunkt schweben, sofern sie nur genügend Höhenabstand einhalten. In der zweidimensionalen Wirklichkeit *sind* sie jetzt am selben Ort.

Auf der materiellen Ebene haben wir angefangen, den Sprung in die dritte Dimension zu schaffen. Wir haben Flugzeuge gebaut und Raketen, und als für unsere Behausungen in zwei Dimensionen nicht mehr genug Platz war, haben wir Hochhäuser und Wolkenkratzer errichtet. Auf der geistigen Ebene sind wir nicht ganz nachgekommen. Noch immer kämpfen weiß und schwarz, Mann und Frau, links und rechts um den scheinbar einzigen Platz. Solchen Kämpfe vergeuden Energien, die wir besser dazu nutzen würden, Ideen aufeinanderzustapeln wie Wohnungen.

Sie ahnen es schon: Hier liegt eines der Geheimnisse von Bewußtseinserweiterung. Wenn wir lernen, uns anmutig auch in der dritten geistigen Dimension zu bewegen, können wir erkennen, daß die Wirklichkeit aus verschiedenen Ebenen besteht, die alle ihre Gemeinsamkeiten, aber auch ihre Unterschiede aufweisen. Was auf der einen Ebene gilt, muß auf der anderen noch lange nicht richtig sein. Die klassische Physik von Newton ist durch die Quantenmechanik nicht außer Kraft gesetzt worden, sie gilt nach wie vor in der Welt, in der wir uns normalerweise bewegen. Erst wenn wir auf eine andere Ebene kommen, jene des ganz Großen oder ganz Kleinen, gelten andere Gesetze.

Bewußtseinserweiterung vermittelt ein Gefühl für die Existenz dieser Ebenen und für ihr Verhältnis untereinander. Wie aber lernen wir, uns zwischen diesen Ebenen zu bewegen?

Bleiben wir noch einen Moment beim Bild der dreidimensionalen Spirale, bei der Wendeltreppe. Ich war neulich auf einem Aussichtsturm, in dessen Mitte eine offene Wendeltreppe auf die oberste Plattform führt. Steigt man auf ihr hoch, so kann man Seltsames erleben. Mit jeder Umdrehung sieht man wieder dieselben Objekte: Im Norden einen Berg, im Süden einen See, im Osten einen Wald und im Westen eine Stadt. Und doch sieht man jedesmal etwas anderes. Je weiter man hinaufgelangt, desto freier wird der Blick. Zwei Dörfer, die von unten aussahen, als seien sie durch einen Hügel getrennt, sind in der Perspektive von oben durch eine breite Straße verbunden. Und wo man vom See zuerst nur das nähere Ufer sah, wird jetzt auch das fernere sichtbar. Jede Ebene hat ihre Reize, keine ist mehr wert als die andere. Der Witz liegt nicht darin, oben anzukommen, sondern in der Aufwärtsbewegung.

Das gilt natürlich auch umgekehrt. Wenn wir wieder runtersteigen, sehen wir auch die unteren Ebenen neu, einfach, weil wir sie in eine Beziehung zur Aussicht von ganz oben stellen können. Von dort haben wir gesehen, daß ein bestimmtes, eher unscheinbares Haus direkt am Marktplatz liegt, und das läßt uns dasselbe Haus noch mal mit anderen Augen sehen, wenn wir wieder nach unten kommen.

Damit haben wir ein brauchbares Bild für den Prozeß der Bewußtseinserweiterung durch die Vermehrung von Wissen. Der Schönheitsfehler liegt vielleicht noch darin, daß Wendeltreppensteigen ziemlich anstrengend ist. Anstrengungen lassen sich auch beim Prozeß der Bewußtseinserweiterung nicht ganz vermeiden, aber manchmal wird uns diese Bewegung auch geschenkt: Elegant schweben wir dann in einem runden Liftschacht aus Plexiglas rauf und runter, in sanfter spiralförmiger Kreisbewegung. Beide Fortbewegungsarten sind im Prozeß von Bewußtseinserweiterung möglich und erlaubt.

Aufmerksamen Leserinnen wird nicht entgangen sein, daß wir bisher die Spiralbewegung aus dem zweidimensionalen Bild nur in einer Richtung in die dreidimensionale Realität übertragen haben, in die Bewegung nach außen. Dabei, so ist klargeworden, gibt es keinen Grund, Angst zu haben. Doch im zweidimensionalen Bild haben wir auch vor der anderen Richtung Angst, vor der

Bewegung nach innen. Dort, so scheint es, wird alles immer enger und dichter, bis im innersten Punkt endgültig Platzmangel herrscht. Diese Platzangst drückt sich in unserer Sprache aus, wenn wir davon reden, *wir müßten zerspringen*, vor Angst oder vor Glück. Daß auch in dieser Richtung der Spiralbewegung die Möglichkeit zu Bewußtseinserweiterung liegt, mag paradox klingen, denn zwischen Er*wei*terung und Ver*eng*ung sehen wir keinen Zusammenhang. Wir können akzeptieren, daß unser Bewußtseinsraum weiter wird, wenn sich unser Wissenshorizont erweitert. Was aber, wenn sich alles verdichtet? «Verdichtetes Erleben» ist ein anderes Wort für *intensives* Erleben. Daß auch dies ein Weg der Bewußtseinserweiterung sein kann, ist das Thema des nächsten Kapitels.

Seiendes Bewußtsein:

11. Die Lustrakete
oder
Wie man Dung zum Heizen nutzt

Es gibt Menschen, die ihr Leben
aufgrund der Furcht vor dem Tod,
und Menschen, die ihr Leben
aufgrund der Freude am Dasein gestalten.
Die einen leben sterbend,
die anderen sterben lebend.

Horace Kallen

Wir sind mit unserem spiralförmigen Lift rauf und runter gefahren, haben gelernt, dasselbe in immer wieder neuen Variationen zu sehen, und haben aus veränderten Perspektiven Neues entdeckt. In unserem Bewußtsein haben sich viele neue Verbindungen ergeben, wir sehen andere Zusammenhänge und Muster.

Stellen Sie sich einen einsamen Menschen mitten im gottverlassenen Busch vor. Er hat einen Radioempfänger bei sich. Da es sich um ein ziemlich billiges Gerät handelt, kommen nur ganz wenige Sender rein. Mit der Zeit liegt in den Sendungen einfach zuwenig Abwechslung, es wird langweilig. Zum Glück steht genügend Material, Werkzeug und Wissen zur Verfügung, um aus der alten Kiste ein Hochleistungsgerät zu machen. Nun stehen über Kurzwelle Sender aus der ganzen Welt zur Verfügung. War vorher das Weltbild unseres Buschhörers ziemlich beschränkt, so baut sich in ihm jetzt eine reiche, vielfältige Welt auf. Natürlich kommen auch auf den neuen Sendern die Informationen in Form von Musik, Geräuschen und Worten, doch die Auswahl ist reichhaltiger.

Unser Buschmensch erweitert sein Bewußtsein auf zweierlei Arten: Manchmal hört er über eine ganze Zeit vorwiegend Sendungen zu einem einzigen Thema. Dabei kann es sich um Psychologie handeln oder Weltpolitik, um Literatur oder Briefmarken, um Sport oder Philosophie, um Viehzucht oder Weltraumfahrt. Wenn er sich so auf ein Thema einläßt, entdeckt er immer neue Facetten, kommt tiefer hinein, versteht immer besser. Und natürlich sieht er an den Rändern des Themas auch immer mehr Verbindungen zu anderen Bereichen. Ich habe beim Briefmarkensammeln eine Menge über Geographie, Politik, Kunst, Botanik und so fort gelernt. Dann wieder wechselt unser Buschmensch die Strategie der Bewußtseinserweiterung. Er flitzt mit seinem Senderwahlknopf quer durch die Themen, hört klassische Musik und Rock, horcht mal dem Klang dieser Sprache nach und mal jenem Denkstil, informiert sich über den neuesten Klatsch vom britischen Königshof und gleich danach über die aktuellen Börsenkurse. Und auch dadurch wird sein Bewußtsein angeregt, er gewinnt einen Eindruck von der Vielfalt unserer Wirklichkeiten, bekommt ein immer besseres Gefühl dafür, wie sehr alles mit allem zusammenhängt.

Wir alle sind genau in der Situation dieses Buschmenschen. Unser Bewußtsein ist ein hochsensibler Empfänger für Wissen aller Art. Und je mehr es gefüttert wird, desto erstaunlicher werden seine Leistungen. Welche Empfangsstrategie gerade gewählt, ob jene der Vertiefung oder der Verbreiterung, ist ihm dabei ziemlich gleichgültig. Noch weniger kümmert es sich um die konkreten Inhalte. Hauptsache, es läuft etwas. Dann ist unser Bewußtsein in seinem Element. Und es weiß sehr wohl um die Vielfalt der zur Verfügung stehenden «Sender»: Da gibt es andere Menschen, die uns etwas erzählen. Da stehen uns die ganzen Medien zur Verfügung, vom Buch bis zum Telefon, vom Fernsehen bis zur Volkshochschule. Da gibt es ein unerschöpfliches Betrachtungsfeld in jeder Sekunde unseres Alltags.

Und wenn von außen nichts mehr hereinkommt, greift unser Bewußtsein auf interne Quellen zurück. Das ist wissenschaftlich untermauert. Man kann ja einen Menschen weitgehend von allen äußeren Informationsquellen abschneiden, indem man seine Sinne gleichsam verstopft. Stellen Sie sich einen Tank vor, eine Art doppelte Badewanne, die allseits verschlossen ist. Sie liegen in genau körperwarmem Salzwasser, damit Sie keine Temperaturschwankungen registrieren können und die Wirkung der Schwerkraft vergessen. Im Tank ist es völlig dunkel und still, das heißt, Sie sehen und hören nichts. Keine Chance für Ihr Gehirn, an irgendwelche Daten von außen heranzukommen. Statt dessen geht es jetzt innen los. Ihr Gehirn produziert eine Flut von Bildern, Ideen, Gedanken, Gefühlen, Erinnerungen. Das zeigt zum einen, wieviel Wissen wir in unseren Köpfen gespeichert haben. Auch da verfügen wir über einen ungeheuren Wissensschatz, den zu heben selbst ein langes Leben voll Bewußtseinserweiterung nicht ausreicht.

Zum anderen macht es deutlich, daß unser Gehirn tatsächlich kaum dazu gebracht werden kann, die Klappe zu halten. Gibt es keinen Gesprächspartner, so verfällt es automatisch, ja von einer gewissen Zwanghaftigkeit getrieben, in ein Selbstgespräch.

Nur, was heißt in diesem Zusammenhang eigentlich «unser Gehirn»? Ich sehe tatsächlich so etwas wie einen Hochleistungsempfänger vor mir, der unablässig das riesige Wellenspektrum nach interessanten Informationen absucht. Unsere Sinne sind dabei spezialisierte Antennen, doch beim *Beobachter*, auf den wir ja wieder einmal treffen mußten, laufen die Leitungen nicht nur von den Sinnen ein, sondern auch von den vielfältigsten internen Speicherquellen.

Man könnte sich das Ganze jetzt leicht als eine Art winziges Kästchen in einem Riesencomputer vorstellen, das auf geheimnisvolle Art den ganzen Kasten steuert. Aber in unserem Bewußtsein gibt es keinen Unterschied zwischen dem Ganzen und dem Beobachter, das Ganze *ist* der Beobachter – und umgekehrt. Das Ganze organisiert sich selbst, es bestimmt, welche Sender gerade auf die Skala kommen.

Das ist nicht leicht zu verstehen, wie ich aus eigener Erfahrung weiß. Auch ich habe mir «mein Bewußtsein» immer irgendwie räumlich vorgestellt. Es war in diesem Bild kleiner als mein Gehirn, nicht viel mehr als stecknadelgroß, und saß irgendwo in meiner Stirn, in der Mitte zwischen meinen Augen, aber weiter innen und etwas höher. Ich schätze, dieses Bild haben die meisten Menschen. Das ändert nichts daran, daß es falsch ist.

Wie immer kommt ein falsches Bild von einer falschen Frage. Die Frage, die uns dazu geführt hat, lautet: *Wo sitzt* mein Bewußtsein? Weil Bewußtsein aber nichts Festes ist, sondern ein Fließen, ein hochkomplexes Muster aus schwingenden Wellen, kann es nirgendwo sitzen. Und auch wenn sich offenkundig eine Menge der biologischen Prozesse, die mit unserem Bewußtsein verbunden sind, im Gehirn abspielen, so ist doch unübersehbar, daß unser ganzer Körper untrennbar mit unserem Gehirn verbunden ist – über die Nervenbahnen ebenso wie über chemische Transportwege. Unser Bewußtsein kann also nicht an einer Stelle unseres Gehirns sitzen und auch nicht im Gehirn als Ganzem. Es verteilt sich, wenn schon, über den ganzen Körper.

Und darüber hinaus? Eindeutig ja. Bewußtsein umfaßt ja den Empfänger und die Radiowellen gleichzeitig. Offenkundig kommt ein großer Teil der Informationen, der Wellen, von «außen». In einem so starken Maße, daß die Trennung von innen und außen zur Hilfskonstruktion schrumpft. Wenn wir unsere Fähigkeit nutzen, in Gedanken die Grenzen unseres hautverkapselten Egos zu verlassen, sehen wir ein angemesseneres Bild «unseres» Bewußtseins: es handelt sich um die Knotenstelle in einem dichtgewebten Netz von Fäden, um einen Kreuzungspunkt in einem Geflecht von Wellen.

Die Fäden, die Wellen, die wir von unserem Standort in diesem unendlichen Netz wahrnehmen können, reichen tief in die Vergangenheit zurück. Unsere Gene, die materielle Träger von Bewußtsein sind wie unsere Gehirnzellen, tragen die Informationen aus einer sehr, sehr langen Geschichte nicht nur unserer Art, sondern des irdischen Lebens im Ganzen. Und wir haben nicht nur unsere eigene Geschichte gespeichert, sondern darüber hinaus die Geschichte des menschlichen Wissens. Und wenn dieses nicht in unseren Gehirnen gespeichert ist, schalten wir ein paar Kupferdrähte und holen sie uns von externen Speichern.

Diese Überlegungen führen zu einer kniffligen Frage: Wenn wir Sender in unseren Empfänger holen können, die über die ganze Erde, tief hinein in den Kosmos und weit zurück in die Vergangenheit reichen – gibt es dann auch Empfangsmöglichkeiten von

Sendern aus der Zukunft? Oder vielleicht für Sender aus parallelen Universen oder aus Räumen mit mehr Dimensionen als unsere vierdimensionale Raum-Zeit-Welt? Über solche Welten reden nicht nur Spinner, sondern kluge Mathematiker und Physiker – und wer nicht ganz verbohrt ist, kann kaum übersehen, daß es zumindest Anzeichen für solche Kommunikationsformen gibt. Mehr allerdings nicht. Wir können die Möglichkeit nicht ausschließen, können sie sogar für ziemlich wahrscheinlich halten, aber Genaueres ist noch nicht bekannt.

Das kann sich ändern, aber bis dahin können wir uns einer zweiten Frage zuwenden, die aus der ersten folgt: Wenn es die Möglichkeit gibt, Sendungen aus zukünftigen oder ganz anderen Welten zu empfangen – dann müssen der Sender und seine Sendungen *schon dasein.* Entdecken wir also, wenn wir auf eine für uns oder vielleicht für die ganzen Menschheit neue Idee stoßen, etwas, was schon immer da war?

Es gibt kluge Philosophen, die behaupten, eine Radiosendung, der kein einziger Mensch zuhöre, existiere nicht. Das geht dem gesunden Menschenverstand entschieden zu weit. Jeder *könnte* sie ja hören und dabei leicht feststellen, ob sie existiere oder nicht. *Wenn* er sie dann hört, wird er an ihrer Existenz nicht zweifeln.

So ist das auch mit den Gedanken, Ideen, Gefühlen, kurz, mit allem, was so in unserem Bewußtsein herumspukt. Wir *hören* sie und zweifeln nicht an ihrer Existenz. Ob sie nun immer schon da waren und von uns einfach *entdeckt* werden, ob sie im Moment ihres Auftauchens aus irgendeiner anderen Dimension gekommen sind oder ob unsere Gehirnwindungen sich zu einem für sie «vorgesehenen» Muster formen, so, wie eine Knospe in die für sie vorgesehene Blumenform hineinwächst, ist unerheblich und für den Evolutionsstand unseres Bewußtseins kaum endgültig zu entscheiden. Was in unser Bewußtsein kommt, muß schon dagewesen sein, vielleicht nur als Möglichkeit, oder es muß irgendwoher kommen. Am wenigsten Mühe mit Verständnis haben wir mit dem Bild des Netzes: Durch die Kommunikationsfäden fließt mehr Wissen und erreicht uns, doch wenn es bei uns ankommt, können wir nicht mehr wissen, woher es kommt. Selbst da, wo wir noch den besten Überblick haben, bei den Erinnerungen an unsere Erfahrungen, bei den Dingen, die uns beigebracht wurden, wissen wir oft kaum noch, woher sie kommen. Und leben ganz gut damit.

Gehen wir also davon aus, all das Wissen, das uns erreicht, sei schon immer dagewesen, so wie eine Landschaft, wenn wir sie das erste Mal betrachten, auch schon immer da war (zumindest in den Maßstäben unserer kurzen Lebensspanne). Wenn wir dafür den Begriff «ewig» brauchen, dann meinen wir eine Ebene von Wirklichkeit, die jenseits der Zeitdimension liegt, wie wir sie in unserem biologischen Lebenslauf erfahren. Bewußtsein umfaßt einen Raum jenseits von Zeit – und unser menschliches Bewußtsein liegt an einer Schnittstelle zwischen dem vierdimensionalen Raum unseres biologischen Gehirns und dem mehrdimensionalen Raum universalen Bewußtseins. Bewußtseinserweiterung heißt, die Möglichkeiten unseres Gehirns für den Empfang der unendlich vielfältigen Sendungen aus diesem jenseitigen Raum besser zu nutzen. Der Spiralenlift saust rauf und runter ....

Bei dieser Bewegung gibt es zwei natürliche Grenzen. «Oben» kommen wir in Regionen, in denen unser unvollkommener Empfänger nur noch Rauschen und Knistern produziert, unten stoßen wir auf die feste Erdoberfläche. Was aber, wenn wir einen Tunnel für unseren Lift bauen und nun spiralförmig weiter abwärts fahren?

Nun, gemessen an den Ansprüchen an Vielfalt und Komplexität, die wir auf unseren luftigeren Fahrten entwickelt haben, ist die Fahrt ins Erdinnere erst mal eine glatte Enttäuschung. Selbst bei guter Beleuchtung sehen wir nichts als Steine und Dreck um uns herum. Zwischenrein geht es durch einen Grundwassersee, aber auch darin gibt es noch nicht mal Fische.

Mit der Zeit lernen wir, besser hinzugucken. Und plötzlich entdecken wir feine, aber hochinteressante Unterschiede zwischen einzelnen Steinformen und Wasserläufen, entdecken Muster und Zusammenhänge, lernen die einzelnen Schichten und ihre Geschichten verstehen. Wenn unser Bewußtsein nicht mehr aus der üppigen Auswahl der luftigen Welt wählen kann, entwickelt es ein differenzierteres Instrumentarium für feine Nuancen. Der Effekt ist derselbe, so, wie man eine Strecke ebensogut in Metern wie in Zentimetern ausmessen kann. Der pralle

Drang nach Bewußtseinserweiterung schafft sich also auch in einer Umgebung Bahn, in der die Senderauswahl oberflächlich betrachtet bescheiden ist. Der Könner kann sich auch aus wenigen Sendern ein pikantes Hörmenü zusammenzaubern.

Wir sind noch immer auf unserer Fahrt abwärts zur Mitte. Allmählich vergessen wir unser Philosophieren über die Erdschichten und unterirdischen Wasserläufe, denn es wird warm und wärmer. Geradezu heiß. Nach Luft, Wasser und Erde begegnen wir dem vierten Element: Feuer.

Nun wird es aber wirklich heiß – wie unter eine Rakete, die gerade abhebt. Und plötzlich sitzen wir *in* der Rakete und haben Gelegenheit, über heiße Treibstoffe nachzudenken. Es ist offenkundig: Die Rakete ist ein Symbol für den Expansionsdrang des menschlichen Bewußtseins. Das klingt nach Eroberungskriegen, doch das ist eine verkürzte Sichtweise. Erst einmal ist eine Rakete ja ein kaum zu übersehendes Phallussymbol.

In einer Menschheit, in der eine extrem mißverstandene «Männlichkeit» dominiert, im Klartext, eine destruktive Aggressivität, wurde bekanntlich auch der Phallus zur Waffe. Da liegt es nahe, aus dem Phallussymbol Rakete eine Waffe zu machen. Wenn sich der Westen mit Raketen beschäftigte, tat und tut er das weitgehend zu militärischen Zwecken, zum Zwecke der Expansion (oder Expansionsabwehr, was auf dasselbe hinausläuft) in einem *begrenzten* Raum.

Daß damit auch Expansion in einem *unbegrenzten* Raum, in dem alles Platz hat und folglich Expansion konstruktiv wird, erreicht werden kann, haben die Chinesen gezeigt, die die Raketen überhaupt erfunden haben: Für sie dienten Raketen ausschließlich dem *Lustgewinn*. Beim Reich der Lust handelt es sich um einen unbegrenzten Raum. Und wenn heute Raketen verstärkt der Vermehrung unseres Wissens dienen, ist auch dies eine expansive Nutzung im unbegrenzten (Wissens-)Raum. Was wiederum darauf verweist, daß es für den Phallus bessere Verwendungszwecke als den einer Waffe gibt. Als Rakete in den unbegrenzten Räumen von Lust und Wissen eignet er sich besser denn zur Unterwerfung.

Apropos unbegrenzte Räume. Da fällt mir ein, daß das Bild von raketengleichem Herumsausen in den unbegrenzten Räumen des eigenen Bewußtseins, der eigenen Seele immer wieder in den Berichten von obskuren Elementen auftaucht, die quer durch die Jahrhunderte einer seltsamen Beschäftigung nachgingen: der *Psychonautik*.

Was tut ein Psychonaut? Er bringt sein Bewußtsein mit Hilfe unterschiedlichster Techniken in einen Zustand, der sich von unserem normalen Alltagsbewußtsein deutlich unterscheidet. Er reist mit Hilfe dieser Techniken im All seiner Psyche herum, um dann wieder in den Kreislauf alltäglichen Bewußtseins zurückzukehren. Weil man aber von jeder Reise eine Menge mitbringt, hat sich das Bewußtsein des Psychonauten auch im Alltag verändert – erweitert. Der zur Verfügung stehenden Techniken sind viele, Psychonautinnen und Psychonauten entwickeln mit der Zeit einen Spürsinn für die gerade angesagte Technik. Dazu zählen Yogaübungen und Gebete, Bergsteigen und Tanzen, Atemübungen und Drogen.

Nun könnte es bei Ihnen «klick!» machen. Sie haben irgendwo gewußt, daß dieser seltsame Begriff *Bewußtseinserweiterung* nicht ganz neu ist, daß er irgendwo in Verbindung mit etwas ganz Schrecklichem schon mal durch den Zeitgeist geisterte. Jetzt wird Ihr Verdacht bestätigt. Jene seltsamen Hippies damals in den späten sechziger und frühen siebziger Jahren sprachen doch immer von *bewußtseinserweiternden Drogen*!

Bei diesem Wort schrillen die Alarmglocken. *Gefahr! Verboten!* Aber ein echter Psychonaut – daß Sie zu dieser unsichtbaren Gilde gehören, läßt sich kaum mehr vermeiden, nachdem Sie dieses Buch bis hierher gelesen haben – wird unerschrocken die Alarmanlage ausschalten und der Gefahr gefaßt ins Auge blicken. Also riskieren wir einen vorurteilslosen Blick.

Droge ist zunächst nur die Bezeichnung für irgendeinen chemischen Stoff, der auf menschliches Bewußtsein einwirkt. Demnach ist *Coffein* eine milde Droge, sie macht unser Bewußtsein wacher, konzentrierter. Schon zu den härteren Hämmern zählen die diversen Pillen der Pharmaindustrie, die *Psychopharmaka*, die je nach Wunsch beruhigen oder die Stimmung aufhellen. Ein gewaltiger Hammer kann *Alkohol* sein, wenn er das Bewußtsein total abschaltet. In geringeren Dosen kann er aggressiv machen oder auch angenehmere Gefühle enthemmen.

Damit haben wir schon die hierzulande am häufigsten gebrauchten Drogen. Seltsamerweise aber denken wir an diese Stoffe kaum, wenn wir das Wort Droge hören, sondern an jene Stoffe, die verboten sind und manchmal sogar als Rauschgifte verschrien werden. Nun ist aber Droge nicht gleich Rauschgift, obwohl es unter den Drogen klare Rauschgifte gibt, etwa Heroin oder Alkohol. Das einzige, was die verbotenen Drogen gemeinsam haben, ist die Tatsache, daß sie verboten sind. Ansonsten haben sie sehr unterschiedliche Wirkungen auf das Bewußtsein.

Dummerweise schließen wir immer von Bekanntem auf Unbekanntes, und so stellen wir uns denn die Wirkung aller Drogen, die wir nicht kennen, vor wie eine sehr viel schlimmere Version des Alkoholrausches. Alkohol aber verengt das Bewußtsein, andere Drogen (keineswegs alle) erweitern es. Auch da tritt diese Wirkung nur ein, wenn bestimmte Voraussetzungen stimmen. Sind diese aber erfüllt, kann eine Drogenerfahrung tatsächlich ein intensives Erlebnis von Bewußtseinserweiterung sein. Für ein paar Stunden werden Erlebnisse möglich, die ihren Sinn gerade aus der Ausnahmesituation beziehen.

Erinnern Sie sich zur Veranschaulichung an eine Situation, in der Sie total verliebt waren. Sie sind zusammen mit dem Objekt Ihrer Begierden in einer romantischen Landschaft und könnten die ganze Welt umarmen. Die Luft schmeckt würziger als sonst, die Gefühle sind erhabener.

Oder an den Moment, wo Sie das Glücksgefühl empfanden, etwas wirklich *begriffen* zu haben. Oder an den Geschmack klaren Wassers nach einer anstrengenden Tätigkeit. Oder an die Intensität der Erfahrung, in ein Paar strahlende Kinderaugen zu blicken.

All das sind Momente, in denen die Wirklichkeit dichter wogt als sonst. Manchmal kann einem das ohne ersichtlichen Anlaß passieren. Und ungefähr so fühlt sich ein befriedigendes Drogenerlebnis an. Es handelt sich nicht um mehr und nicht um weniger als einen von vielen Wegen, die alle in Richtung Bewußtseinserweiterung führen.

Wenn wir unserem Bewußtsein die Tendenz zur Erweiterung attestieren, liegt es nahe, daß sich eben dieses auch unterschiedliche Wege ausgedacht hat, um diesem Drang zu folgen. Natürlich sind in diesem Sammelsurium auch Irrwege zu finden, und so könnte auch der kontrollierte Gebrauch von Drogen als Transportmittel für psychonautische Reisen nichts anderes als der verirrte Abweg einiger ausgeflippter Gehirne sein. Doch gemach. Dagegen spricht einmal, daß unbestreitbar offensichtlich seit Urzeiten der Gebrauch bewußtseinserweiternder Drogen zum Handlungsrepertoire der Menschheit gehört. Und nie hatten so viele Menschen wie heute Kontakt zu dieser Art Chemie. Da man äußerlich einem Psychonauten, der diese Art von Drogen benutzt, kaum etwas ansieht, leben sie unerkannt massenhaft mitten unter uns.

Noch seltsamer allerdings mutet an, daß unser Gehirn den Drogenkonsum vorgesehen haben muß. Sie können sich die Wirkung von Drogen ungefähr so vorstellen: Die Moleküle der Droge sind wie ein Schlüssel. Sie schließen im Gehirn ein Schloß auf. Damit wird eine Tür geöffnet, durch die der Bewußtseinsstrom mächtiger als zuvor fließen kann. Damit der Schlüssel allerdings die Tür öffnen kann, muß in unserem Gehirn ein passendes Schloß vorhanden sein. Wenn es keinerlei Sinn machen würde, daß der Schlüssel Droge die Tür zu unserem Bewußtsein aufschließen und uns damit einen besseren Überblick verschaffen würde – wozu sind denn dann die passenden Schlösser da?

Die Antwort ist niederschmetternd: weil unser Gehirn selber Drogen produziert und konsumiert. Für alle bekannten Drogen sind im menschlichen Gehirn ähnliche oder verwandte Stoffe gefunden worden. Unser Gehirn ist in irgendeiner Form also immer unter Drogen – und es scheint unserem Bewußtsein gut zu bekommen. Da kann ein Bewußtsein schon mal auf die Idee kommen auszuprobieren, wie es sich wohl anfühlt, wenn man dem Gehirn die bekannten Stoffe für einmal von außen zuführt. Als kluges Bewußtsein weiß es, daß alles eine Frage des Maßes ist, und freut sich, einen weiteren gangbaren Weg zu seiner eigenen Erweiterung gefunden zu haben – eine weitere Technik der Bewußtseinserweiterung.

Ob man Drogen aus Pflanzen gewinnt oder im Labor synthetisiert – es ist immer ein Stück *gewußt wie*, also *Technik*, erforderlich. Technik ist nichts anderes als ein Stück sichtbare Ausformung des menschlichen Bewußtseins. Stellen Sie sich eine Wasseroberfläche vor, die gewellt ist. Ganz plötzlich gefriert nun die oberste Wasserschicht. Die Wellen sind jetzt gefroren im Eis festgehalten. Wie dieses Eis ist Technik eine fest gewordene, eine geronnene Form von Bewußtsein.

So ist es ganz logisch, daß wir Menschen in allen Formen unserer Technik, von den ersten Jagdspeeren bis zur Weltraumrakete, dieselben Muster wiederfinden, nach denen auch unser Bewußtsein aufgebaut ist. Jeder Blick nach außen, auf die Schöpfungen unseres Bewußtseins, ist zugleich ein Blick nach innen, zu den Strukturen unseres Bewußtseins.

Da unser Bewußtsein nicht reiner Geist ist, sondern eng verwoben mit der organischen Struktur unseres Gehirns, ist unser Bewußtsein (auch) Körperbewußtsein. In unserer Technik stülpen wir die Muster, nach denen unser Körper mitsamt dem Gehirn organisiert ist, gleichsam nach außen. Unsere gesamte Zivilisation ist nach dem Vorbild unseres Körpers gestaltet. Da gibt es Transportwege für Materialien und Informationen, da gibt es die Spezialisierung einzelner Organe, da gibt es ein immer komplexeres Zusammenwirken von allem mit allem. Die Ströme von Material und Information werden immer dichter. Damit das ganze System leben kann, wird auch immer mehr *Energie* gebraucht.

Feuer, also Energie, war das Stichwort, das uns auf eine weite Raketenreise durch Bewußtseinsräume geschickt hat. Raketen hatten wir schon einmal als geronnenes Phallusbewußtsein identifiziert. Doch die verblüffende Ähnlichkeit zwischen inneren und äußeren Mustern betrifft nicht nur die Technik. Sie prägt auch die Bilder, die wir uns von der Wirklichkeit, von der Welt machen. Auch unsere Weltbilder sind Ausdruck unserer tieferen Bewußtseinsstrukturen.

Wenn wir schon beim Thema sind: Es ist erstaunlich, wie wenig bisher über etwas absolut Offenkundiges geredet wird – die unübersehbare Ähnlichkeit des Weltbildes vom Urknall mit dem Erleben des (männlichen) Orgasmus. Die Ähnlichkeit liegt offenbar so nah vor Augen, daß man sie glatt übersehen kann. Der Anfang der Welt als eine Art giganteske Ejakulation, ein überdimensionierter Vulkanausbruch – das ist männliche Mythologie. So erlebt der Mann den Beginn des Lebens, in Form einer machtvollen Explosion. Das Modell vom Urknall ist der endgültige Triumph der männlich geprägten Wahrnehmungsweise.

Gott sei dank war bisher kein Triumph in der Weltbildarena endgültig. Die Theorie vom Urknall ist in kürzester Zeit so allgemein akzeptiert worden, daß ihre Wachablösung abzusehen ist. Die ersten Vorboten räkeln sich bereits. So hat ausgerechnet *Stephen Hawking*, ein brillanter Astrophysiker und einer derjenigen, die mit einem eleganten mathematischen Beweis der Urknalltheorie endgültig zum Durchbruch verholfen haben, die ketzerische Meinung aufgebracht, er hätte zwar den Urknall einmal bewiesen, aber er würde mittlerweile nicht mehr daran glauben. Statt dessen präsentiert er eine bessere Alternative. Er bittet darum, sich vorzustellen, unser Universum sei zwar nicht unendlich, aber es hätte keine Grenzen – folglich auch keinen Anfang und kein Ende.

Der Unterschied zwischen *unendlich* und *grenzenlos* ist mehr als Haarspalterei. Die Oberfläche unserer Erde ist nicht unendlich, aber grenzenlos: Wir können überall hingehen und kommen doch immer wieder an den Ausgangspunkt zurück, ohne je an eine Grenze gestoßen zu sein. Ein hochinteressantes neues Weltbild.

Mit Konsequenzen. Wenn unser Bewußtsein ein solches Weltbild produziert, dann muß es diesen Zustand der Unbegrenztheit kennen. Wenn unser Weltbild keinen Anfang nach dem Vorbild des männlichen Orgasmus braucht, kennen wir dann den Zustand des grenzenlosen Orgasmus? Ähnelt unser neues Weltbild jetzt der zumindest grenzenloseren orgiastischen Empfindung der weiblichen Sexualität? Und wäre weibliche Sexualität nicht auch den Männern ein Stück weit zugänglich?

Sie sehen, wo wir einmal mutig geworden sind, lassen wir nichts aus. Jetzt untersuchen wir auch noch Sex als Mittel der Bewußtseinserweiterung. Geht das nicht ein bißchen zu weit? Schließlich ist Sex doch das geheimnisvolle *eine*, an das angeblich alle Männer und zunehmend mehr Frauen ständig denken. Immer nur an das eine zu denken kann ja doch wohl kaum Bewußtseinserweiterung bedeuten.

Auf der Ebene des *Denkens* ist der Einwand nicht zu entkräften, aber wir reden hier auch nicht von Denken, sondern von *Tun*. Schon bei unseren Streifzügen durch die Evolutionsgeschichte sind wir darauf gestoßen, daß Sex eine wichtige Rolle in der Entwicklung des menschlichen Bewußtseins gespielt haben muß. Es kann kein Zufall sein, daß das Tier mit dem komplexesten Gehirn auch jenes ist, in dem Sex die wichtigste Rolle im ganzen Tierreich spielt. Hinter beidem lächelt Eros hervor, die Kraft hinter der expansiven Bewegung unseres Bewußtseins.

Nun hat Sex aber doch eher mit Kontraktionen zu tun als mit Expansion und ist folglich kein geeignetes Vehikel für Bewußtseinserweiterung. Wo ist denn die Erweiterung, wenn es nur noch um die Berührung von Haut zu Haut geht?

Genau in diesen Momenten wirkt das Prinzip der erdeinwärts gerichteten Spiralbewegung. Je mehr Eros wirkt, desto stärker wird aus den ursprünglich einzelnen Tönen der Berührung eine ganze Symphonie, löst jeder Hautkontakt ganze Kaskaden feinster Empfindungen aus. Und im Moment des Orgasmus schwinden in unserem Bewußtsein alle Grenzen, ist die Bewußtseinserweiterung total. Kein Wunder, daß das Bemühen der alten Tantriker (eine Bewußtseinsschule aus Indien, die spirituelle Fortschritte nicht durch Askese, sondern durch volle Nutzung aller vorhandenen Energien, inklusive der sexuellen, erzielen will) dahin ging, diesen Zustand permanent zu erleben. In der Ferne winkt das Ziel des endlosen Orgasmus.

Sex ist also eine höchst effiziente Technik des Bewußtseins, um sich selber zu erweitern. Daraus zu schließen, Sex sei eine Sache der Technik, wäre allerdings grundverkehrt. Zum Thema *Intelligenter Sex* ist ein anderes Buch zu schreiben, nur soviel sei verraten: Wenn Eros seine beiden Ausdrucksformen Sex *und* Liebe vereint, geht das Feuerwerk erst richtig los.

Sexualität ist das Feld, auf dem wir viel über *Intensität* lernen können. Intensität, verdichtetes Erleben als Möglichkeit der Bewußtseinserweiterung. Wenn wir intensiv erleben, nehmen wir vom selben Gegenstand viel mehr wahr als bei oberflächlichem Erleben. Wir können nicht mehr nur im Maßstab von Metern unterscheiden, sondern auch die Details im Zentimeter-

oder Millimeterbereich. Alles erscheint uns frisch und neu. Intensiv erleben heißt im Hier und Jetzt zu leben.

Natürlich ist Intensität nicht auf das Bett beschränkt. Intensität begegnet uns auch beim Denken, beim Musikhören, beim Kochen und Essen. Und sie scheint für unser Bewußtsein so wichtig zu sein wie Brot für unseren Körper. So wichtig, daß sie uns gelegentlich blind macht: Wenn wir in einem Zustand von Intensität so abgefahren sind, daß wir ihn für immer festhalten möchten, werden wir süchtig, wonach auch immer. Wenn wir aber der Fähigkeit unseres Bewußtseins vertrauen, selbst für Momente der Intensität zu sorgen, dann werden diese Augenblicke zu Höhepunkten unseres Erlebens.

Mit etwas Übung kann der Beobachter in uns feststellen, daß in jenen Momenten, in denen wir etwas Bestimmtes intensiv erleben, unser *ganzes* Bewußtsein sich in einem Zustand von Intensität, also auf einem hohen Energieniveau befindet. Ich bin am Anfang über diese Beobachtung erschrocken, bin ich doch wie wir alle von der Vorstellung geprägt, man könne sich aufs Mal nur auf eine Sache konzentrieren, und wenn einem dabei gleichzeitig andere Dinge im Kopf herumspuken würden, sei etwas an der Konzentration mangelhaft. War ich also zuwenig auf mein erotisches und sexuelles Lustempfinden eingestellt, als ich, wie es mir immer öfter geschah, *gleichzeitig* intensiv wie selten die Musik dazu genoß und beobachtete, welch kluge und aufregende Gedanken durch mein Gehirn zogen? Da dieses Phänomen der *parallelen Intensität* aber offenkundig existierte und sich ausgesprochen angenehm anfühlte und niemandes Lust schmälerte, dämmerte es mir allmählich, daß ich einfach einem weiteren Trick, mit dem mein Bewußtsein im Drang nach Erweiterung jongliert, auf die Schliche gekommen war.

Paralleles Arbeiten, Fließen in parallelen Strömen gehört übrigens zu den Erfolgsgeheimnissen unseres Gehirns. Dieses Prinzip ist so erfolgreich, daß man jetzt schon Computer danach baut – die sogenannten *Transputer*. Nach den bisherigen Erfahrungen kann man davon ausgehen, daß in dieser Technik die Zukunft der Computer liegt, die uns damit wohl wieder ein Stückchen näher rücken werden.

Diese Aussicht schreckt mich wenig. Während es klar ist, daß

Computer bald mehr wissen als wir – wenn wir unter Wissen das verstehen, worüber sich sprechen läßt –, dürfte der Mensch dort, wo die Sprache an Grenzen stößt, in den Reichen der Intensität, noch ein ganzes Weilchen einzigartig bleiben. Und daß das, worüber sich nicht sprechen läßt, das Eigentliche und Zentrale an unserem Bewußtsein ist, wußten die Weisen aller Zeitalter.

Neulich erlebte ich in einem begnadeten Bewußtseinszustand das, was ein alter psychonautischer Meister einmal *zelluläre Verzückung* genannt hat. Eine Hautzelle berührt die des geliebten Menschen. Ihr ganzer Daseinszweck besteht darin, diese Berührung an das Gehirn weiterzuleiten. Sie explodiert in einem orgiastischen Ausbruch von Informationsfluß. Und die Meldungen aller beteiligten Hautzellen lösen im Gehirn einen Zustand reiner Verzückung aus.

Natürlich passiert genau das in jeder Sekunde. Die Bewußtseinswellen allein unseres Körpers sind so vielfältig und komplex, daß wir verrückt werden müßten, wenn wir uns ihrer die ganze Zeit bewußt wären. Zur Bewältigung des Alltags wäre ein solcher Bewußtseinszustand nicht eben förderlich. In begnadeten Augenblicken aber erhält unser Bewußtsein einen Einblick in diese Welt. Dann, wenn die Pforten der Wahrnehmung weit offen sind, spüren wir für einen Moment die unendliche Reichhaltigkeit des Stroms unseres fließenden Bewußtseins.

Intensität in ihrer reinsten Form ist ein Zustand reinen, weißen Lichtes – vielleicht ein Eintauchen in das Bewußtsein der Moleküle, aus denen wir bestehen. Erleuchtung nennt man diesen Zustand, der wie ein ferner Traum winkt, ohne daß es eine besondere Bedeutung hätte, ob er sich in dieser Form jemals realisiert. Der Weg ist das Ziel, und der Wunsch nach Intensität ist es, der unser Bewußtsein dafür mit Energie versorgt.

Bewußtseinserweiterung heißt also auch, ein Bewußtsein für *Energien* zu entwickeln. Dabei hilft ein möglichst vorurteilsloser Blick. Was wir vorschnell als *Pfui!* abtun, kann bei näherem Hinsehen eine Energiequelle sein. Bei unserer Spiralfahrt ins Innere der Erde sehen wir, wie Schicht für Schicht auf dem Dung der vorhergehenden aufgebaut ist. Aus einem Abfallprodukt des pflanzlichen Stoffwechsels beziehen wir unseren Sauerstoff, während unsere Ausscheidungen Nahrung für andere Lebewesen sind. Wenn uns also etwas gewaltig stinkt, könnte dies als Hinweis darauf verstanden werden, daß Dung ein hervorragender Brennstoff ist. Manche Erfahrung, die uns im Moment als reiner Mist vorkommt, entpuppt sich im nachhinein als Anstoß für eine positive Entwicklung.

So in unserer Lustrakete von allen möglichen Treibstoffen in ungeahnte Höhen und Tiefen unseres Bewußtseinsraums getragen, fällt uns denn doch wieder ein, daß Dung stinkt. Und mitten in grenzenlosen orgiastischen Gefühlen höchster Intensität denken wir daran, daß nicht *jede* Form von Intensität Sinn machen kann. Zweifellos erlebt der Amokläufer in seinem Blutrausch höchste Intensität, aber unser Gefühl sagt uns, daß das nicht der Sinn von Bewußtseinserweiterung sein kann. Intensität ist ein wunderbares Vehikel, aber kein Selbstzweck. Wenn im Rausch der Bewußtseinsstrom rauscht, ist dies wunderbar, solange das Bewußtsein auch wieder in ruhigere Bahnen gerät. In einer solchen wollen wir darüber nachdenken, wo der Drang nach Bewußtseinserweiterung seine Grenzen hat, die ihm gleichzeitig auch wieder Sinn geben.

Teil V: Bewußtseinserweiterung macht Sinn:

WENN DER WEG ZUM ZIEL WIRD

Laß die Moleküle rasen,
was sie auch zusammenknobeln!
Laß das Tüfteln, laß das Hobeln,
heilig halte die Ekstasen!

Christian Morgenstern

Es gab eine Phase in meinem Leben, in der ich das war, was man einen überzeugten politischen Aktivisten nennt. Ich hatte mir die These jenes Philosophen Ludwig Feuerbach zu eigen gemacht, der einen beträchtlichen Einfluß auf Karl Marx ausgeübt hat, und deren Quintessenz lautet: Es kommt nicht darauf an, die Welt zu *erklären*, sondern sie zu *verändern*! Das ist angesichts des Irrenhauses um uns herum eine naheliegende Lebensphilosophie, deren Ausübung dem Praktikanten eine ganze Zeit lang Sinn machte.

Doch dann wurde ich nachdenklich. Ohne daß ich damals schon etwas von fraktalen Strukturen gehört hatte, lernte ich doch bald deren fundamentale Konsequenz: Gleiche Ursachen haben nicht gleiche Wirkung. Da konnte jemand noch soviel guten Willen in hektische Aktivitäten stecken – heraus kam das Gegenteil des Gewollten. Und in anderen Fällen änderten sich Dinge auf entscheidende Weise, ohne daß dafür ein Urheber auszumachen gewesen wäre, ganz von selbst sozusagen. Und immer mehr machten mir die gelegentlichen Forderungen nach einer *Denkpause* Sinn. Oder anders rum: Ich empfand den hektischen Aktivismus um mich herum als eine permanente Pause *im* Denken ...

Zumal mir immer klarer wurde, daß das Irrenhaus nicht nur um mich herum lag, sondern genausosehr in mir. Also trat ich den vielbesungenen Weg nach innen an. Aber da erging es mir auch nicht besser. Schon bald traf ich wieder auf hektischen Aktivismus. Ich könnte *nur* meine Blockaden aufgeben oder der Wahrheit näherkommen, *wenn* ich dies oder jenes *machen* würde – so lautete nun die Botschaft, die mir allenthalben entgegenschallte.

Ob auf kollektiver oder persönlicher Ebene – unsere Gesellschaft ist vom Wahn, etwas tun zu müssen, geradezu besessen. Das gilt nicht nur für die traditionellen Macher, sondern auch für deren Widersacher, die zwar andere Vorstellungen darüber haben, *was* zu tun sei, sich aber mit ihren Kontrahenten absolut einig sind darin, *daß* etwas getan werden müsse. Und ähnliche Seelenverwandschaft herrscht auch zwischen den meisten Gruppen und Institutionen, die versprechen, den einzelnen Menschen Sinn zu liefern: In der Kirche muß man beichten, in der psychospirituellen Szene einen Workshop buchen. In der herkömmlichen Wirtschaft muß man eine bestimmte Marke kaufen, bei den Ökologen ist Tun in Form von Verzicht angesagt. Und unsere schleichenden Ängste spielen alle dieselbe Leier: *Wenn jetzt nicht sofort etwas geschieht, ist die große Katastrophe da!*

Daß nur dann etwas geschieht, wenn wir es verursachen, wenn wir etwas tun, ist für den Kult des Machens absolut selbstverständlich. Nicht einmal das große Spielglück geschieht einfach so, wenn wir nicht vorher etwas tun – nämlich bezahlen. Wo solche Übereinstimmung herrscht, ist Vorsicht angebracht. Natürlich hat sich die Menschheit nur entwickeln können, weil sie etwas getan hat. Gegen den Willen zum Handeln ist nichts einzuwenden – wohl aber gegen dessen Verabsolutierung.

Der tiefere Kern unseres Größenwahns, alles hinge von unserem Handeln ab, liegt einmal mehr in einer Allgemeingut gewordenen wissenschaftlichen Denkweise. In der klassischen Physik wird davon ausgegangen, alle beobachtbare Wirklichkeit sei eine Abfolge von *Ursache und Wirkung*. Würde man, so das damalige Ideal, die Ausgangsursachen kennen sowie die Gesetze darüber, wie diese Wirkungen erzeugen, so könnte man den Ablauf der Welt bis ins letzte vorausberechnen – so, wie sich auch das komplizierteste Uhrwerk in seinem Funktionieren vorhersehen läßt, wenn man einmal das Konstruktionsprinzip begriffen hat.

Ein solches Denksystem konnte nur entstehen, wenn es auf einen gut vorbereiteten Boden traf. Tatsächlich finden wir ein tiefverwurzeltes Ursache-Wirkung-Denken überall. Früher waren die Götter die Ursachen, dann das Handeln der Menschen selbst: Wenn du das nicht tust, kommst du in die Hölle (oder kriegst in der nächsten Inkarnation Ärger). So tief ist das menschliche Bedürfnis, überall Ursache-Wirkung-Zusammenhänge zu sehen, daß es eine ernste Sinnkrise auslöst, wenn wir keine mehr erblicken. So was kann direkt ins Irrenhaus führen.

Neueste wissenschaftliche Erkenntnisse allerdings lassen den Verdacht keimen, hier sei die Menschheit möglicherweise einer kollektiven Hypnose aufgesessen. Nicht daß das Ursache-Wirkung-Prinzip völlig außer Kraft gesetzt würde, aber es könnte sein, daß es nicht, wie wir ganz selbstverständlich annehmen, das umfassende Gesetz ist, sondern nur ein Spezialfall. Und was wäre dann die Regel? *Synchronizität* – das gleichzeitige Auftreten von zwei Ereignissen, die einen offensichtlichen Zusammenhang haben, aber ebenso offenkundig außerhalb des Ursache-Wirkung-Zusammenhangs. Das ganze Spiel mit Ursache und Wirkung funktioniert ja nur unter der Annahme, *Zeit* verlaufe linear und nur in einer Richtung – die Ursache muß immer *vor* der Wirkung liegen, und wenn es kein Davor gibt, bricht das ganze Kartenhaus zusammen. Genau das bahnt sich derzeit an.

Sollte sich unser Weltbild tatsächlich in dieser Richtung verändern, werden wir Menschen uns eine neue Identität zulegen müssen. In einer Welt fraktaler Strukturen, in der wir den Effekt unseres Handelns nicht mehr vorhersehen, in der wir den Fluß nicht mehr steuern, sondern nur noch darin navigieren können, gibt es keinen Platz mehr für die etwas großkotzig geratene Annahme, alles sei abhängig von unserem Tun. Dann werden wir uns darauf einzustellen haben, daß ohne Zweifel ein Teil dessen, was geschieht, die Wirkung unseres Handelns ist, das deshalb wohlbedacht sein will, daß aber der vermutliche größere Teil ohne unser willentliches Zutun geschieht – es geschieht ganz einfach so.

Dann stehen wir ganz schön blöd da. Gewohnt, unsere Identität, den Sinn unseres Seins in dem zu finden, was wir tun, finden wir uns in einer Sinnlücke wieder, kommen uns vor, als gäbe es unter uns keinen festen Boden mehr. Wir können uns noch so sehr abstrampeln. Der Moment wird kommen, wo wir feststellen, daß es tatsächlich keinen festen Boden gibt.

Davor haben viele Angst, und so klammern sie sich an jeden vorgeblich festen Halt, der sich dann doch irgendwann auch nur als schwankendes Schilfrohr herausstellt. Also resignierendes Hände-in-den-Schoß und ansonsten möglichst viel für sich herausschlagen? Es gibt eine Alternative.

Als ich das erste Mal einen breiten Fluß schwimmend durchquerte, hatte ich am Anfang natürlich auch Angst vor der Strömung. Dann entpuppte sich das Schwimmen im strömenden Fluß als eine ekstatische Erfahrung. Mitten drin in der Strömung zu sein, von der Bewegung der Wellen mitgetragen zu werden – das war ein Lebensgefühl, das etwas tief in mir berührte. Ich war nicht untätig, denn ohne meine eigenen Schwimmbewegungen wäre ich untergegangen. Aber meine eigentliche Bewegung entstand durch das Strömen des Flusses. Ich brauchte mich nur noch darauf einzustimmen, zu beobachten, was geschah. Und allmählich lernte ich, daß das ganze Leben ein solcher Fluß ist.

Unser Leben ist unser Bewußtsein, und dieses ist ein stetiger Strom. Ich mache die Erfahrung, daß es mir am besten geht, wenn ich mir dieser Tatsache bewußt bin, wenn mein Lebensgefühl Fließen ist. Auch das ist wieder eine Umschreibung von Bewußtseinserweiterung, die für mich mehr ist als die resignierende Luxus-Beschäftigung eines satten Westlers. Bewußtseinserweiterung ist, weil sie stetiges Fließen bedeutet, das einzig Konstante in meinem Leben und damit eine Quelle von Identität, von Sinn.

Was auf der persönlichen Ebene Sinn macht, tut es auch auf der kollektiven. Zum einen erleben wir die stürmischsten Zeiten von Bewußtseinserweiterung, die es auf diesem Planeten je gab. Jedes Sich-wehren dagegen ist ein Kampf gegen Windmühlen. Zum anderen ist Bewußtseinserweiterung auch unsere einzige Chance. Alles, was in der heutigen Krisensituation knapp ist, sind Bereiche von Bewußtsein: Phantasie, Kreativität, Mitmenschlichkeit, Intelligenz. Unsere Energieprobleme oder der Hunger in der Welt sind nicht Ausdruck einer wirklichen Energie- oder Materielücke, sondern einer Phantasielücke, ganz generell einer Bewußtseinslücke. Menschliches Bewußtsein ist die einzige unerschöpfliche Energiequelle zur Lösung unserer Probleme.

Sich mit Bewußtseinserweiterung zu beschäftigen, persönlich und kollektiv, ist also kein Luxus, sondern kluges, vorausschauendes Handeln. Es bedeutet nicht Passivität, aber Bescheidenheit. Bewußtseinserweiterung ist ein Prozeß, den wir behindern können. Wir können ihn auch freier fließen lassen, indem wir die Steine aus seinem Bett räumen. Aber im wesentlichen geschieht «es» von selbst, in einem stetigen, sich selbst organisierenden Prozeß. Wir können ihm nur eine Nahrung zukommen lassen: unsere Aufmerksamkeit, unser Interesse, unser Gewahrsein.

Offene Begegnungen der dritten Art:

12. Wir werden eins durch Verschiedenartigkeit oder Was du nicht willst, was man dir tu ...

Eine Diskussion ist unmöglich
mit jemandem, der vorgibt,
die Wahrheit nicht zu suchen,
sondern schon zu besitzen.

Romain Rolland

Die Frage, ob es außerhalb der Erde intelligentes, kommunika-
tionsfähiges Leben gebe, mag für unseren Alltag unerheblich
erscheinen. Trotzdem bewegt sie immer wieder einmal die
Gemüter und setzt allerhand Phantasien frei. Bezeichnenderwei-
se waren diese Phantasien lange Zeit von der negativen Art: Die
Besucher aus dem All verhielten sich so, wie sich die Menschen
meistens verhielten, wenn sie in eine andere Gegend kamen:
böse, feindselig, eroberungssüchtig. Weil aber zumindest ein
heldenhafter Einzelkämpfer immer doch noch die eine Spur
schlauer war als die Fremden, gab es regelmäßig ein Happy-End.
Wieder einmal war die Bedrohung des Fremden abgewehrt.

Seit einigen Jahren taucht in populären Filmen eine andere Art
von Fremden auf. Erinnert sei an die elfengleichen Wesen aus
«Unheimliche Begegnungen der dritten Art» und natürlich vor
allem an «E. T.», den gestrandeten Raumfahrer im Puzzi-Look,
der den Kindern ebenso wie gestandenen Eltern Tränen der
Rührung entlockt. Solche Filme sind immer Ausdruck des kollektiven Bewußtseins und damit ein Hinweis auf Wandlungsten-

denzen. Plötzlich wird das Potential sichtbar, das in einer derartigen Begegnung mit Außerirdischen liegen könnte. Wenn diese mit uns Kontakt aufnehmen können, müssen sie über eine fortgeschrittene Technologie verfügen, und wenn sie es geschafft haben, als *eine* Rasse mit uns zu kommunizieren, dann müssen sie in ihrem Zusammenleben die Verschleuderung von Ressourcen zum Zwecke der gegenseitigen Vernichtung überwunden haben. Wieviel könnten wir also von ihnen lernen, indem wir erfahren, wo sie uns gleichen und in welchen Bereichen sie anders sind und handeln! Der Kontakt mit dem Andersartigen erweitert, sofern er friedlich stattfindet, den eigenen Horizont enorm.

Um diese Chance zu nutzen, brauchen wir allerdings keineswegs darauf zu warten, daß die riesigen Antennenschüsseln, mit denen Forschern das All absuchen, endlich eine sinnvolle Botschaft ausspucken. Wir sind als Menschen nicht allein und haben auf unserem eigenen Planeten genug Andersartigkeit, um damit unseren Horizont auf lange Zeit hinaus zu erweitern.

Das gilt zunächst auf der globalen Ebene für den Kontakt zwischen den verschiedenen *Kulturen.* Noch nie in der Geschichte der Menschheit war dieser Kontakt so intensiv wie heute. Während früher bestenfalls vereinzelte Forscher den staunend zu Hause Gebliebenen exotische Geschichten über die seltsamen Zustände anderswo berichteten, können wir uns heute am Zeitschriftenstand oder auf dem Fernsehschirm tagtäglich das Wissen um das Leben in anderen Kulturen beschaffen – wenn wir es nicht vorziehen, selber hinzufahren. Die technischen Voraussetzungen für das Zusammenwachsen aller irdischen Kulturen zu einem *globalen Dorf* sind gegeben.

Damit es tatsächlich zu einem friedlichen Zusammenleben auf enger gewordenem Raum kommt, braucht es jedoch mehr als Technik. Gefragt ist auch ein bestimmter Geist, an dem es noch mangelt. Noch immer werfen wir meistens erst dann einen Blick auf eine andere Kultur, wenn wir uns zuvor der Überlegenheit der eigenen versichert haben. Im «Wissen» darum, daß die eigene Kultur die beste aller denkbaren ist, nehmen wir dann schon mal huldvoll die Existenz einer anderen zur Kenntnis – und belegen sie alsogleich mit Schimpfworten vom Kaliber «primitiv». Und wenn uns eine andere Kultur näher auf die Pelle rückt, wie es in den Industrieländern durch den Zuzug aus weniger entwickelten Gegenden der Erde derzeit geschieht, wächst auch gleich der Haß auf alles Fremde.

Haß ist wie so oft auch in diesem Fall Ausdruck von Angst. Man hat Angst davor, die eigene wackelige Identität zu verlieren, wenn man mit dem Fremden, Andersartigen auch nur konfrontiert wird. Und übersieht dabei zwei anscheinend paradoxe Tatsachen.

Die erste Tatsache besteht darin, daß alle Kulturen vergleichsweise ähnlich sind. Einem unparteiischen Beobachter von außen kämen die Unterschiede zwischen den Menschen und ihren Zivilisationsformen ohne Zweifel klein vor – verglichen mit der Menge der Gemeinsamkeiten. Das gilt selbst für ein Gebiet, für das vermutlich mehr Menschen in Kriegen gestorben sind als aus irgendeinem anderen Grund – für die Religion. Vordergründig könnte es so aussehen, als ob tatsächlich enorme Unterschiede zwischen den einzelnen Religionen auf dieser Welt bestünden. Sieht man genauer hin, beschäftigen sich aber alle Religionen mit demselben: mit dem Sinn des Lebens, mit wichtigen Ereignissen im Leben der Menschen (Geburt, Hochzeit, Tod etc.), mit der Verbindung des Menschen zu den Rhythmen der Natur. Auch wenn die Rituale unterschiedlich sind, die jahreszeitlichen Anlässe für religiöse Feiern sind immer und überall dieselben. Und in ihrem tiefsten Kern suchen ohnehin alle Religionen dasselbe: eine Verbindung zwischen dem menschlichen Bewußtsein und einer höheren Form von Bewußtsein – dem «einen», Gott. Kein Wunder, daß alle Berichte über das Gelingen von «religio», was nichts anderes heißt als «Anbinden» (an eine höhere Form von Bewußtsein), sehr ähnlich klingen.

Die Fragen, die uns Menschen umtreiben, sind in allen Kulturen ähnlich, nur die Antworten sind verschieden. Wie ein populärer Popsong zu vermelden weiß: *Auch die Russen lieben ihre Kinder!* Seit der Westen gemerkt hat, daß auch hinter dem Eisernen Vorhang Menschen leben – und umgekehrt –, ist die Chance auf Frieden ein großes Stück gewachsen. Friedliches Zusammenleben kann nur auf der Basis dieses Gefühls von Gleichheit gedeihen. Manchmal ist es gar nicht leicht zu akzeptieren, daß hinter dem Gartenzaun keine minderwertigen Untermenschen wohnen, sondern gleichberechtigte Wesen, die ein Recht darauf haben, daß man sich ernsthaft auf sie einläßt. Aber genau darin liegt ein enormes Potential von Bewußtseinserweiterung.

Diese setzt ein, wenn wir anfangen, die Unterschiede wahrzunehmen und als das zu sehen, was sie sind: eine große Chance dafür, den eigenen Horizont zu erweitern. Wie kommt es dann, daß wir oft genug Unterschiede als Bedrohung empfinden? Diese Angst taucht nur auf, wenn wir uns unserer eigenen Position nicht sicher sind. Unsicher und geschüttelt von Zweifeln, ob unser eigener Weg der richtige sei, tendieren wir dazu, unsere Sicherheit zu erhöhen, indem wir die anderen gleichschalten. Nach dem Motto: Wenn alle gleich sind, muß die Sache wohl stimmen.

Das ist allerdings eine kurzfristige Logik, denn es gibt mindestens zwei Arten des Umgangs mit einem Unterschied: Entweder sehen wir, daß das Andersartige nicht unser Weg sein kann. Dann sehen wir unsere eigene Position klarer, werden ihrer bewußter und können so mit größerem Selbstbewußtsein bei unserer Haltung bleiben. Oder aber wir sehen, daß der andere Weg mehr taugt, und können als kluge Wesen unseren Standort wechseln, ohne daß uns ein Stein aus der Krone fällt.

Und oft genug kann uns die Konfrontation mit Unterschieden dazu führen, einen dritten Weg zu suchen. Nehmen wir ein Beispiel. In Indien wird bei den Hindus noch immer eine enorme Mitgift für die Braut fällig, wenn eine Hochzeit ins Haus steht. Dieser Druck ist so groß, daß manche keinen anderen Ausweg sehen, als ihre Töchter rechtzeitig umzubringen. Seltsamerweise praktizieren die im selben Land lebenden Moslems genau das umgekehrte System: Hier wird die Familie des Bräutigams zur Kasse gebeten. Bei der Betrachtung dieses Unterschieds stellen wir zum einen fest, daß die Regelung solcher Fragen offenbar von einer gewissen Beliebigkeit ist. Sie kann so ausfallen oder genau umgekehrt. Zum zweiten aber werden wir sicher den dritten Weg richtig finden, den unsere westlichen Kulturen gewählt haben: Eine Hochzeit ist Sache der Beteiligten und nicht derer Familien. Nur der Brauch, daß zumindest die reinen Hochzeitskosten von der Familie bezahlt werden, ist eine milde Erinnerung an Zeiten, in denen auch bei uns das System der Mitgift eine große Rolle gespielt hat.

Das Beispiel zeigt auch, daß wir bei Vergleichen zwischen einzelnen Kulturen nicht nur die räumliche Dimension zur Verfügung haben, sondern ebenso die zeitliche. Wir lernen also über unsere Kultur und darüber hinaus über die Bildung von Kulturen ganz allgemein sowohl durch den Vergleich mit anderen heutigen Kulturen als auch durch das Studium unserer eigenen Geschichte. Für beide Arten der Bewußtseinserweiterung steht uns Wissen in einem nie gekannten Umfang zur Verfügung.

Und so erfahren wir vielfältige Antworten auf grundsätzliche Fragen von der Art: *Was ist wichtig? Was ist schön? Wie kann man dieses oder jenes machen?* Das Spektrum der Antworten wird differenzierter, und damit erhöht sich der Grad unserer Freiheit. Wir brauchen uns nicht mit dem zu begnügen, was unsere eigene Kultur mehr oder weniger zufällig als Antwort entwickelt hat, sondern können aus einem breiten Angebot auswählen.

Ganz offensichtlich kommt dieser Prozeß von Bewußtseinserweiterung unseren Bedürfnissen entgegen. Wir reisen als Touristen in alle Gegenden der Erde, und neuerdings haben wir im Westen sogar bemerkt, daß auch andere Kulturen hervorragende Musik hervorgebracht haben. Fast alle Kulturen auf der Erde haben ein Stück des westlichen Materialismus übernommen, aber überall hat er sich auch mit den örtlichen Traditionen vermischt. Das japanische Wirtschaftswunder hat den Westen nicht zuletzt das Fürchten gelehrt, weil Japan westliches Effizienzdenken mit Elementen aus dem eigenen kulturellen Schatz verbunden hat.

Auch umgekehrt sind kulturelle Einflüsse am Werk, wenn auch oft weniger offensichtlich. Eine wachsende Zahl von westlichen Menschen interessiert sich für indianische Kulturen und östliche Philosophie, für verschüttete eigene Traditionen und die Hochkulturen des Altertums. Die Hippiebewegung zum Beispiel war unverkennbar östlich inspiriert. In ihrer Nachfolge hat sich unsere populäre Kultur in erstaunlichem Ausmaße in die Richtung bewegt, die die Hippies vorgegeben haben. Wenn Sie es nicht glauben, vergleichen Sie einfach mal das Straßenbild von heute mit einem filmisch festgehaltenen von vor zwanzig Jahren. So hat auch unsere eigene Kultur andere Impulse aufgenommen, sie verarbeitet und zu einem neuartigen Kaleidoskop zusammengesetzt.

Je vielfältiger solche gegenseitigen kulturellen Einflüsse werden, desto mehr sinkt die Gefahr des blutigen Austragens von Unterschieden. Es gibt Stimmen, die diese Entwicklung beklagen, weil sie alles immer mehr durcheinanderbringe und nirgendwo mehr Unverfälschtes übriglasse. Auch das ist eher eine Frage der Wahrnehmung als eine von Tatsachen, denn offensichtlich stärkt die vereinheitlichende Kraft auch ihre Gegenkraft. Während manche Elemente von Kultur, zum Beispiel Coca-Cola, tatsächlich überall auf der Welt in gleicher Form zu finden sind, blüht auf der anderen Seite auch das Denken in kleinräumigen Regionen und die Pflege überlieferter Kultur. Sollte etwa auch da schlicht genug Platz für beides sein?

Trotzdem verstehe ich das Bedürfnis nach dem Reinen, Unverfälschten. Es wird auf der Ebene von Kulturen in Nischen überleben. Und es wird auf der Ebene der *einzelnen Menschen* zu einer neuen Hochblüte gelangen. Was allerdings auch unser Konzept von *Reinheit* über den Haufen schmeißen wird. Wir stellen uns darunter etwas vor, was nur aus einem einzigen Stoff ist. In diesem Sinne ist keine Kultur rein, ja selbst das berühmte, nach dem Reinheitsgebot gebraute deutsche Bier besteht aus *drei* Komponenten, nämlich Wasser, Gerste und Hopfen. Allein auf die *Mischung* der Ingredienzen kommt es an.

Das gilt auch für einen einzelnen Menschen. Als unverfälscht erleben wir ihn nicht dann, wenn er stur nur die eine Seite einer Polarität lebt, sondern wenn wir das Gefühl haben, die Mischung stimme, sei unverwechselbar seine. Und auf derselben Ebene werden auch die Unterschiede zwischen Individuen sichtbar. Die einzelnen Elemente sind bei allen Menschen dieselben, Individualität entsteht dann, wenn diese Einzelelemente zu einer unverwechselbaren Mischung komponiert werden.

Jedes vernünftige Zusammenleben von Menschen muß diese beiden Ebenen in sich vereinigen: Das Wissen um die grundsätzliche Gleichheit und damit Gleichberechtigung aller Menschen und das Bewußtsein um ihre individuellen Unterschiede. Werden die Unterschiede zu stark gewichtet, entstehen ungerechte Privilegien, werden sie zuwenig ernst genommen, wird aus Gleichheit Gleichmacherei. Die Geschichte lehrt, daß beide Verirrungen dem berechtigten Drang der Menschen nach Bewußtseinserweiterung im Wege stehen.

Weil unser Bewußtsein grundsätzlich nicht an die engen Grenzen des eigenen Egos gebunden ist, verfügen wir über die wunderbare Fähigkeit, uns in ein anderes Bewußtsein hineinzuversetzen. Nur dadurch ist überhaupt ein Zusammenleben möglich. Wir bringen jemanden nicht gleich um, wenn er uns geärgert hat, weil wir uns vorstellen können, daß uns das im umgekehrten Fall gar nicht passen würde. Wann immer ein Konflikt zwischen unterschiedlichen Interessen auftritt, ist es ganz einfach, eine faire Lösung zu finden: Wir brauchen uns nur in die Situation des anderen zu versetzen, um herauszufinden, ob unsere eigenen Vorstellungen auch dann noch gerecht aussehen. Wenn ja, ist die Lösung offensichtlich fair, wenn nein, muß weitergesucht werden.

Bei der ganzen schrecklichen Blutspur, die die menschliche Geschichte durch die Jahrtausende gezogen hat, sind doch auch die Fortschritte nicht zu übersehen, die in diesem Prozeß von Bewußtseinserweiterung erzielt worden sind. Wenn heute Handelsfirmen ein rassistisches Land wie Südafrika boykottieren, so ist das ein Ausdruck dafür, daß das öffentliche Bewußtsein solche Ungerechtigkeiten nicht mehr toleriert – und das ist ein neues Phänomen.

Die Fähigkeit, sich in ein anderes Bewußtsein hineinzuversetzen, kann wie jede Fähigkeit geübt werden – im alltäglichen Umgang mit anderen Menschen. Jede Begegnung, egal wo und wie sie stattfindet und wie lange sie dauert, ist eine Chance, im Wahrnehmen der Unterschiede unser Bewußtsein zu erweitern. Dazu braucht es keine speziellen Gurus, jeder Mensch kann im richtigen Moment für uns ein Guru sein, und jene sind es am meisten, die es am wenigsten wollen – die Kinder zum Beispiel.

Kinder können uns Erwachsenen Einblicke in ganz andere Welten eröffnen, in Welten, die wir selbst einmal gekannt und dann wieder vergessen haben. Durch die Begegnung mit Kindern erhalten wir die Möglichkeit, jene Welten mit unseren jetzigen zu vergleichen. Wir sehen jetzt mit neuen Augen, wie ein Kind täglich sein Bewußtsein erweitert und daran offensichtlich Spaß hat.

Natürlich können wir Kinder auch ganz anders erleben, als fremdartige Geschöpfe, die einfach noch nicht soweit sind wie wir Erwachsenen, die sich noch nicht in die engen Kanäle unseres Bewußtseins haben einspannen lassen. Dann messen wir mit unseren Maßstäben, bewerten nach unseren festen Kriterien. Wenn unsere Begegnung mit anderen Menschen, mit Kindern, Freunden oder Fremden, unser Bewußtsein erweitern soll, dann sind solche Bewertungen im Weg.

Doch es gibt etwas in uns, das gewinnbringender mit anderen Menschen umgeht – den *Beobachter*. Was dann geschieht, schildert einer meiner Lieblingsdichter, Hermann Hesse, wie folgt:

Unrein und verzerrend ist der Blick des Wollens. Erst wo wir nichts begehren, erst wo unser Schauen reine Betrachtung wird, tut sich die Seele der Dinge auf, die Schönheit ...

So ist es mit den Menschen und ihren Gesichtern auch. Der Mensch, den ich mit Furcht, mit Hoffnung, mit Begehrlichkeit, mit Absichten, mit Forderungen ansehe, ist nicht der Mensch, er ist nur ein trüber Spiegel meines Wollens. Ich blicke ihn, wissend oder unbewußt, mit lauter beengenden, fälschenden Fragen an: Ist er zugänglich oder stolz? Achtet er mich? Kann man ihn anpumpen? Versteht er etwas von Kunst? ...

Im Augenblick, da das Wollen ruht und die Betrachtung aufkommt, das reine Sehen und Hingegebensein, wird alles anders .... Denn Betrachtung ist ja nicht Forschung oder Kritik, sie ist nichts als Liebe. Sie ist der höchste und wünschenswerteste Zustand unserer Seele: begierdelose Liebe ... Dann sehen die Menschen anders aus als sonst ... Schön und häßlich, alt und jung, gütig und böse, offen und verschlossen, hart und weich sind keine Gegensätze, sind keine Maßstäbe mehr. Alle sind schön, alle sind merkwürdig, keiner kann mehr verachtet, kann gehaßt, kann mißverstanden werden.

Das ist für mich keine Moralpredigt, sondern die Beschreibung der einzigen Möglichkeit, Bewußtseinserweiterung nicht als Egotrip, sondern als Teil eines gemeinschaftlichen Prozesses zu erfahren. Gefordert wird nicht etwa, alle Menschen mit maßlosen Liebesbeweisen zu überschütten, sondern nur, für einen

Moment die eigenen Maßstäbe zu vergessen und sich der reinen Betrachtung hinzugeben, Ähnlichkeiten und Unterschiede als Ausdrucksform derselben Wirklichkeit sehen zu lernen.

Das ist nichts anderes als das, wofür das schöne alte Wort *Toleranz* steht. Tolerant sein bedeutet ja nicht etwa, alles, was der andere ist und tut, gut zu finden. Zwischen echten Freunden schließt Toleranz mit ein, daß man den anderen darauf aufmerksam macht, wenn einen etwas stört, in liebevoller Absicht und im Bewußtsein, daß es natürlich immer die *andersartigen* Dinge sind, die einen irritieren. Wenn dann der Freund bei seiner Ansicht bleibt, ist das kein Grund, die Freundschaft aufzukündigen. *Und willst du nicht mein Kumpel sein, so schlag ich dir den Schädel ein!* ist keine Freundschaftsformel. Kumpanei beruht auf Gleichartigkeit und gehört in Maßen sicher auch zu einer Freundschaft. Doch zu ihrem eigentlichen Sinn erblüht Freundschaft erst, wenn Unterschiede zutage treten und statt als Hindernis als Anregung und Ansporn betrachtet werden.

Der Wert der Schritte, den ich auf meinem bisherigen Lebensweg von Bewußtseinserweiterung zurückgelegt habe, wird nicht dadurch geschmälert, daß Sie andere Wege gegangen sind. Wenn mein Weg den Ihren nicht behindert, sondern vielleicht im Gegenteil sogar zu *eigenen* Schritten anregt, entspricht er dem Sinn der Sache.

Was du nicht willst, was man dir tu, das füg auch keinem andern zu! ist die negative Formulierung von: *Liebe deinen Nächsten wie dich selbst!* Unsere eigene Entfaltung findet ihre Grenzen in der Entfaltung der anderen. Das ist die einzige vernünftige Grundlage von Ethik, von den Grundsätzen des friedlichen Zusammenlebens von Menschen. Darüber nachzudenken lohnt sich kaum noch.

Oder doch? Zwar herrscht heutzutage weitgehend Einigkeit darüber, daß man den Entfaltungsraum eines anderen Menschen nicht dadurch einschränken soll, daß man ihm seinen Besitz oder gar sein Leben nimmt, aber wenn die anderen anders denken als man selber, wird man immer noch ziemlich schnell sauer und setzt alles ein, um ihn davon überzeugen, er habe unrecht. Noch immer versuchen wir viel zu oft, einem anderen *unsere* Wahrheit aufzudrängen, weil wir glauben, es handle sich um *die* Wahrheit.

Leben und Besitz der anderen achten wir, sein Bewußtsein weniger.

Das ist kein Plädoyer dagegen, seine eigene Meinung in Diskussionen offen zu vertreten. Bewußtseinserweiterung ist ohne *Dialog* schlicht nicht denkbar. Aber unsere Meinung verliert nicht dadurch, daß sie der Dialogpartner nicht teilt. Wir können sie dem anderen als Angebot präsentieren, als Möglichkeit, sein Bewußtsein zu erweitern. Ob er dieses Angebot annimmt oder nicht, ist allein sein Sache.

Stellen wir uns spaßeshalber mal vor, bei allen Menschen würde der Prozeß von Bewußtseinserweiterung gleich aussehen und sie zum selben Ort führen. Das wäre nicht nur eine höchst langweilige Sache. Es würde ganz offensichtlich dem Sinn von Evolution widersprechen. Gäbe es nur eine einzige Form menschlicher Bewußtseinserweiterung, so würde die Menschheit als Ganzes ärmer statt reicher. Der Reichtum in der Vielfalt aber ist der Sinn davon, daß eine Art in unterschiedlichen Spielarten auftritt – sonst hätte die Evolution die Strategie des *Klonens* gewählt, also der absolut identischen Vermehrung.

Die Vielfalt unseres individuellen Bewußtseins ist ein Ausdruck der Kraft von Eros. So, wie die Evolution auf biologischer Ebene alle möglichen Spielarten ausprobiert, tut sie es auch auf der Ebene des menschlichen Bewußtseins. Alles, was wir tun, um die Entfaltung dieser Vielfalt zu erleichtern, ist also *im Einklang mit der Natur*. Die Natur hat keine starren Einheitslösungen vorgesehen. Einer der frühen Denker in evolutionären Bahnen, der bereits erwähnte Psychologe und Bewußtseinsforscher Timothy Leary, hat aufgrund dieser Einsicht die *zwei Gebote des Molekularen Zeitalters* formuliert, die zum wenigen Marschgepäck gehören, das ein Reisender in Sachen Bewußtseinserweiterung unbedingt mitführen sollte:

1. Du sollst das Bewußtsein deines Mitmenschen nicht verändern.

2. Du sollst deinen Mitmenschen nicht daran hindern, sein eigenes Bewußtsein zu verändern.

Lob der Vielfalt:

13. Das Inzestverbot
oder
Eigensinn macht Spaß

Hartnäckige Übellaunigkeit
ist ein allzu klares Symptom dafür,
daß ein Mensch gegen seine
Bestimmung lebt.

José Ortega y Gasset

Haben Sie sich schon einmal ernsthaft überlegt, warum im gesamten Tierreich, Mensch natürlich inklusive, ein Inzestverbot gilt? An sich läge es doch nicht so ferne, daß auch Geschwister untereinander oder Eltern mit ihren Kindern oder umgekehrt miteinander schlafen. Zu der Zeit aber, als dieses Gesetz erfunden wurde, diente Sex noch nicht ausschließlich dem Lustgewinn, sondern in erster Linie der Fortpflanzung. Wenn nun zwei eng verwandte Gene vermischt wurden, wie es bei Sex zwischen Blutsverwandten der Fall ist, hatte dies zwei nachteilige Folgen: Zum einen traten die «rezessiven Gene» (das sind Gene, die sich nur entfalten können, wenn sie bei beiden Eltern vorhanden sind), die meistens eher negative Eigenschaften transportieren, verstärkt in Aktion. Zum anderen produzierte diese Mischung wenig Neuigkeiten in der Nachkommenschaft, und das ist schlecht für die Anpassungsfähigkeit.

Somit können wir annehmen, daß die Linien jener, die Inzest betrieben, schlicht ausstarben. Wenn es sie überhaupt einmal gab – ich zweifle manchmal daran, daß die Evolution wirklich alle Irrwege ausprobiert hat. Das hieße Abschied nehmen vom Bild der *blinden Evolution* und bedeutete, daß auch der Evolution ein Bewußtsein zuzusprechen ist. Die Anzeichen dafür, daß es so sein könnte, mehren sich.

Daß das Inzestverbot so generell gilt, könnte darauf hindeuten, daß diese Information von den Genen transportiert wird. Wir brauchen sie nicht mal mehr zu lernen. Wir wissen zwar seit der Psychoanalyse Sigmund Freuds, daß etwas im kindlichen Bewußtsein gegen diesen Stachel löckt und es gerne Ödipus nachtäte, aber ebenso haben wir in der Zeit seit Freud gelernt, daß die Bedeutung dieses Phänomens überschätzt wurde.

Trotzdem war die Psychoanalyse einst ein mächtiger neuer Ast am Baum der Bewußtseinsevolution. Um welches Gewächs im Weltbildwald handelt es sich denn wohl dabei? Nun, Sie kennen vermutlich grafische Darstellungen von der Entwicklung der Arten. Sie sehen aus wie ein Baum, ein Stammbaum eben. Aus einem Hauptstamm sprießen die Äste, die sich ihrerseits wieder aufteilen, wobei mancher Seitenast irgendwann auch abstirbt. So kommt etwa der Mensch aus einem Ast, den wir mit den Menschenaffen gemeinsam haben. Und die Geschichte der frühmenschlichen Arten gleicht ebenfalls einer Baumkrone. Mancher Ast, wie etwa die Neandertaler, ist ausgestorben oder aufgesogen worden, andere, wie unsere dirckten Vorfahren, haben überlebt und sich weiter in die verschiedenen Rassen verästelt.

Während ein Baum für uns unten nur aus einem Stamm besteht, verzweigt er sich weiter oben in tausend feinste Ästchen. Er wächst also eindeutig in Richtung *Vielfalt*. Dieses Prinzip der Evolution gilt auf der Ebene der Atome, wo sich Protonen und Elektronen ja nicht darauf beschränkt haben, auf eine einzige Art umeinander zu kreisen, sondern die ganze Vielfalt der chemischen Elemente bildeten und sich schließlich auf höherer Ebene bis zu jenen komplexen und vielfältigen Molekülen zusammentaten, die ihrerseits Leben ermöglichten.

Auf der biologischen Ebene ist die Vielfalt noch einmal gewachsen. Sie unterscheidet nicht nur die Arten und Rassen voneinander, sondern auch die einzelnen Individuen jeder Art und Rasse. Jeder Mensch hat einen einzigartigen Fingerabdruck, wie jedermann weiß. Vermutlich gilt dies auch für die Lippenabdrücke und die ganzen Handlinien und ziemlich sicher sogar für die

Stimme. Jeder Mensch ist also in mancherlei Hinsicht schon auf der biologischen Ebene einzigartig. Die Evolution muß schon ein starkes Bedürfnis nach Vielfalt haben, um auf eine so ausgefallene Idee zu kommen.

Natürlich gilt auch das Gegenteil. In vieler Hinsicht sind sich alle Menschen sehr ähnlich. Entscheidend ist also offenbar das dynamische, fließende Gleichgewicht zwischen den beiden Polen Gleichheit und Vielfalt. Daß das Leben ein Tanz zwischen diesen Polen ist, weiß der Volksmund, denn er vermeldet sowohl: *Gleich und gleich gesellt sich gern* als auch: *Gegensätze ziehen sich an*. Und je mehr das Auge der Astrophysiker in die Nähe jenes vielleicht imaginären Punkts in der Raumzeit vorrückt, den wir Urknall nennen, desto bewußter werden wir uns der Tatsache, daß seit Anbeginn der Zeiten das Gleichgewicht zwischen Gleichheit und Vielfalt von sehr delikater, subtiler Natur war. Wäre das Universum in seinem Urzustand nur etwas homogener, also gleichförmiger gewesen, hätte es keine Sternen- und Galaxienbildungen gegeben, ohne die wiederum es kein Leben gäbe. Und ein weniger homogenes Anfangsuniversum hätte denselben Effekt gehabt.

Evolution bedeutet das Wachsen der Vielfalt aus der Gleichheit. Alles Leben auf der Erde stammt offensichtlich in der Tat von einer einzigen Art von Urzellen ab. Bruchstücke der ursprünglichen genetischen Information finden sich noch im Genmaterial aller Lebewesen. Doch welche Vielfalt auf der Ebene von Arten und Individuen ist daraus geworden – durch die geniale Idee der Sexualität, des Mischens von Genmaterial von zwei unterschiedlichen Elternteilen.

Wir sind Geschöpfe der biologischen Evolution, Blätter an einem Baum, der tief hinab in die Vergangenheit Wurzeln treibt und nach uns andere Blätter tragen wird. Aber mit uns Menschen hat das Wachstum eine neue Ebene erreicht. Erstmals entwickelt eine biologische Art ein *kommunizierbares Bewußtsein*, das zum wichtigsten Hilfsmittel der Menschen bei ihren evolutionären Aufgaben wie Überleben und Umweltanpassung geworden ist.

Das menschliche Bewußtsein ist aus der biologischen Evolution herausgewachsen, wenn auch in Formen hinein, die schon vorher gedacht waren. Es liegt deshalb nahe, auch auf der Ebene des menschlichen Bewußtseins nach den Gesetzen der Evolution zu suchen. Und es ist ein leichtes, fündig zu werden.

Auch für die grundlegenden Arten des menschlichen Denkens und Fühlens scheint es gemeinsame Ahnen zu geben. Doch aus diesem Stamm wuchs eine unendliche Vielfalt von Seitenästen – Wissen, Kunst, Ideen. Nennen wir die Gesamtheit der Äußerungsformen menschlichen Bewußtseins der Einfachheit halber *Ideen*. Ideen folgen denselben Spielregeln wie biologische Arten. Sie entstehen durch Mutationen, manchmal spontan, meistens aber als Kind zweier sich begegnender Ideen. Die Umwelt, in der sie sich behaupten müssen, ist das kollektive Bewußtsein der Menschen, früher beschränkt auf einen Stamm, heute den ganzen Globus umfassend.

So wie das Huhn eine gelungene Schöpfung des Eis (sprich der Gene) ist, um ein neues Ei hervorzubringen, brauchen auch Ideen als Nährboden und Fortpflanzungshilfe einen menschlichen Wirt. Sie müssen irgendwann einmal in einem Gehirn auftreten können, um eine Chance zur Fortpflanzung zu bekommen. Wenn dieses Gehirn einem anderen etwas von der Idee erzählt, kann Fortpflanzung erfolgen, ebenso, wenn die Idee irgendwo aufgeschrieben wurde. Mit der Erfindung der Schrift konnten Ideen nun auch in einer feindlichen Umwelt lange Zeit überwintern, bis sie irgendwann mal wieder an die Sonne geholt wurden. Und wenn eine Idee keinen neuen menschlichen Wirt fand, war sie eben zum Aussterben verurteilt.

Ideen haben ihre Lebenszyklen. Sie tauchen auf, verändern sich, gehen Ehen ein, zeugen Nachkommen, werden von anderen aufgesogen, verleiben sich wieder andere ein. Es herrscht ein stetiges evolutionäres Kommen und Gehen, Aufkeimen, Blühen und Samentragen. Die Geschichte der Evolution des menschlichen Bewußtseins gleicht in der Tat einem evolutionären Baum.

Der Unterschied zur biologischen Evolution besteht vor allem in der *Geschwindigkeit*, mit der sie abläuft. Ideen können sich sehr viel schneller verändern, neuen Umweltbedingungen anpassen als Gene. Und in die Geschwindigkeit der Bewußtseins-Evolution scheint ein *Beschleunigungsfaktor* eingebaut, von dem alle heute Lebenden ein Lied singen können.

Nehmen wir einmal, um auf das Beispiel zurückzukommen, die Geschichte der Psychotherapie zur Hand. Freuds Ansatz ist ja kaum hundert Jahre alt. Für den damaligen kollektiven Bewußtseinsstand war die Idee, der Mensch würde zu einem Gutteil von unbewußten Impulsen gesteuert, revolutionär. Heute ist diese Tatsache nicht nur Allgemeingut geworden. Die Psychologie hat auch in unglaublich kurzer Zeit herausgefunden, daß jene *Inhalte* des Unbewußten, die Freud so viele Probleme machten, keineswegs die einzigen sind. Und so entwickelte sich sehr rasch eine bunte Vielfalt von Theorien, Modellen und Therapien. Ein überzeugter Freudianer, der alle anderen nach seinen Maßstäben für krank erklärt (das kann die Psychoanalyse hervorragend), sieht heute schon ziemlich alt aus. Für die Vielfalt individueller Probleme taugt offenbar nur eine entsprechende Vielfalt von Therapieangeboten – eine Einsicht, die derzeit zaghaft auch in der Körpermedizin Einzug hält. Manchem Patienten hilft ein Pendler offenbar besser als ein Pillendoktor, und das gilt umgekehrt genauso.

Stichwort *Pendeln*. Innerhalb von nur gerade rund zehn Jahren hat sich ein Phänomen durchgesetzt, das *New Age* heißt. Große Teile der Bevölkerung glauben heute an Astrologie und ein Leben nach dem Tode, an parallele Universen und alternative Heilmethoden, an Feuerlaufen und Gurus. All das war vor nicht allzu langer Zeit schlicht unvorstellbar. Doch was mit einigen wenigen Pionieren anfing, mit einem recht ähnlichen Angebot an Ideen, hat sich in kürzester Zeit zu einem derartig buntscheckigen Phänomen entwickelt, daß ein gemeinsamer Nenner kaum noch zu finden ist.

Ich habe das Glück gehabt, in einem Land aufzuwachsen, wo ich das Phänomen Vielfalt direkt vor Ort studieren konnte: Man kann gegen die Schweiz haben, was man will, aber ihre Vielfalt ist faszinierend. Das beginnt schon bei den Landschaften. Auf wenige Kilometern Luftliniendistanz kann man da aus Eiswüsten in subtropische Gefilde wandern. Und entsprechend haben sich die paar Millionen Einwohner dieses buntscheckigen Landstrichs auch organisiert. Man findet da nicht weniger als vier offizielle Amtssprachen, und die 26 Kantone haben für ihre paar Einwohner, deren Zahl oft nicht die Einwohnerzahl eines kleineren Stadtviertels in einer normalen Großstadt übersteigt, mehr zu regeln als ein deutsches Bundesland. Das führt natürlich zu einer unglaublichen Vielfalt politischer und gesellschaftlicher Regelungen. Man braucht nur eine halbe Stunde zu fahren und hat schon das Gefühl, sich in einem anderen sozialen Biotop zu befinden.

Das Zusammenleben so unterschiedlicher Stile auf kleinstem Raum funktioniert natürlich nur, wenn auf der einen Seite das Gefühl da ist, trotz aller Unterschiede eine Einheit zu bilden. Da haben Sie den tieferen Grund für den bekannten Super-Patriotismus der Schweizer. Im Weltmaßstab gesehen allerdings wäre es keine schlechte Sache, sich als Teil der einen Menschheit auf diesem wunderschönen Globus zu fühlen. Denn nur wer sich als Teil einer übergeordneten Einheit erlebt, kann Spaß an der Vielfalt entwickeln.

Zum zweiten ist das Zusammenleben in der Vielfalt nur möglich, wenn es nach dem Motto *Leben und leben lassen!* geschieht. Läßt du mir meinen Spleen, so laß ich dir deinen. Die Schweizer haben diese Kunst etwas allzu sehr perfektioniert, was zwangsläufig zu einer gewissen Erstarrung führt. Trotzdem haben sie auch immer wieder gezeigt, welche Entwicklungschancen in einer derartigen Konstellation liegen: Wo unterschiedliche Lösungen nebeneinander ausprobiert werden können, entwickelt sich gleichsam ein soziales Experimentierlabor. Wenn über die Ergebnisse dieser Experimente offen und vorurteilslos diskutiert werden kann, wachsen in diesem Labor immer angepaßtere Lösungen.

Vielfalt scheint also auch auf der Ebene des menschlichen Bewußtseins eine erfolgreiche evolutionäre Strategie zu sein. In der evolutionären Welt des menschlichen Bewußtseins wirkt sich der Trend zur Vielfalt unglaublich schnell aus, und die Geschwindigkeit wächst. Um sich das klarzumachen, ist es immer wieder gut, sich vorzustellen, welche Relation die Zeit, die wir überblicken können – also ein paar hundert oder bestenfalls tausend Jahre –, zu jenen Zeiträumen hat, in denen die Menschen sich entwickelt haben. Wenn wir die Existenzdauer des uns bekannten Universums nehmen (15 bis 20 Milliarden Jahre) und sie mit *einem* Jahr gleichsetzen, dann umfaßt die Zeit seit Christi

Geburt nicht mehr als die letzten paar Sekundenbruchteile vor dem Mitternachtsschlag am Ende dieses Jahres. Und selbst wenn wir nur die paar Millionen Jahre nehmen, in der menschenähnliche Wesen gelebt haben, und sie auf ein Jahr zusammendrängen, umfaßt die Periode seit dem letzten Weltkrieg nicht mehr als die letzten paar Sekunden. Wieviel aber ist während dieses evolutionären Lidschlages passiert?

Seit für Ideen der ganze Globus zum Marktplatz geworden ist, geht der Prozeß noch rasanter. Und das bekommen wir zu spüren. Ideen begegnen sich ja nicht irgendwo, sondern in unserem individuellen Bewußtsein, das im Austausch mit anderen Individuen steht. Zumindest für uns Privilegierte im Westen ist der Markt tatsächlich immer größer, immer bunter, immer vielfältiger geworden.

Wir können uns für eine Mahlzeit ohne Probleme Nahrungsmittel aus allen Kontinenten besorgen und sie zu einem individuellen Menü mixen: Die Grapefruit aus Israel, die Kiwi aus Neuseeland, den Kaffee aus Kamerun, die Cornflakes aus den USA und die Butter aus Irland. Weil wir von allem Gegessenen etwas in unserem Körper behalten, sind wir alle längst total international. Während vor nicht allzu langer Zeit ein einfacher Bauer seine gesamten Nahrungsmoleküle aus einem Gebiet bezog, das nur wenige Kilometer um seinen Hof herumreichte, schwirren in uns modernen Westlern Moleküle aus aller Herren Länder.

Ähnliches gilt in noch stärkerem Maße für die Welt der Ideen. Hier steht uns nicht nur die ganze Welt als Fundgrube zur Verfügung, sondern auch die gesamte gespeicherte Vergangenheit. Und ausgerechnet in dieser Situation größtmöglicher Freiheit gibt es Leute, die noch immer nicht von der fixen Idee losgekommen sind, wenn nur alle Menschen so wie sie wären und dächten, bräche das gelobte neue Zeitalter an. So werden aus religiösen Ideen Kirchen, die in ihrem Bekehrungswahn das Gegenteil von dem tun, was sie predigen. So werden aus sozialen Ideen Revolutionen, die ihre Kinder fressen und nur neue Privilegierte mästen. Wenn der Drang der Evolution nach Vielfalt überall so mächtig wirkt, wie sollte er da ausgerechnet auf der Ebene der Ideen, wo er am leichtesten zu realisieren ist, unterdrückt werden?

Was Jesus verkündete, war bewußtseinserweiternd, was die

Kirche danach tat, verengte das Bewußtsein. Bewußtseinserweiterung kann sich logischerweise nur in der Freiheit entfalten – in der Freiheit, sein eigener Ideenmixer zu sein. Was sollte es für einen Sinn machen, daß jeder Mensch seinen einzigartigen Stimmabdruck hat, aber diese Stimme nur dazu benutzt, uniformen Brei auszuspucken? Bei aller Gleichheit der Menschen, die zum Besitz gleicher Rechte führt, an der der Drang zur Bewußtseinserweiterung seine Grenzen finden muß, scheint der Sinn der menschlichen Existenz doch auch in der Vielfalt einzigartiger Individuen zu bestehen.

Diese Idee hat die westliche Kultur hervorgebracht, und sie hat allen Grund, diese Errungenschaft selbstbewußt zu vertreten. *Selbst-bewußt* – da haben wir ein rätselhaftes Schlüsselwort, das wir uns im Zuge unseres Diskurses über Bewußtseinserweiterung genauer anschauen sollten. In unserer Sprache, die ja immer geronnenes kollektives Bewußtsein ist, hat das Wort eine doppelte Bedeutung, wie wir gleich sehen werden. Doch zunächst bedeutet es einfach: *seiner selbst bewußt.* In diesem Sinne hat die Menschheit angefangen, selbstbewußt zu werden. Sie ist daran, sich ihrer Rolle im Ganzen bewußt zu werden, indem sie immer mehr über sich selbst und über den ganzen Kosmos um sie herum entdeckt. Auch Selbstbewußtsein ist kein Zustand, sondern ein Prozeß.

Das gilt auch auf der individuellen Ebene. Je mehr ein Mensch über sich selbst, seine Gefühle und deren Geschichten, seine Fähigkeiten und Talente, aber auch über seine schwachen, dunklen Seiten herausfindet, desto selbstbewußter wird er. Je mehr er die vielfältigen Verflechtungen mit seiner Umwelt erkennt, je stärker er sich seiner Rolle im Ganzen gewahr wird, desto selbstbewußter wird er. Durch Bewußtseinserweiterung entwickelt er ein wachsendes *Bewußtsein seiner selbst.*

Das paßt nur vordergründig schlecht zur anderen Bedeutung von selbstbewußt, die meint, jemand sei *von sich selbst überzeugt.* Wahres Selbstbewußtsein schließt die eigenen dunklen Seiten mit ein. Nur Überheblichkeit will da in sich Licht sehen, wo keines ist, Selbstbewußtsein ist ehrlich. Für diesen Unterschied haben wir einen untrüglichen Sinn.

Worin aber besteht der? Das aufgeblasene Ego, das sich in Überheblichkeit äußert, hält sich selbst für den König der Welt, dem alles zusteht und der kraft seines Willens alles bewegen kann – der große Macher. Anders Selbstbewußtsein. Ich bin mir meiner selbst bewußt, ich erlebe mich als Beobachter und bin mir auch alles Beobachteten bewußt (ein Beobachter mitten in schwärzester Dunkelheit gäbe eine traurige Figur ab). Zu dem, was ich als Beobachter beobachte, gehören Stärken und Schwächen, schöne und traurige Erinnerungen, ekstatische und schmerzhafte Gefühle, Kraft und Trägheit. Mit meinem Willen kann ich manches erreichen, aber woher kommt eigentlich mein Wille? Ich bin nicht mein Wille, dafür ist er viel zu wechselhaft. Ich kann sein Auftreten und Wirken nur beobachten wie alles andere, von dem ich auch nicht immer weiß, woher es kommt.

Und was ist, wenn ich dabei etwas entdecke, was mir gar nicht gefällt? Muß ich dann ein schlechtes Gewissen haben? Solange mit Gewissen ein Bewußtsein gemeint ist, das realisiert, daß ich einem anderen Menschen weh getan habe und daß ich es das nächste Mal bitte schön lieber anders hätte, ist dagegen nichts einzuwenden. Das Argument: *So bin ich nun mal!* läßt sich leider auch als Hammer verwenden, mit der man jede berechtigte Diskussion über die Betroffenheit anderer durch das eigene Verhalten totschlagen kann.

Das stärkste schlechte Gewissen haben wir aber erstaunlicherweise oft genug gerade dann, wenn überhaupt kein anderer betroffen ist. Daran sind wir nur bedingt schuld, es handelt sich um die Frucht einer fast zweitausendjährigen Geschichte christlicher Moralvorstellungen. Ich will der christlichen Kirche ihre guten Seiten keineswegs bestreiten, kann aber trotzdem nicht übersehen, auf welchem Fundament sie ihre Macht aufgebaut hat: auf *Schuldgefühlen.* Und wo hat sie am meisten Schuldgefühle produzieren können? Im weiten Feld der *Sexualität.*

Für jeden halbwegs aufgeklärten Menschen ist die Formulierung einer Sexualmoral die einfachste Sache von der Welt: *Solange alle Beteiligten damit einverstanden sind, ist alles erlaubt.* Das ist ein sauberer ethischer Grundsatz, der davon ausgeht, Ethik als Regelung des menschlichen Zusammenlebens komme erst dort zum Tragen, wo unterschiedliche Interessen vorhanden sind – also zum Beispiel in der Wirtschaft oder im Zusammenleben der Völker. Mit solchen Kinkerlitzchen allerdings haben sich die Kirchen in ihrer langen Geschichte selten aufgehalten. Um so genauer nahmen sie es mit dem Aufstellen sexueller Moralgesetze, die die Entfaltungsmöglichkeiten der Menschen enorm einengten, ohne daß dazu eine Notwendigkeit aufgrund der Betroffenheit anderer Menschen bestanden hätte.

Weil die sexuellen Bedürfnisse sich wenig um die kirchliche Sexualmoral kümmerten und kümmern, sind massenhafte Verstöße gegen diese Moralvorschriften fest einprogrammiert. Daraus wachsen schlechtes Gewissen und Schuldgefühle. Und wer davon gebeutelt ist, läßt so ziemlich alles mit sich machen. So entsteht Macht, gegen die nicht mehr aufgemüpft werden kann ohne den Preis von zusätzlichen Schuldgefühlen. Ohnmacht aber lähmt, hindert jede Entwicklung. Für einmal hat also der Volksmund unrecht. Zutreffender wäre: *Ein schlechtes Gewissen ist das beste Ruhekissen* ...

Wieder einmal sind die Extreme tödlich. Wer nur die guten Seiten an sich wahrnimmt, wird überheblich und verliert jedes Bewußtsein für die anderen. Wer nur das Schlechte in sich sieht, wird vom schlechten Gewissen gelähmt. Der Trick, mit dem sich diese Extreme vermeiden lassen, ist ganz einfach: nichts von dem, was man in sich selbst wahrnimmt, mit dem Ganzen zu verwechseln. Ich kann etwas sehr Häßliches in mir registrieren oder etwas ausgesprochen Schönes – in beiden Fällen gilt: das bin ich *auch*, und keineswegs *nur* das.

Um herauszufinden, was ich alles bin, bedarf es der Vergleichsmöglichkeiten mit anderen. Wären alle genauso wie ich, käme ich gar nicht auf die Idee, mir etwas anderes vorzustellen. Je größer also die Vielfalt um mich herum ist, desto stärker wachsen meine Möglichkeiten, in einem Prozeß ständiger Bewußtseinserweiterung zunehmendes Selbstbewußtsein zu entwickeln.

Weil der Beobachter in mir gleichzeitig Schleusenwärter ist, bin ich durchaus dafür verantwortlich, was ich mit dem, was ich in mir vorfinde, mache. Ich kann es übersehen, verdrängen oder wahrnehmen. Ich kann es in seiner Entfaltung behindern oder fließen lassen. Und ich kann es am richtigen Ort und zur richtigen Zeit anwenden oder bei der falschen Gelegenheit. So gut wie alle unsere Impulse sind ja für sich genommen erst einmal neu-

tral. Ich kann den Ehrgeiz haben, den anderen überlegen zu sein
– dann handle ich aller Voraussicht nach unsozial. Oder ich kann
den Ehrgeiz haben, meine Arbeit gut zu tun – dann wird Ehrgeiz
eine positive Eigenschaft. Ich kann stolz sein auf etwas, was ich
gemacht habe – dann ist Stolz ein Antrieb, auch die nächste
Aufgabe optimal zu erledigen. Oder ich kann stolz auf mein
aufgeblasenes Ego sein – dann werde ich unerträglich. Nicht die
Existenz einer Eigenschaft ist das Problem, nur ihre Anwendung.

Was in mir ist, kann ich nicht wegzaubern, und was nicht da ist,
läßt sich nicht herbeizaubern. Das Spielen mit dem Vorhandenen
ist Selbstbewußtsein. Und dieses Spiel ist dynamisch. Nur wer
sich selbst als starr erlebt, wird selbstsüchtig. In sich selbst auch
den Drang nach Entwicklung, nach Bewußtseinserweiterung
wahrzunehmen schafft Selbstvertrauen.

Vertrauen in was eigentlich? Gut, ich bin der Beobachter, der
spielende Schleusenwärter. Aber die Fähigkeit des Beobachtens,
des Spielens, habe «ich» ja auch nicht aus dem Nichts geschaffen,
sie sind einfach da. Und noch mehr gilt das für das Spielmaterial,
in das ich zwar immer mehr Licht bringen kann, das aber offenkundig einfach da ist. Gut, Sie können einwenden, diese Fähigkeit und jenes Wissen hätten Sie sich hart erarbeitet. Auch wenn
das so ist: Woher kam der Antrieb zu dieser Anstrengung, die
nötige Energie, die Idee, das sei sinnvoll? Solche Fragen-Schlau-
fen sind ein vergnügliches Spiel, aber sie enden immer am selben
Ort, dem philosophischsten von allen, dem Ort, wo Sie sagen
müssen: *Ich weiß es nicht!* Ganz offensichtlich gibt es in mir
manches, was mehr ist als die zufälligen Zuckungen meines
Gehirns, ganz offenkundig gibt es etwas, was mich antreibt und
leitet, nur, was es genau ist, kann ich nicht wissen.

Wieder einmal sind wir in Grenzbereiche gelangt. Sie erinnern
sich an den doppelten Bewußtseinstrichter? «Unterhalb» des
Schnittpunkts, den unser menschliches Bewußtsein bildet, lag
die Welt der Materie und ihrer Organisation bis hin zu unserem
Gehirn – Mutter Erde also. Und «oberhalb» lag eine Welt «reinen» Bewußtseins – Vater Geist. Unsere Einflüsse beziehen wir
aus beiden Ebenen, wir sind mit beiden untrennbar verbunden.
Unser «Selbst» reicht tief hinab zu Mutter Erde und hoch hinauf
zu Vater Geist. Selbstvertrauen geht also über die Haltung von:

Ich bin der Größte und schaffe alles weit hinaus, schließt Vertrauen in all diese anderen Ebenen von Bewußtsein mit ein.

In unserem Modell der beiden Trichter schlossen sich deren Ränder zu einem untrennbaren Ganzen zusammen. Dieses geheimnisvolle Ganze in Schmetterlingsform wird in den Sprachen mancher Religionen, aber auch psychologischer Konzepte als das *höhere Selbst* bezeichnet. Selbstvertrauen, Selbstbewußtheit wäre dann die Verbundenheit mit diesem höheren Selbst, das alles mit einschließt.

So einleuchtend diese Auffassung von Selbstbewußtsein ist, sie enthält auch eine unübersehbare Gefahr. Bei allen unbeholfenen Versuchen, uns die Natur dieses höheren Selbst vorzustellen, stoßen wir immer sehr schnell auf Grenzen – auf die Grenzen unserer Erkenntnisfähigkeit. Wir können uns zwar Bilder machen von geistigen Wesen und Göttern, doch die Wirklichkeit werden wir damit nicht treffen. Selbst unsere Vorstellungen von der materiellen Welt sind Bilder, nicht die Wirklichkeit – wie sollte das auf der geistigen Ebene anders sein? Also liegt uns denn als Vorstellung vom höheren Selbst doch das Bild einer allumfassenden und folglich nicht mehr unterscheidbaren diffusen Masse am nächsten, oder noch besser, das ozeanische Gefühl, das wir im Uterus hatten.

Daß wir uns danach zurücksehnen, ist nichts als verständlich, und ebenso verständlich ist es, daß wir uns ein Einstimmen auf das höhere Selbst wie das Eintauchen in das mütterliche Fruchtwasser vorstellen. Nichtsdestotrotz ist diese Vorstellung ein Irrweg, der dadurch nicht richtiger wird, daß ihm viele anhängen. Wir leben nun mal so in der Zeitdimension, daß es kein Zurück gibt, nur ein Vorwärts.

Spielen wir für einmal mit unserem unvollkommenen Instrumentarium, wie es wohl wäre, das allumfassende Selbst zu sein. Wir wissen alles, sehen alles, es gibt kein unbekanntes Morgen, keine Möglichkeit, im Prozeß von Bewußtseinserweiterung mitzuschwimmen, sich von ihm tragen zu lassen. Ich stelle mir diesen Zustand ziemlich langweilig vor. Was liegt da näher für das eine, Allumfassende, als aus sich selbst heraus begrenzte Bewußtseinsformen hervorzubringen, um herauszufinden, wie es sich in diesen Formen anfühlt? Diese begrenzten Bewußtseinsformen, also zum Beispiel wir Menschen, sind natürlich untrennbar mit dem Ganzen verbunden, und deshalb können wir uns dieser Verbindung im Rahmen unserer zugegebenermaßen beschränkten Möglichkeiten auch bewußt werden. Aber wir sind ebenso unbestreitbar auch etwas eigenständig Existierendes und folglich Wahrnehmbares. Die Welle auf dem Meer ist zur selben Zeit Teil des ganzes Meeres wie eine eigenständige Einheit.

Spielen wir das Spiel des allumfassendes Selbsts, das beschränkte Manifestationen seiner selbst hervorbringt, noch ein bißchen weiter. Logischerweise wird dieses Spiel um so interessanter, je mehr *unterschiedliche* Manifestationsformen es gibt. Die Gattung Mensch hervorzubringen war ein guter Schachzug, jeden Menschen unverwechselbar einzigartig zu machen war geradezu genial. Mitspieler dieses genialen Spiels werden wir dann am besten, wenn wir unsere doppelte Natur anerkennen – unsere Verbundenheit mit dem allumfassenden Netz von Bewußtsein, das wir als höheres Selbst bezeichnen, wie auch unsere Einzigartigkeit als Ausformung des einen Ganzen.

Einen Teil unserer Einzigartigkeit bekommen wir schon mit, wenn wir geboren werden. Unsere ganz spezifische Mischung an Erbinformation gehört dazu und vielleicht auch jene besondere *Qualität der Zeit* unseres Geburtsmoments, mit der sich die Astrologie beschäftigt. Doch in solchen Prägungen erschöpft sich unsere Einzigartigkeit nicht. Sie zu suchen ist ein lebenslanger Prozeß. Wir suchen dabei nach dem, was im Zitat am Eingang dieses Kapitels *Bestimmung* genannt wurde und was Goethe als das *Gesetz, nach dem du angetreten,* bezeichnet hat. Bewußtseinserweiterung ist der Weg dieser Suche, die keine endgültigen Ziele kennt, sondern nur Zwischenetappen.

Der schon mehrfach zitierte Hermann Hesse hat für die Kraft, die diese Suche antreibt, einen schönen altertümlichen Namen gefunden: *Eigensinn.* Er bezeichnet Eigensinn als die ihm wertvollste Tugend. Jede Tugend beinhalte Gehorsam gegenüber irgendwem oder irgendwas, doch nur Eigensinn bedeute Gehorsam gegenüber sich selbst, gegenüber den Kräften in einem selbst, die nach Entfaltung drängen: *Sagen Sie ja zu sich, zu Ihrer Absonderung, Ihren Gefühlen, Ihrem Schicksal! Es gibt keinen anderen Weg. Wohin er führt, weiß ich nicht, aber er führt ins Leben, in* die Wirklichkeit, ins Brennende und Notwendige.... Eine Persönlichkeit, ein einmaliger, eigener Mensch zu werden ist nicht jedem bestimmt, der Weg dahin hat Gefahren und bringt Schmerzen, er bringt aber auch Glück und Tröstungen, die die anderen nicht kennen.

Eigensinn ist also bei Hesse keineswegs der bequemste Weg, er läßt einen oft genug anecken. Doch «Eigensinn» ist wörtlich genommen nichts anderes als das, was seinen *eigenen Sinn* hat. *Nicht durch Verzicht auf Persönlichkeit, sondern durch deren höchste Entwicklung* entwickeln wir uns weiter – als einzelne wie als Gemeinschaft. Bewußtseinserweiterung ist immer ein eigener Weg, der nur in dieser Eigenheit Sinn ergibt. Es gibt keinen anderen Weg als den des Eigensinns – und gerade darum macht er Spaß.

Ein Mythos für den Wandel:

14. Offenes Tor zur Zukunft
oder
Der SINN ist immer strömend

Ich lebe in meinen Träumen.
Die anderen Leute leben auch in
Träumen,
aber nicht in ihren eigenen,
das ist der Unterschied.

Hermann Hesse

Von außen betrachtet ist unsere Erde pure Ekstase. Mitten im kalten, dunklen All schwebt da eine Kugel in zarten Farbtönen, blau und grün, ocker und weiß. Ganz offensichtlich pulsiert sie von Leben. Eine Gattung darauf hat unsterbliche Kunstwerke und einen sich stetig weitenden Schatz von Bewußtsein hervorgebracht, lebt staunenswerte Beispiele von Mut und Liebe. Und im Leben jedes einzelnen dieser Gattung gibt es Momente der Ekstase, in denen ihn ein Glücksgefühl durchwallt, das nicht von dieser Welt ist.

Von innen gesehen ist diese Welt allerdings auch ein Irrenhaus. Die einen hungern, die anderen wissen nicht wohin mit ihren Butterbergen und Milchseen. Riesensummen hart erarbeiteten Geldes werden dazu verwendet, Tötungstechniken zu perfektionieren. Aus absurden Gründen werden Menschen umgebracht und gefoltert. Riesige Institutionen organisieren vorwiegend Leerlauf. Selbsternannte Hohepriester wollen die Menschheit, wenn nötig unter Zwang, am eigenen Wesen genesen lassen. Und alldieweil sind wir fröhlich daran, unser Ökosystem, unsere biologische Lebensgrundlage, kippen zu lassen. Wenn wir uns nicht doch vorher in die Luft jagen – Feuerwerkskörper sind überreichlich vorhanden.

Vom Irrenhaus zur Ekstase – das ist keine Einbahnstraße, das ist ein stetiger Tanz hin und her. Und doch kenne ich keine Epoche der menschlichen Geschichte, in der ich lieber gelebt hätte als heute – in einer allerdings privilegierten Ecke dieser Erde. Hier hat mein Bewußtsein einen bisher nicht gekannten Grad von Freiheit. Es muß sich nicht mehr ausschließlich ums nackte Überleben kümmern, und es steht ihm eine erfreuliche Vielfalt von Ideen und Wissen zur Verfügung, mit dem es sich beschäftigen kann. Eigentlich ist alles da.

Und doch ist auch dieser privilegierte Westen nicht glücklich. Es fehlt eben doch etwas ganz Entscheidendes, etwas, was am besten durchscheint in einem rätselhaften Wort – *Sinn*. Wir stecken so unübersehbar in einer Sinnkrise, daß ein deutsches Blatt, das über einen direkten Draht zum Zeitgeist verfügt, die neunziger Jahre schon zum *Jahrzehnt der Sinnsuche* proklamiert hat.

Was ist das aber, dieser ominöse Sinn? Auch hier hilft kein Frontalangriff, sondern nur behutsames Kreisen. Am besten nähern wir uns der Sache vom Gegenpol her: Was bedeutet es, wenn wir empfinden: Das ergibt *keinen Sinn*? Wir haben dann offensichtlich das Gefühl, die verstreuten Einzelteile ergäben keinen richtigen Zusammenhang, kein *sinnvolles* Muster. Irgendwas ordnet sich nicht richtig.

Ganz ähnlich ist es mit dem Wort *sinnlos*. Dieses Wort wiederum hat Ähnlichkeiten mit *zwecklos*. In beiden Fällen fehlt etwas Entscheidendes, etwas, das einem Handeln einen Sinn gibt, ihm einen würdigen Zweck verschafft, etwas, das dieses Handeln in ein größeres Muster einpaßt, so, wie der Schlüssel ins Schloß paßt. Etwas, das Sinn macht, fügt sich also in ein gegebenes Muster, das schon da war, ohne daß wir es hätten beschreiben können. Die Suche nach Sinn sucht nach etwas, von dem nur klar ist, daß es dasein muß, nicht, wie es aussieht. Wir haben zwar einen untrüglichen Sinn für Sinn, aber damit geht es uns wie mit dem Sinn für *Qualität*: Alle wissen, wann Qualität vorliegt, aber niemand kann sie definieren.

Das Bedürfnis nach Sinn ist so stark, daß wir krank werden,

nicht mehr heil im Sinne von ganz sind, wenn uns der Sinn fehlt – auf individueller wie auf kollektiver Ebene. Um Sinn zu stiften, haben die Menschen seit Urzeiten *Mythen* geschaffen. Mythen sind Bilder, Vorstellungen, die dem menschlichen Leben einen Sinn geben sollen. Die Inhalte sind dabei von einer gewissen Beliebigkeit und reichen von der Vorstellung, wir seien alle Kinder Gottes, bis zum Bild des Tellerwäschers, der Millionär wird. Hauptsache ist, daß ein Mythos einer größeren Anzahl von Menschen Sinn zu geben vermag.

Damit ist es derzeit nicht zum besten bestellt. Die alten Mythen haben ihre Wirksamkeit weitgehend verloren. Sie stiften nicht mehr ausreichenden Sinn. Das gilt zum Beispiel für den Mythos von Gott oder Göttern. Angesichts des Elends und der Ungerechtigkeit auf dieser Welt fällt es zunehmend schwerer, darin das Wirken eines liebevollen Gottes zu erblicken. Und eine Kirche, die aus kraftvollen Vorschlägen für die Regelung des menschlichen Zusammenlebens kleinliche Moralvorschriften gemacht hat, ist für Menschen, die dem Zustand kindlicher Unmündigkeit entwachsen wollen, auch nur von begrenzter Attraktivität.

Ähnlich an sinngebender Funktion verloren hat der Mythos der *Nation*. Deutscher oder Schweizer, Amerikaner oder Russe zu sein stiftet keinen ganzen Lebenssinn mehr. Die Welt wird immer internationaler, und die logische Konsequenz jeder Übersteigerung des Mythos von der Nation, der Krieg, wird immer stärker als das gesehen, was er ist: eine vollkommen *sinnlose* Angelegenheit.

Eine ganze Weile lang war der Mythos vom *materiellen Wohlstand* ziemlich erfolgreich darin, ganzen Gesellschaften Sinn zu geben. Doch damit ist es auch vorbei. Materielle Güter vermögen kein Glück zu schenken, auch wenn Geld allein nicht unglücklich macht. Die Jagd nach dem Geld kann kurzfristig davon ablenken, daß Sinn anderswo zu suchen ist, doch auf die Dauer holt die Sinnkrise uns immer wieder ein. Die Ebene der Materie scheint denkbar ungeeignet, tiefe seelische Bedürfnisse zu stillen.

Dabei ist Geld nur oberflächlich betrachtet eine feste materielle Angelegenheit. Geld gewinnt seinen Sinn nur dadurch, daß es sich in stetigem Fluß befindet. Das ahnen wir alle irgendwie, wenn wir mal wieder lesen, daß ein Umsturz irgendwo in einem fernen Land den Dollarkurs beeinflußt, dieser wiederum den Benzinpreis und damit ganz direkt unseren Geldbeutel. Fachleute vermögen über solche Zusammenhänge noch Detaillierteres zu erzählen – doch nach allem, was sich sehe, ist kein Mensch auf dieser Erde noch in der Lage, die komplexen weltweiten Kreisläufe von Geld und Waren zu überblicken, geschweige denn zu verstehen. Wo wir also auf etwas vermeintlich Handfestes wie Geld vertrauen, trauen wir längst einem unüberblickbaren und deshalb nur noch beschränkt steuerbaren chaotischen Fließen. Eigentlich hätte das System längst zusammenkrachen müssen, aber einmal mehr schafft das Prinzip der Selbstorganisation erstaunliche Wunder. Wir können vom Geld also noch eine Menge lernen – den verlorenen Sinn werden wir darin trotzdem nicht finden.

Was statt dessen heutzutage an Mythen angeboten wird, hat leider fast ausschließlich *negativen* Charakter: Endzeit, Atombombe, ökologische Katastrophe, «fünf vor zwölf». Natürlich sind diese Mythen unumgänglich, um uns mit der auch existierenden bedrohlichen Realität zu konfrontieren, aber als sinngebende Instanz, als Kraftquelle taugen sie nur bedingt. Ein Mythos, der Sinn macht, muß Hoffnungen wecken, nicht Ängste, er muß der lähmenden Kraft negativer Utopien eine *positive Vision* entgegensetzen. Unser Bewußtsein funktioniert so, daß wir belastende, destruktive Inhalte nicht einfach ersatzlos streichen können, sondern sie durch eine bessere Alternative *ersetzen* müssen.

Wie aber können wir einen zukunftstiftenden, sinnvollen Mythos finden, wenn wir definitionsgemäß nicht wissen können, wonach wir suchen müssen? Indem wir uns *erinnern* – an Dinge in unserem persönlichen Leben, die Sinn gemacht haben und machen. Vielleicht finden wir darin ein verbindendes Element, das die Basis für einen Mythos sowohl auf der persönlichen wie der kollektiven Ebene abgeben könnte.

Bei diesem Suchprozeß könnten wir zunächst auf die enge Verwandtschaft des Wortes *Sinn* mit *Sinnlichkeit* stoßen. In der Tat sind starke sinnliche Erfahrungen oft genau jene Momente, in denen jede Frage nach dem Sinn ruht, in denen das, was wir erleben, fraglos und ohne jeden Zweifel richtig ist, *stimmig* eben. Dieses Gefühl kann uns ein gutes Essen bescheren, ein Musikgenuß, eine schöne Aussicht, eine liebevolle Umarmung. Für Augenblicke ruht dann die Suche nach dem Sinn, hat Leben ganz Sinn aus sich selbst heraus.

Der Haken daran ist, daß es sich tatsächlich nur um Augenblicke handelt. Wenn wir dieser Tatsache nicht ins Auge zu blicken wagen, werden wir süchtig – nach Essen, nach Drogen, nach Sex. Die Logik der Sucht lautet: Was einmal Sinn gemacht hat, wird es immer wieder tun, und je mehr ich davon nehme, desto stärker. Leider funktioniert diese Logik nicht – es gibt keinen *permanenten* Sinn durch Sinnlichkeit.

Werden wir vielleicht auf der Ebene des *Geistes* fündiger? Zweifellos kann es Sinn machen, eine Arbeit gut zu tun, den schöpferischen Impulsen in sich Ausdrucksmöglichkeiten zu verschaffen, etwas zu lernen, neues Wissen zu erwerben, eine Entdeckung zu machen, neue Zusammenhänge zu sehen, den Horizont zu erweitern. Erfüllte Neugier kann für Momente jene Ruhe schenken, die die Gefährtin unseres Gefühls für Sinn ist. Aber bekanntlich hält dieses Gefühl selten lange vor, denn jede beantwortete Frage gebiert eine ganze Schar neuer offener Fragen. Und jede rein geistige Suche stößt auf jene geheimnisvolle Grenze, hinter der Sprache bescheiden zurücktreten muß. Die folgende Geschichte illustriert diese Grenze sehr schön. Sie stammt von Rainer Langhans, einem der führenden Köpfe der deutschen Studentenrebellion von 1968, der später auf eine ausgedehnte Reise auf der Suche nach dem Sinn des Lebens ging. Die Geschichte heißt *Die Wissenschaft*:

Ein Lehrer sprach einmal mit einem Wissenschaftler.

«*Könnt ihr Bewußtsein schaffen?*»
«*Nein.*»
«*Habt ihr die Materie untersucht?*»
«*Ja.*»
«*Und was habt ihr gefunden?*»
«*Atome*»
«*Bewegen sich die Atome zufällig oder gesetzmäßig?*»

«Sie bewegen sich streng rhythmisch – sie werden von einer Kraft kontrolliert.»
«Und wie erkennt man sie?»
«An Licht und Ton, das sie beim Kreisen aussenden.»

Der Wissenschaftler wollte nun wissen, was die kontrollierende Kraft ist und woher Licht und Ton kommen.

Er ließ sich einweihen.

Damit sind wir jetzt im Reich der *Seele.* Wir wissen alle, daß wir hier am häufigsten das Gefühl von Sinn haben. Ob wir allein das erhabene Gefühl genießen, unter einem funkelnden Sternenhimmel zu stehen, oder ob wir Freundschaft in allen Variationen erleben – wenn unsere Seele angerührt ist, ergibt sich Sinn. Am meisten wohl, wenn wir hören oder sagen, in Form von Sprache oder wie auch immer: *Ich liebe dich!* Kein Gefühl macht soviel Sinn wie die Liebe, keines trägt auch so stark über längere Zeit. Und trotzdem wissen selbst die glücklich Liebenden, daß es Momente gibt, in denen auch die Liebe sinnlos erscheint. Und auch wenn unsere Seele sich eins weiß mit etwas Umfassenderem, einer höheren Form von Bewußtsein oder Selbst, wenn sie Kontakt hat zu einer Ebene jenseits des menschlichen Bewußtseins – irgendwann ist auch dieses Gefühl wieder weg, aufgesogen von den Kümmernissen des Alltags.

Sinne (Körper), Geist und Seele vermögen unserem Leben immer wieder Sinn zu geben, für Momente der kürzeren oder der längeren Art. Je bewußter wird, daß alle Grenzen zwischen diesen Ebenen künstlich sind, daß sie sich gegenseitig durchdringen und befruchten (Intelligenz ist bekanntlich das schärfste Aphrodisiakum und der Kopf das wichtigste Sexualorgan), desto mehr Sinn wird sich in ihnen finden lassen. Aber egal ob es sich um persönliche oder um kollektive Mythen handelt: ihre sinngebende Bedeutung ist immer begrenzt. Zum einen liegt das natürlich an der zunehmenden Individualisierung. Was dem einen Sinn macht, muß der anderen noch lange nicht. *Was dem einen sin Uhl, ist dem anderen sin Nachtigall.*

Das wichtigere Problem liegt jedoch woanders – wie immer in der Art unserer Wahrnehmung. Wir suchen noch immer nach einem *statischen* Sinn. Das mag daran liegen, daß unsere sinnliche Wahrnehmung sehr stark geprägt ist von der Art, wie wir unsere Augen gebrauchen, also das Sehen. Dabei sind wir irgendwie auf der Ebene der *Fotografie* stehengeblieben. Wir klammern uns an *stehende Bilder*. Wir suchen Sinn in statischen Mythen, in Momentaufnahmen. Gegen Momentaufnahmen ist absolut nichts einzuwenden, sie schaffen ein Bewußtsein für die Dimension der Zeit. Doch sie bilden eine künstliche Wirklichkeit ab, denn die Realität ist immer fließend, gleicht immer stärker einem Film als einer Fotografie.

Das wird uns sofort klar, wenn wir einen anderen, in unserer Zeit eher vernachlässigten Sinn verwenden – das *Hören*. Ein einzelner Ton sagt uns relativ wenig. Musik entsteht erst, wenn einzelne Töne in ihrem Verhältnis zueinander hörbar werden. Erst wenn die Musik fließt, hören wir, ob sie uns harmonisch oder disharmonisch erscheint, ob sie uns Sinn macht oder nicht. Hören bezieht sich immer auf eine *dynamische Wirklichkeit*.

Je dynamischer also ein Mythos ist, desto sinnvoller wird er sein. Liebe kann dann ein Leben sinnvoll machen, wenn sie sich nicht darin erschöpft, einem verlorenen statischen Bild nachzulaufen, sondern als Ausdruck des dynamischen, sich stetig verändernden Lebens selbst erlebt wird. Im *Taoismus*, der alten chinesischen Lehre vom fließenden Gleichgewicht zwischen den Polen, ist die Urkraft selbst, das Tao, der Sinn des Ganzen, und deshalb wird immer wieder darauf verwiesen, das Tao, der SINN, sei von strömender, fließender Natur.

Und schon sind wir wieder beim Thema. Suche ich nämlich nach dem verbindenden Nenner hinter jenen Erlebnisebenen sinnlicher, geistiger und seelischer Art, die meinem Leben bisher Sinn gegeben haben, dann stoße ich immer wieder auf jenes höchst veränderliche, dynamische Prinzip, das wir als Bewußtseinserweiterung bezeichnet haben. Ob ich das Wahrnehmungsspektrum meiner Sinne verfeinere, die Welt besser verstehen lerne oder meine Seele in Freundschaft und Liebe auf die Seele anderer Menschen einschwingen lasse – immer erweitere ich mein Bewußtsein. Am intensivsten geschieht dies sicher in der liebevollen sinnlichen Vereinigung mit einem Menschen, mit dem ich auch geistig und seelisch harmoniere. Doch diese Höhepunkte erlebe ich als beglückende Etappen auf einem Weg, der auch sonst reichlich mit Momenten von als sinnvoll empfundener Bewußtseinserweiterung gesegnet ist.

Das Wirken dieser erotischen Kraft kann ich nicht nur an und in mir feststellen, sondern auch an den Menschen um mich herum. Überall wird ihr Walten sichtbar, überall erweitern die Menschen ihren Horizont, nehmen ihre Gefühle intensiver wahr, entwickeln ein reichhaltigeres Repertoire an Möglichkeiten, sich selber auszudrücken. Und in dieser Entwicklung, in diesem Prozeß von Bewußtseinserweiterung gewinnt das Leben dieser Menschen Sinn. Alles, was wir tun können und müssen, um diesem Sinn zur Entfaltung zu verhelfen, ist die Schulung unserer Wahrnehmung dafür. Oft gelingt uns das bei anderen Menschen besser als bei uns selbst, weshalb es wichtig ist, sie auch darauf aufmerksam zu machen. Aber noch wichtiger ist es, ein Gefühl dafür zu entwickeln, wie sehr wir uns selbst verändern.

Dazu ist es unumgänglich, gelegentlich unter diesem Blickwinkel auf das eigene Leben zurückzublicken. In der richtigen Stimmung bekommt dann plötzlich jeder Schicksalsschlag, jede Erfahrung ihre Bedeutung, können wir jedes Ereignis und Erlebnis als eine sinnvolle Etappe auf dem stetigen Weg eines sich erweiternden Bewußtseins betrachten. Unser Bedürfnis, an der eigenen Vergangenheit herumzudoktern, sinkt rapide, weil unser Lebenslauf als Ganzes betrachtet mit einmal Sinn macht.

Verbauen wir uns mit dieser Rückschau nicht den Blick für die Zukunft? Daß das Gegenteil wahr ist, zeigt die Geschichte, die mir meine Großmutter erzählt hat:

Zu einer Zeit, als die Menschen noch zu Fuß gingen, mußte ein Mann einst eine größere Reise antreten. Viele Kilometer anstrengenden Fußmarsches lagen vor ihm, und er war etwas ängstlich, ob er es wohl schaffen würde. Da gab ihm eine weise Frau den Rat, er solle nie an die ganze Strecke denken, die noch vor ihm liege, sondern immer nur an das nächste Stück.

So zog unser Mann los, und als er im nächsten Dorf anlangte, schaute er zurück und sah, daß er schon eine hübsche Strecke zurückgelegt hatte. Das gab ihm die Kraft, bis ins nächste Dorf zu gehen. Auch dort gab es ihm Kraft zu sehen, was er schon geschafft hatte, und so zog er weiter, zum nächsten Dorf und bis an sein Ziel.

Der Mann aus der Geschichte hat also sowohl zurück als auch nach vorn geschaut. Der Blick zurück gab ihm ein Gefühl dafür, daß er tatsächlich unterwegs war, und es zeigte ihm, daß sich schon eine Menge getan hatte. Er wußte, daß er noch nicht am Ziel war, aber er entwickelte Vertrauen in den Prozeß des Unterwegsseins. Nicht anders ergeht es uns auf unserer Lebensreise. Wo immer wir innehalten um zu schauen, wissen wir, daß wir noch nicht am Ziel sind. Aber wir können auf den Weg zurückblicken, den wir bereits zurückgelegt haben, und daraus das Vertrauen schöpfen, daß der Prozeß weitergehen wird. Der Mythos *Bewußtseinserweiterung* gibt unserem persönlichen Leben Kraft, weil er sich nicht auf einen statischen Zustand bezieht, sondern auf einen *dynamischen Prozeß*. Das ist das ganze Geheimnis.

Und es wirkt nicht nur auf der Ebene unseres persönlichen Lebens. Kein Mythos, der nicht auch Menschen verbindet, taugt etwas. Heute, wo wir uns bewußt werden, daß wir angefangen haben, ein globales Gehirn zu bilden, muß ein Mythos für die ganze Menschheit taugen und ihr die Kraft geben, der Zukunft vorwärts entgegenzugehen, mit wachen, offenen Augen dafür, was uns erwartet.

Auch dafür ist paradoxerweise der Blick zurück hilfreich. Wir haben in diesem Buch ein Gespür dafür entwickelt, daß auf der kosmischen Bühne seit den «Anfängen» des uns bekannten Universums ein evolutionäres Schauspiel abläuft, dessen roter Faden Bewußtseinserweiterung heißt. Wir haben gesehen, daß das menschliche Bewußtsein der vorläufige Höhepunkt einer langen Entwicklung hin zu immer komplexeren, freieren Formen der Selbstorganisation bildet. Wir haben den Blick dafür geschärft, daß sich das menschliche Bewußtsein seit seiner Entstehung stetig weiterentwickelt hat.

Ein Prozeß, hinter dem die geballte Energie der aufbauenden Kraft Eros steckt, kommt nicht plötzlich zum Erlahmen. Je entwickelter unser Bewußtsein für die Geschichte der Evolution wird, desto unwahrscheinlicher wird es auch, daß diese Geschichte ausgerechnet jetzt aufhören sollte. Im Gegenteil.

Die Anzeichen mehren sich, daß der Prozeß kollektiver Bewußtseinserweiterung gerade in unserer Zeit an Tempo gewonnen hat. Die Grenzen zwischen Nationen und Ideologien werden durchlässiger, der Austausch von Gütern und Informationen nimmt rapide zu, immer mehr Menschen begegnen sich über Grenzen hinweg im Geist von Verbundenheit und Freundschaft, altes Wissen wird wiederentdeckt, das neue wächst sprunghaft. Jede(r) kann sich heute seine eigene Philosophie mixen, das Angebot an Ingredienzien dafür ist unübersehbar geworden.

Und trotzdem erscheint es nicht so, als ob der zunehmende Drang nach Sinn schon seine Erfüllung gefunden hätte. Ein wachsendes Angebot an potentiell sinngebenden Antworten schafft allein noch keinen Sinn – denn alle Antworten können wieder nur vorläufig, nur für den Moment gültig sein. Solange wir nach statischen Antworten suchen, haben wir den Sinn unserer Zeit des Wandels nicht begriffen. Der Sinn liegt im stetigen Spiel zwischen Fragen und Antworten, im dynamischen, permanenten Prozeß von Bewußtseinserweiterung. Zu sehen, daß wir immer in diesem Strom geschwommen sind, ist das eine, sich offenen, neugierigen Blickes und mutigen, vertrauensvollen Herzens auf das zu freuen, was vor uns liegt, was uns die Zukunft bringt, ist der zweite, konsequente Schritt.

Gefragt sind also nicht neue Weltbilder, denn Bilder sind statisch. Gefragt ist vielmehr ein ganz neues Bewußtsein davon, daß wir alle und die Welt um uns herum sich in einem Prozeß stetigen Wandels befinden. Die Besinnung auf den Mythos Bewußtseinserweiterung ist der Schlüssel dafür. Man müßte schon reichlich erleuchtet sein, um sich ständig in diesem Bewußtseinszustand zu befinden. Natürlich holen uns unsere statischen Prägungen immer wieder ein, lassen uns einen fixen Zustand mit der Wirklichkeit verwechseln. Das ist kein Problem, solange es die anderen Momente gibt, in denen wir in uns und um uns herum nicht Beharrung, sondern Wandel feststellen.

Nicht jeder Wandel ist unbedingt positiv, und Bewußtseinserweiterung ist eine spiralförmige Bewegung, die oft genug auch zurück an alte Plätze führt. Aber weil keine Wirklichkeit eindeutig ist, läßt sich auch in dieser Situation zweierlei sehen: ein resignierendes «Es bleibt ja doch alles beim alten» oder der

Ansatz zu einer Veränderung. Das fiel mir wieder einmal auf, als ich neulich im Fernsehen zufällig in eine Sportübertragung reinschaute. Man kann Sport als eine kaum verhüllte Form von Krieg betrachten. Man kann ihn aber auch als erfolgreichen Versuch sehen, bestimmte Strebungen der Menschen nach Vergleichen im Wettkampf in eine friedliche und damit sinnvolle Bahn zu lenken. Und dabei geschieht Erstaunliches. Das Publikum, aus demselben Land wie die deutlich bessere Mannschaft, machte nun nicht etwa den schwächeren Gegner fertig, sondern begann in einem Anflug von Fairness-Denken die fremde Mannschaft zu unterstützen. Das ist keine Einzelbeobachtung, sondern ein Hinweis dafür, daß selbst in Massen, die sonst als Brutstätte für primitive menschliche Regungen gelten, Bewußtseinserweiterung möglich ist.

Bewußtseinserweiterung als Mythos für den Wandel, als ein offenes Tor zur Zukunft: Liegen darin nicht auch Gefahren? Das Schöne an einem dynamischen Mythos ist, daß er nicht verabsolutiert werden kann. Meine Bewußtseinserweiterung findet ihre Grenzen an Ihrer – das gilt auch für die Ebene von Gruppen oder Nationen. Der Mythos von Bewußtseinserweiterung enthält in sich selbst eine simple, aber sehr wirksame Ethik, die verhindert, daß in seinem Namen unterdrückt oder gemordet wird. Andererseits ruft der Mythos der kollektiven Bewußtseinserweiterung geradezu nach intensiver Kommunikation, in der im freien Diskurs souveräner, authentischer Menschen ein Dialog darüber stattfindet, welche Ergebnisse dieses Prozesses auch auf der Ebene der Gemeinschaft Sinn machen. Bewußtseinserweiterung ist so mehr als die Summe beliebiger Egotrips. Die einzelnen Beiträge stehen im friedlichen Wettstreit miteinander, sie beeinflussen sich und das Ganze in einem stetigen Austausch.

Und der friedliche Wettstreit schafft keine neuen Rangunterschiede. Wohl steckt im Wort Bewußtseinserweiterung auch das Wörtchen *weiter*, eines der Bestandteile des alten Sportler-Mottos «höher, schneller, weiter». Im Sport wird *Vergleichbares* miteinander verglichen. Das macht durchaus Sinn, auch auf anderen Gebieten. Etwas *schneller* zu begreifen kann auf ein bestimmtes Talent im Rahmen von Bewußtseinserweiterung hindeuten, ebenso, es *gründlicher* zu verstehen. Doch es gibt keine verbindende Dimension, die einen Entscheid darüber zulassen würde, wer es nun insgesamt *besser* könne. Im Prozeß von Bewußtseinserweiterung *weiter* zu sein kann sich also immer nur auf einen bestimmten Inhalt beziehen, nie auf den Prozeß als Ganzes. In einem Gelände, in dem jeder Weg individuell ist, sind Vergleiche darüber, wer weiter sei oder schneller vorankomme, völlig sinnlos.

Wichtig ist allein das Gefühl, unterwegs zu sein – in einer insgesamt sinnvollen Richtung. Einzelne Wegstrecken mögen nicht diesem Kriterium genügen, aber sie werden sich mit genügendem Abstand sinnvoll in den ganzen Prozeß einfügen. Bewußtseinserweiterung macht Sinn.

Muß aber nicht auch ein starker Mythos wie Bewußtseinserweiterung versagen, wenn die existentiellen Bedrohungen jedes Sinns auftauchen – Schmerz und Tod? Wenn wir den Mythos Bewußtseins-Erweiterung ernst nehmen, haben auch diese Elemente unseres Lebens Platz. Schmerz ist oft genug einfach der Ausdruck eines Bedürfnisses nach Intensität – wir wissen, wie nah Schmerz und Lust beieinanderliegen können. Und in der Rückschau kann ein Schmerz, den wir als völlig sinnlos erlebt haben, als er auftauchte, seinen Platz im Ganzen finden, einen Sinn ergeben. Ob es sich um unsere persönlichen Schmerzen handelt oder um die Verletzungen der ganzen Menschheit, immer kommt irgendwann ein Punkt, an dem wir feststellen, daß er vorbei ist, ein Moment, in dem wir tief aus uns sagen können: *Na und?*

Und so verliert auch der Tod seinen Schrecken. In einer Wirklichkeit, in der alles stetige Bewußtseinserweiterung ist, kann auch der Tod kein endgültiges Ende sein. Ich weiß nicht, *wie* es weitergeht, ich weiß nur, *daß* es weitergeht. Das gilt für meine persönliche Zukunft wie für die Zukunft unseres Planeten. Rückblickend gewinne ich das Vertrauen, daß es *sinnvoll* weitergeht. Das Wie enthüllt sich mir in jedem Augenblick, und so sehe ich keinen Grund, anders als offen und neugierig das Jetzt und das Morgen wahrzunehmen. Und aus dieser Haltung heraus kann ich mir Menschen vorstellen, die auch im Augenblick des Übergangs, den ihr Sterben bildet, eine bewußtseinserweiternde Frage auf den Lippen haben: *Und nun?*

rororo
Sachbuch
transformation

C 2296/3

C 2296/3 a

rororo
sachbuch
transformation

C 2296/3 b